KB157196

스타트업 레볼루션

STARTUP

세상을 바꾸는
스타트업
이야기

REVOLUTION

스타트업 레볼루션

인공지능과 빅데이터, 핀테크, 헬스케어, 공유경제, 소셜벤처까지
스타트업의 모든 것

손동원, 허원창, 임성훈 지음

틔움

세상을 바꾸는 것은 목적이 아닌 여정

"군대의 침략은 막을 수 있지만,

때를 만난 사상은 그럴 수 없다."

– 빅토르 위고(프랑스 작가)

스타트업의 활약이 눈부십니다. 한 국가의 경제 성장을 견인하고 혁신을 주도하는 주역으로 부상했습니다. 이미 글로벌 강자로 성장한 구글, 우버, 페이스북 등이 작은 스타트업에서 시작해서 시장 주도자로 성장한 사실이 그것을 입증합니다. 그들뿐만이 아닙니다. 바로 지금 이 순간에도 세계 곳곳에서 시장의 균형을 깨뜨리며 도전하는 스타트업의 성공 스토리가 계속 탄생하고 있습니다. 소위 스타트업 전성시대라 부를 만합니다.

제 시대를 만난 스타트업은 물 만난 생선과 같습니다. 택시 서비스를 주문형으로 전환한 우버가 성공한 것도 자기 때를 만난 덕택일 것입니다. 표면 밑에서 움츠리며 숙성하던 시대정신이 때를 만난 사상처럼 활짝 피고 있습니다. 어느 한 사람의 의지와 전략에 의한 확산보다 더욱 거셉니다. 그대로 바람을 타고 번지는 상황이며, 흐르는 강물에 배를 띄운 것과 같습니다.

그런데 최근 스타트업의 활약에는 놓쳐서는 안 될 한 가지 특징이 있습니다. 스타트업이 단지 부를 창조하는 기업으로서의 역할을 넘어서, 세상을 바꾸는 주인공이 되고 있다는 사실입니다. 이는 결코 작은 변화가 아닙니다. 경제적 동기와 사회적 목적이 합쳐지면서 다른 어떤 동력보다 '더 나은 미래'를 만들어가고 있습니다.

'세상을 바꾸는' 스타트업의 역할이 확고히 자리 잡으면, 더 많은 인재들이 스타트업에 모이고 스타트업은 더 강해지는 선순환을 형성할 것이 분명합니다. 한 통계에 의하면, 청년의 70%는 세상을 바꾸는 일을 하고 싶어 하며, 가슴이 뛰고 심장이 두근거리는 곳에서 자신의 인생과 마음을 담고 싶어 합니다. 미국 탐스슈즈의 창업자 블레이크 마이코스키가 늘 말하는 표현, "사람들은 모두 비슷한 것을 원한다. 그것은 다름 아닌 '아이들을 위한 더 나은 미래'다"라는 표현 그대로입니다. 분명히 스타트업의 성공 스토리는 청년에게 더 큰 희망을 주고, 그것이 모여 다시 더 큰 스타트업을 낳고, 종국에는 더 좋은 세상이 도래할 것입니다.

이처럼 '세상을 바꾸는' 역할을 스타트업이 맡게 된 이유는 무엇일까요? 스타트업에 유리한 여건이 조성되었기 때문입니다. 여기에는 크게 두 가지 변화가 작동합니다. 첫 번째는 시장의 변화이고, 두 번째는 4차 산업혁명이라는 이름의 기술 변화입니다.

그런데 더 놀라운 것은 이 시장과 기술의 변화가 엄청난 위세를 발휘해서 점차 가속도가 붙고 있다는 사실입니다. 앞으로 얼마나 빠른 속도로 어느 종착역에 도착할 것인지 누구도 예측하기 어렵습니다. 다행히 몇 가지 트렌드는 이미 실체를 드러내고 있습니다. 특히 다음 네 가지 유형의 트렌드는 주목할 가치가 있습니다. 그들은 산업과 기술에 대해 뿌리 깊은 영향을 미치기 때문에, 이들을 정확히 이해한다면 개별 스타트업이 무엇에 도전해야 할지를 알게 될 것입니다.

첫 번째 트렌드는 '소유에서 접근으로'의 변화입니다. 소유가 필요 없는 방향으로 바뀌는 추세가 급속도로 확산되고 있습니다. 즉, 필요한 시점에 접근할 수 있는 권리가 소유를 대체합니다. 이는 '실시간 주문형 서비스'가 득세하는 현상을 의미하기도 합니다. 다시 정리하면, 소유가 아니라 주문으로, 그것도 실시간으로 사용하는 서비스가 늘어나는 것이 바로 첫 번째 트렌드입니다. 이 영역에의 첫 번째 시도는 소프트웨어에서 일어났습니다. 마이크로소프트가 문을 열었고 지금 우리는 소프트웨어를 소유한다는 개념을 갖고 있지 않습니다. 최근 주문형 택시 서비스인 우버의 성공도 바로 '소유에서 접근으로'의 트렌드를 정확히 꿰뚫은 대표적 사례입니다. 우버가 주문형 서비스로서 자동차를 제대로 읽었던 것입니다. 우버의 성공 이후, 이를 응용한 스타트업들이 저 나름의 응용 버전을 출범하고 있는데, 그들도 마찬가지 입장입니다. 예를 들면, 서비스로서의 호텔(에어비앤비), 서비스로서의 도구(테크숍), 서비스로서의 옷(스티치픽스) 등이 이미 큰 시장을 만들고 있습니다. 심지어 식품에서도 이런 변화가 진행되고 있습니다. 식품을 구입하는 대신 구독하는 나름의 방식으로 원하는 식품에 접근할 권리를 얻게 하는 것입니다. 향후 주문형 서비스가 통하는 영역과 그렇지 않은 영역이 구분되겠지만, 한동안 계속 응용 버전이 늘어날 것으로 예견됩니다. 그 과정에서 스타트업들의 부침이 함께 발생하겠지요.

두 번째 트렌드는 '플랫폼의 무한 확장'입니다. 애플과 안드로이드가 모바일 영역에서 개척했던 플랫폼과 같이, 다른 기업들이 상품과 용역을 제공할 수 있는 토대를 만드는 것이 바로 플랫폼입니다. 이것은 시장도 아니고 기업도 아닌 새로운 무언가입니다. 우버와 에어비앤비 같은 공유 스타트업들도 새로운 유형의 플랫폼을 출범한 주역입니다. 그 덕분에 엄청난 기업 가치를 인정받고 있지요. 2018년 5월 기준으로 우버는 71조 원의 가치를 넘어섰고, 에어비앤비는 33조 원의 가치를 인정받고 있을 정도니까요. 앞서 말했던, 소유를 단념시키고 그 대신 접근에 대한 확신을 제공하는 것도 플랫폼의 발전과 연관되어 있습니다.

플랫폼 싸움이 심화된다고 볼 때, 스타트업에는 두 가지 기회가 있습니다. 하나는 플랫폼을 발명하는 것입니다. 이 경우 말 그대로 '대박'을 칠 수 있지만 엄청난 창조적 역량이 필요합니다. 아무나 할 수 없다는 뜻입니다. 소수의 패권자가 지배할 시장입니다. 한편 다른 기회는 기존의 플랫폼에서 사업을 하는 것입니다. 여러 비즈니스가 가능할 것입니다. 물론 이 경우도 작은 시장은 아닙니다. 다만 특정 플랫폼에 종속된 사업자가 된다 할지라도 새로운 플랫폼 등장과 패러다임의 전환 등에는 예민하게 대처해야 할 것입니다. 한번 만들어진 플랫폼도 평생 가는 것은 아닙니다. 안드로이드 플랫폼의 창안자인 앤디 루빈은 플랫폼 혁명의 변곡점으로 15년 주기설을 말하기도 했습니다.

세 번째 트렌드는 '금융의 혁신'입니다. '핀테크'라는 단어가 대표하듯 기존의 금융이 파괴적으로 변하고 있습니다. 또한 대중이 협력해서 금융을 만드는 '크라우드 펀딩'도 새로운 조류의 하나입니다. 크라우드 펀딩은 대중이 십시일반 자금을 지원하는 유형의 자금 조달 방식입니다. 주로 온라인으로 진행됩니다. 대중의 선호도와 같이 움직인다는 점, 또 매우 유연한 금융 방식의 단초를 열었다는 점에서 흡인력이 높고 폭발성도 큽니다. 작은 아이디어가 세상에 쓰임을 받을 기회가 열렸다는 점만 봐도 대중성을 가진 재료임이 분명합니다. 산업은 금융에의 의존도가 높습니다. 금융에서 새로운 혁신이 발생한다는 것은 산업 쪽으로의 파급력이 상당할 것이라는 계시를 주고 있습니다.

네 번째 주목할 트렌드는 사회적 변화에 도전하는 스타트업의 등장입니다. 이들은 가난 극복, 환경 보호, 후발국 지원과 같은 굵직한 주제부터 대중용 보청기 보급, 나무 심기, 시각장애인용 시계 보급 등 생활 밀착형 모델을 비즈니스로 만들어서 사업을 전개합니다. 이들의 증가 추세는 가슴 뛰는 사회적 가치를 스타트업 비즈니스로 실현하고자 하는 동력에서 비롯되고 있습니다. 때마침 일어난 자본의 각성도 큰 도움을 주고 있습니다. 자본이 지나치게 수익에 집착하면서 발생한 양극화, 금융위기 등을 반성하면서 사회적 가치 실현에 동참하려는 움직임을 보이고 있는 것입니다. 자본은 최근 '임팩트 투자'라는 이름으로 사회 혁신을 실천하는 스타트업을 발굴해서 지원하고 있습니다. 완전한 기부와는 다르기 때문에 그 의도가 100퍼센트 사회적 가치에만 있는 것이 아니고 자신의 수익을 고려하는 것은 분명합니다. 그렇더라도 자본이 스타트업을 돕겠다는 움직임이 시작되었다는 것 자체가 아주 고무적입니다. 현재의 동력이 강력하기 때문에 향후 이 추세는 한층 더 확대될 것입니다.

저희 필자들은 지난 수년간 청년 창업자들을 지도하면서 희로애

락을 나누며 이 글을 준비했습니다. 전쟁터에서 울고 웃고 뒹굴며 생사를 같이 고민하는 전우와 같은 관계로 비유할 수 있습니다. 젊은 창업자들을 지도하다 보면 많은 고민거리와 어려움을 해결하기 어려워 좌절하게 됩니다. 그러나 그럴 때마다 마음속 깊은 곳에서 진정한 일류 청년 기업가를 키워야겠다는 생각을 공유하며 서로를 위로했습니다. 하루하루 전쟁을 치르는 창업자들과 함께하면서 그들에게 무엇이 필요한지를 들었습니다.

이 책은 그 예비 창업자들에게 필요한 내용을 담은 것입니다. 스타트업의 성공 비결과 앞으로 시장을 주도할 분야를 알려달라는 요청이 있었습니다. 비즈니스 모델에 대한 고민 해결법과 엔젤투자 대처법을 알려달라는 요청도 있었습니다. 이러한 요청들을 반영해, 현 시대의 키워드인 플랫폼 비즈니스, 사물인터넷, 인공지능, 빅데이터, 소셜벤처 등을 비롯해서 미래의 성장 동력인 전기자동차, 헬스케어, 스마트 농업, 핀테크, 공유경제 등에 많은 지면을 할애했습니다.

창업자들과 같이 진흙탕을 헤매다가 '길 없음'에 도달하면 고개를 들고 꿈을 다시 짚어보게 됩니다. 당장 답답한 대목에서 고충을 느끼지만, 그래도 꿈꾸는 작업에 동참하는 기쁨은 꽤 큽니다. 그러면서 알게 된 것이 있습니다. 열정으로 돌파해야 하는 '흙'의 영역과, 꿈의 세계인 '달'의 영역을 넘나드는 것이 스타트업이라는 것입니다. 그 역정의 길을 계속 걷다 보니 어느덧 세상을 바꾸고 있음을 깨닫기도 합니다. 위대한 목적을 갖고 스타트업을 시작할 필요는 없습니다. 당초 마음에 어떤 목적지를 생각하고 시작하는지는 중요하지 않습니다. 사회적 가치를 추구하는 것보다 더 중요한 것은 그것과 나란히 걷는 것입니다. '세상을 바꾸는 것'은 목적이 아닙니다. 길을 가는 여정에서 남는 것입니다.

스타트업은 꿈의 결집체이고, 창업자들은 '꿈꾸는 바보들'입니다. 그들의 꿈이 어떻게 이뤄지고 또 어떻게 수많은 좌절을 극복하는지, 지금부터 그 생생한 스토리를 전달하고자 합니다. 스타트업의 화려한 면만을 보지 말고 그들이 어떻게 진부한 일상과 싸우며 '세상을 바꾸는' 길을 걷는가에 주목해주기 바랍니다. 목적지가 아닌 여정으로서 세상을 바꾸는 과정을 통찰하는 것이 관전 포인트입니다.

2018년 10월
손동원, 허원창, 임성훈

차례

프롤로그: 세상을 바꾸는 것은 목적이 아닌 여정 _4

1부 ▶ 뿌리 _ 무기, 도구

1. 스타트업, 세상을 바꾸는 동력 _17
2. 가치 창출의 새로운 방식, 플랫폼 비즈니스 _42
3. 정보 혁명의 뉴 패러다임, 사물인터넷 _62
4. 정보 홍수 속에서 숨은 가치 찾기, 빅데이터 _85
5. 겨울잠에서 깨어나는 인공지능 _105

2부 ▶ 열매 _ 도전, 모험

6. 농업이 바뀐다, 어그테크 혁명 _129
7. 기술과 금융의 만남, 핀테크 _148
8. 밀물과도 같은 변화, 헬스케어 _172
9. 현실화된 미래의 자동차 _190
10. 새로운 설계자, 공유경제의 탄생 _212
11. 사회적 기업과 소셜벤처 _228

3부 ▶ **성장** _ 전략, 응용

12. 창업자가 꼭 알아야 할 핵심 포인트 _243

13. 스타트업 생태계를 전략적으로 활용하자 _255

14. 엔젤투자자 사용법 _266

에필로그 _286

STARTUP
REVOLUTION

1부

뿌리
무기, 도구

1

스타트업,
세상을 바꾸는 동력

"성공은 최종적인 것이 아니며 실패는 치명적인 것이 아니다.
중요한 것은 지속하고자 하는 용기다."

윈스턴 처칠

2008년 가을, 유난히 하늘이 맑고 높던 어느 날 오후, 20세를 갓 넘긴 대학 2년생 김정현은 여느 때처럼 동아리 방으로 향했지만, 발걸음이 가볍진 않았다.

"이런 날에는 야외에 나가 가을을 즐기는 것이 최고인데 말야."

이렇게 투덜대면서도 자석에 이끌린 것처럼 동아리 방으로 가고 있는 자신이 미울 정도로 하늘은 맑고 높았다. 동아리 방에 들어선 후 시큰둥한 표정으로 구석 창가에 걸터앉았다. 예정한 세미나가 시작되었다. 그런데 갑자기 심상치 않은 집중력이 생겼다. 이유는 모르지만 세미나 발표자의 한 마디 한 마디가 어느 하나 버릴 것 없이 김정현의 마음에 꽂혀 들어왔다. 심지어 큰 교훈을 주는 울림처럼 들렸다. '그분이 왔다'고나 할까? 발표 내용은 인도의 안과 병원에서 근무하는 '아라빈드'라는 의사가 저가 표준형 보청기를 만들었다가 실패한 사례였다. 어쩌면 평범한 얘기로 지나칠 수 있었지만 김정현에게는 평범하게 들리지 않았다.

더 놀라운 것은 발표를 듣자마자 그들이 왜 실패했는지, 또 어떻게 하면 실패를 극복했을지 대책이 떠오른 것이다. "아하! 한국에선 뭔가 되겠는데." 김정현은 보청기에 담긴 사업성을 본능적으로 느꼈다. 평소 보청기를 사업 아이템으로 생각해본 적이 한 번도 없던 그는 이렇게 운명적으로 보청기를 만나게 되었다. 바로 '딜라이트'라는 스타트업이 탄생하게 된 출발점이다. 어쩌면 하늘이 그에게 보청기라는 아이템을 내려준 셈이다.

그 후에도 많은 장애물을 만났지만, 김정현은 문제를 잘 풀어나갔다. 아이디어의 핵심이었던 표준화 전략을 그대로 두고, 음악용 '이어팁이 달린 이어폰'에서 힌트를 얻었다. 결국 부드럽고 얇은 고무 재질의 이어팁으로 귓속을 꽉 채워서, 개인별 맞춤으로 치명적인 문제를 해결했다. '딜라이트'는 2010년 9월에 제품을 출시해서 단 3개월 만에 2억 4천만 원이 넘는 매출을 올려 세상을 놀라게 했다.

딜라이트가 파격적인 가격으로 보청기를 보급하면서 저소득층 노인들의 부담이 확 줄었다. 실제로 저가 표준형 보청기는 저소득 노인에게 복음과 같은 선물이다. 기존에 150만 원 수준에 판매되던 보청기를 각각 68만 원과 34만 원이라는 파격적인 가격으로 사용할 수 있게 했으니 얼마나 근사한 혁신인가. 복지기관과 의료기관을 비롯해서 어떤 주체도 성공하지 못했던 혁신을 작은 스타트업이 해낸 것이다.

이런 결과는 딜라이트 사례에서만 볼 수 있는 것이 아니다. 어떤 스타트업은 한 번 사용한 현수막을 재활용해 의복이나 신발을 만들어 수익을 얻는다. 또 다른 스타트업은 시각장애인의 편의를 높이기 위해 '만지는 시계'를 발명해 판매한다. 지금은 일반인도 사용할 수 있도록 패션 감각을 돋보이게 해 흥미로운 진로로 접어들었다. 또 어떤 스타트업은 노동 취약 계층에게 미용 기술을 가르친 후 미용 프랜차이즈에 취업하도록 주선하는 비즈니스를 한다. 사회적 약자의 고용 기회를 넓혀주면서 스스로도 최소한의 자생력을 확보하는 비즈니스다. 이처럼 크든 작든 세상을 바꾸는 모든 영역에서 스타트업의 활약상이 심상치 않다. 시작부터 세상을 바꾸겠다는 의지가 있고 없고는 중요하지 않다. 혁신 아이디어만 있다면 얼마든지 세상의 변화를 이끌거나 동참할 수 있다.

눈치 빠른 독자들은 이미 파악했겠지만, "세상을 바꾼다"라는 개념은 실제 그리 거창한 것만은 아니다. 물론 거대 담론에 해당할 정도의 큰 변화를 말할 때도 있다. 보통 많이 언급하는 '지속 가능한 세상', '가난 구제', '환경 보호', '공평한 세상' 등이 해당된다. 그러나 이런 거창한 개념만이 세상을 바꾸는 것은 아니다. 세상을 바꾼다는 개념은 작은 혁신도 포함한다. 예를 들면, 사용자의 편익이 늘어나는 것, 일상생활의 불편을 없애는 것, 오탈자를 쉽게 수정해주는 것, 수학 공부를 더욱 알차게 하도록 돕는 방법 등과 같이 생활 밀착형 테마들도 무시할 수 없이 중요한 '세상을 바꾸는' 테마다. 미리 겁먹고 주춤할 필요는 없다는 말이다.

스타트업은 임시 조직이다. 오직 검증받아야 할 가설을 갖고 있을 뿐이다. 가설이 입증되면 제대로 된 기업으로 크지만, 입증받지 못하면 그대로 없어진다. 그래서 꿈을 꿀 수 있고 그 꿈에 도전할 수도 있다. 꿈과 도전을 기반으로 세상을 바꾸는 길을 걸을 수 있는 것이다. 실리콘밸리에서는 '문샷 씽킹(moonshot thinking)'이라는 표현이 널리 사용된다. 달나라에 간다는 생각을 먼저 하고 나중에 방법을 찾는 것이다. 주저하지 말고 상상하고, 그것을 현실로 바꾸는 계획은 나중에 하자는 입장이다.

전기자동차와 우주 탐험의 새 역사를 쓰고 있는 일론 머스크, 그리고 구글의 창업자 래리 페이지가 '문샷 씽킹'을 대표하는 인물이다. 일론 머스크가 꾸는 비전을 보면 실제로 문샷 씽킹이 무엇인지 잘 알 수 있다. 그는 전기자동차를 넘어 화성 개발 프로젝트를 추진하고 있다. 화성의 시대가 과연 그의 열정에 의해 열릴지는 두고 봐야겠지만, 그의 꿈이 세상을 바꾸는 큰 밑그림을 보여주는 것은 분명하다. 래리 페이지도 만만치 않다. 구글이 자율주행 차에 막대한 투자를 시작한 것은 이미 오래된 이야기다. 그의 열정과 도전의식으로 자율주행 차의 시대가 앞당겨질 것은 분명하다. 이렇게 문샷 씽킹과 같이 일견 무모해 보이기도 하는 상상을 이루려는 기업가의 도전이 더욱 늘어날 것으로 예상된다.

스타트업은 어떻게 세상을 바꾸나

스타트업은 과연 어떻게 세상을 바꿀까? 몇 가지 사례를 설명하면서 답을 찾아보자. 우선 미국의 신발 회사인 탐스슈즈 사례를 보자. 어느 누구도 생각하지 못했던 창조적인 비즈니스 모델을 개발한 것이 인상적이다.

29세가 되도록 인생이 썩 잘 풀리지 않은 미국 청년이 새로운 도전을 위해 남미 아르헨티나로 여행을 떠났다. 청년의 이름은 블레이크 마이코스키. 2005년 아르헨티나 여행에서 그는 예상하지 못했던, 그래서 충격으로 다가온 장면들을 운명적으로 만나게 된다. 가장 놀란 것은 길거리에서 아이들이 맨발로 돌아다니는 장면이었다. 미국에서는 좀처럼 보기 어려운 장면이었지만, 아르헨티나에서는 일상에서 흔히 발견되었다. 마이코스키는 그들을 어떻게 도울 수 있을까 궁리하기 시작했다. 또 하나 그가 발견한 것은 '알파르가타'라는 신발이었다. 아르헨티나 전통 신발인데, 캔버스 천으로 발을 감싸는 것이 특징이다. 맨발로 다니는 아이들, 그리고 전통 신발, 이 두 발견은 이후 마이코스키의 진로에 큰 전환점이 되었다.

마이코스키는 여행에서 떠오른 아이디어를 곧바로 비즈니스로 옮겼다. 미국 국민에게 알파르가타로 만든 간편한 신발을 파는 비즈니스였다. 여기에 신발 한 켤레를 구매하면 다른 한 켤레는 어려운 이들에게 기부하게 하는 아이디어를 추가했다. 간편한 디자인의 신발이어서 자체로도 충분히 매력적이었지만, 어려운 사람을 돕는다는 성취감이 구매를 확대시킬 것이라 생각했다. 이로 인해 탄생한 스타트업이 바로 탐스슈즈다.

2006년에 인턴 직원 3명과 함께 출범한 탐스슈즈는 10년 만에 70여 개국에 1천 개의 매장을 가진 기업으로 성장했다. 이 과정에서 대략 5천만 켤레를 가난한 어린아이들의 발에 신겼다. 어떤 개인이 혹은 어떤 복지기관이 5천만 켤레의 신발을 가난한 아이들에게 전할 수 있을까. 실로 놀라운 실적이다. 마이코스키는 아직도 "내 사업의 본질은 감동!"이라고 표현하면서, 돈을 버는 것은 자신에게 부수적인 결과물에 불과하다고 말한다. 사람들과 감동을 주고받는 것이 우선이고, 그것을 하다 보면 수익을 얻게 된다고 믿는 것이다.

다른 사람들에게 '영감을 주는 사람(inspirer)'이 된다는 것은 큰 기쁨이다. 물론 그가 시작했던 '하나를 사면 하나를 기증하는' 비즈니스 모델은 현재 많은 모방 기업의 등장과 소비자의 식상함 등이 겹쳐지면서 위기를 겪기도 하지만, 그가 창조한 '감동'에 기초한 비즈니스가 세상에 큰 영향을 미친 것은 분명하다.

이쯤에서 탐스슈즈의 창업자인 마이코스키와 같이 스스로 독창적인 사업 아이디어를 만들 수 있을지 한번 생각해보자. 사람들 대부분은 기부면 기부, 돈이면 돈에 한정해서 생각할 것이다. 기부와 돈, 이 둘을 혼합해서 비즈니스 아이디어를 창출하는 것은 생각보다 쉬운 일이 아니다. 우리 모두 그런 아이디어를 하나쯤 떠올릴 수 있었는지 스스로 물어보자. 탐스슈즈 사례를 따라 할 수는 있지만, 남보다 먼저 그런 독창적인 아이디어를 낼 수 있는 것은 아니다.

분명한 사실은, 마이코스키의 사업 아이디어 덕분에 가난한 사람을 도와주는 한 가지 방법이 세상에 등장했다는 것이다. 또한 '원 포 원(One for One)' 정신은 사회적으로도 적지 않은 여파를 주었다. 이것은 마이코스키의 당초 의도와는 무관하게 벌어지는 현실 속 현상이다. 다른 스타트업들에 커다란 영감을 준, 매우 고무적인 사례라 할 수 있다.

작은 방 하나로 새로운 가치를 만든다

평범한 일반인에게 수익을 얻는 길을 열어준 사례도 인상적이다. 2008년 어느 날, 미국의 한 청년(당시 27세)은 집주인에게서 월세 인상 통지를 받았다. 하루하루 생계를 걱정해야 했던 청년은 월세 인상을 감당하기 어려웠다. 여러 대책을 생각하던 중, 한 가지 아이디어를 떠올렸다. 자신의 아파트에 남는 방 하나를 원하는 사람이 빌려 쓰게 하고 돈을 벌겠다는 아이디어였다. 당시 뚜렷한 직업이 없던 청년이 작은 돈벌이를 구상한 것이다. 특히 외국인이라면 여행 숙박지로 현지 가정집을 선호할 수도 있겠다고 생각했다. 호텔이나 모텔에 묵는 여행과는 다른 문화적 경험을 제공할 수 있기에 고객층이 있을 것으로 봤다.

청년의 이름은 브라이언 체스키다. 친구들에게 처음 그 사업 아이디어를 얘기했을 때, '말도 안 되는 얘기'라는 조롱 섞인 반응을 받았지만, 그 아이디어는 현재 기업 가치 30조 원 이상으로 평가받는 에어비앤비로 발전했다. 실제 에어비앤비는 창업 이후 승승장구해 거의 전 세계 사람들을 매료시킨 공룡 기업으로 성장했고 여전히 성장세를 이어가고 있다.

왜 작은 스타트업에 불과했던 에어비앤비가 호텔 제국인 힐튼이나 메리어트보다 더 높은 기업 가치를 인정받을까? 바로 숙박 패러다임을 바꾸어놓았기 때문이다. 에어비앤비는 방을 빌려주는 사람과 방을 빌리려는 사람 사이를 중개하는 플랫폼이다. 양쪽 당사자는 호텔과 같은 전문 사업자가 아니고 일반인이다. 가정집 주인이고 또 여행객이다. 에어비앤비가 이들을 중개하는 길을 열고 관문의 역할을 하는 것이다. '세상을 바꾼다'의 아주 중요한 한 가지 유형이다. 이것은 작은 변화가 아니다. 에어비앤비 혼자만 사업의 열매를 취하는 것이 아니라, 일반 가정집도 모두 작은 사업체가 되어 열매를 나누어 갖게 했으며, 여행객의 편익(benefit)을 엄청나게 높인 것이다. 실제로 에어비앤비라는 플랫폼이 열어놓은 마당은 엄청난 폭발력을 갖고 있다. 지금도 에어비앤비에 참여하려는 사람들이 지속적으로 늘고 있다는 것이 바로 그 폭발력을 증명한다. 에어비앤비 창업자인 브라이언 체스키는 "내 기쁨은 단지 60초만으로도 평범한 사람에게 사업가의 기회를 제공한다는 것이다"라고 표현한다. 다른 사람들에게 사업 기회를 만들어주었다. 이것은 그의 표현대로 많은 사람들에게 기쁨과 편리함을 주고 더 넓은 세상을 알 수 있도록 세상의 변화를 만들어낸 것이다.

사용자의 편익을 높여 세상을 바꾼다

스타트업의 '세상을 바꾸는' 노력 중에는 사용자의 편익을 높이는 것이 많다. 어쩌면 이것이 가장 피부에 와 닿는 세상의 변화를 만드는 방법일 것이다. 많은 사람을 흡인시키는 것 중 하나는 소셜 네트워크인데, 이것이 통하는 것은 인간이 항상 소통에 굶주려 있고 상대에게 인정받으려는 욕구를 갖고 있기 때문이다. 가장 주목할 사례가 바로 인스타그램이다.

2010년, 케빈 시스트롬과 마이크 크리거라는 두 미국 청년은 큰 기회를 발견한다. 바로 사진의 가치가 높아질 것이라는 점이었다. 두 청년은 사진의 응용에서 좋은 비즈니스가 탄생할 거라고 확신했다. 이들은 당시 구글에서 일하고 있었는데, 업무를 하며 소셜 네트워크에서 사진이 지닌 가치를 경험적으로 파악한 것으로 보인다. 공감대가 크다는 것을 확인한 두 청년은 바로 의기투합했다. 이렇게 시작한 스타트업이 바로 인스타그램이다.

인스타그램은 "세상의 모든 순간을 포착하고 공유한다!"라는 모토를 내세웠다. 페이스북과 트위터가 차지하던 점령지와는 다른, 사진 공유라는 비어 있는 시장을 공략한 것이다. 사진 공유라는 아이디어는 시작하자마자 폭발적인 반응을 얻었다. 전 세계 월간 사용자가 3억 명 이상에 달할 정도로 호응도가 컸다. 보기 드물게 빠른 속도로 시장의 호응을 얻은 것이다. 빅토르 위고의 "군대의 침략은 막을 수 있지만, 때를 만난 사상은 누구도 막을 수 없다"라는 교훈이 바로 여기에 적용된다.

물 만난 고기, 또 걷잡을 수 없이 번지는 들불처럼 누구도 말릴 수 없었다. 사진을 인스타그램에 올리고 공유하고 자랑하고 인정받는 과정 자체가 하나의 문화가 되었다는 평가를 받기도 했다. 창업 후 2년도 안 되어 새로운 문화를 만들었고, 사람들의 깊은 일상에까지 침투한 히트 상품을 만들었다. 앞서 말했던 인간의 본성, 즉 소통하고 교류하며 인정받고 싶은 본능을 충족시키면서 대중의 편익을 높인 것이다. 인스타그램의 등장으로 세상의 소통 방식의 한 부분이 달라졌다.

인스타그램은 2012년 4월, 세상을 놀라게 하는 뉴스를 발표한다. 페이스북에 매각한다는 뉴스였다. 창업 후 2년이 채 안 된 시점이었기에 사람들은 더 놀랐다. 정말로 빠른 기간 내에 투자 회수(exit)를 한 것이다. 매각 금액도 어마어마했다. 자그마치 10억 달러(약 1조 1천억 원)에 달했다. 창업 2년, 약 10명의 종업원을 가진 스타트업이 엄청난 '대박'을 터뜨린 것이다. 이른바 '벤처판 신데렐라' 사건이었다.

기업 매각으로 신데렐라 반열에 오르는 것은 모든 스타트업의 소원이자 꿈이다. 그러나 아무나 이룰 수 있는 것은 아니다. 혁신성, 비즈니스 모델, 그리고 성장 잠재력을 인정받아야만 가능하다. 스타트업 교과서에 의하면, 기업 매각을 통한 투자 회수는 하나의 목적지이자 종착지다. 창업자에게는 희망의 땅이자 아름다운 목표이기도 하다. 예비 창업자에겐 열정을 불태워야 하는 이유를 주는 명분이다. 이처럼 인스타그램은 기업 매각의 성공 모델로, 창업과 투자 회수 사이클의 진면목을 보여주었다는 측면에서, 후배 창업자들의 롤모델로 꼽기에 손색이 없다.

환경 보호 역시 스타트업의 영토가 되다

다행스럽게도 한국의 토종 스타트업 중에도 탄탄한 수익을 내면서 동시에 사회적 목표를 실현하는 기업들이 늘고 있다. 고무적인 현상이다. 앞서 밝혔던 보청기 사업자 딜라이트가 여기에 해당되고, 환경 보호와 나무 심기를 내걸고 비즈니스를 하는 트리플래닛도 꽤 인상적이다. 환경 보호, 누구나 그 중요성을 인정하지만 그것으로 돈을 번다는 생각을 하기는 어렵다. 그런데 그것으로 수익을 올린다고 하니, 응원과 함께 '돈 안 되는 항목인데 잘 해낼 수 있을까?'라는 염려가 생기기도 한다.

트리플래닛은 2010년 김형수와 정민철 두 사람이 공동 창업한 스타트업이다. 환경 보호를 위한 나무 심기를 하면서 돈도 벌자는 두 청년이 의기투합한 결과였다. 두 사람이 만난 곳은 특이하게도 군대였다. 현재 대표인 김형수가 후임병이었고, 현 이사이자 공동 창업자인 정민철이 선임병이었다. 김형수 대표가 고교 시절부터 환경에 관심이 높았고, 또 환경 다큐멘터리 프로듀서 경험을 갖고 있었기에 사업 아이디어를 주도했다. 공동 창업자인 정민철도 그 못지않은 열정과 헌신으로 사업 아이디어를 다듬어나갔다.

두 사람은 군 제대 후 곧바로 '나무 심기로 세상을 바꾼다'는 목표로 창업을 했다. 가장 먼저 시작한 작업은 나무 심기 테마를 담은 모바일 게임을 개발하는 것이었다. 게임 개발을 위해 KAIST 학생들과 수개월간 준비했다. 몇 가지 우여곡절이 있었지만 마침내 나무 심기 모바일 게임이 출시되었다. 게임은 유행을 타는 속성이 있지만 오락성도 갖춰야 했기에 품질이 뛰어나야 했다. 이처럼 세련되면서도 게임으로서 오락성과 중독성을 갖춘 프로그램을 개발하는 데 예상보다 오랜 시간이 걸렸다. 다행히 게임 개발의 주력인 KAIST 학생들도 열정적으로 임해 출시 가능한 수준에 이르렀다. 이때가 2010년 가을이었다. 모바일 게임에서 나무를 심으면 그것이 NGO에 연결되어 실제로 나무를 심게 만들었다. 게임 참여자들은 환경 보호에 동참했다는 큰 성취감을 얻었다. 게임에서 수익을 얻는 방법은 광고 수입인데, 대기업이 협조해야 가능한 것이다. 대기업 광고가 일부 들어오기는 했지만 모바일 게임의 광고 수입만으로는 충분한 수익을 낼 수 없었다. 새로운 돌파구를 찾던 중 중요한 인물을 만나게 된다.

그 사람은 바로 김재현이다. 김재현은 현재 크레비스파트너스라는 액셀러레이터 회사의 대표다. 트리플래닛에서는 이사회 의장을 맡고 있다. 김형수와 정민철은 창업 직전 프라이머라는 액셀러레이터에 입주해 있었는데, 그때 김재현을 만났다. 김재현은 프라이머에 강연자로 초청되어 방문한 후 두 창업자와 오랜 대화를 나눴다. 김재현은 두 창업자의 의지에, 두 창업자는 김재현의 경험에 서로 감동해 구체적인 창업 로드맵을 작성하게 된다. 이렇게 세 사람은 나무 심기를 통해 환경 보호라는 사회적 가치를 살려나가자는 의지를 다졌다. 이러면서 현재 주력 수입인 크라우드 펀딩 유형의 테마 숲 조성을 시작한다. 즉, 최초로 떠올린 수익 사업은 게임이었지만, 게임 비사용자들을 위한 영역으로 사업 도메인을 넓힌 것이다. 중국 사막화 방지 숲, 세월호 기억의 숲, 연평해전 영웅의 숲 등이 있었고, 엑소 숲 혹은 소녀시대 숲과 같이 유명 스타의 이름으로 74개 숲이 조성되기도 했다. 모두 크라우드 펀딩 형식의 모금으로 조성되었기에 일회성 숲이 아니고 지속 가능성이 있었다.

세상에는 '누군가 하면 좋겠다' 싶은 일이 있다. 그 일이 잘 안되면 관찰자로서 무력감을 느끼면서 그런가 보다 하지만, 트리플래닛은 후원에 참여할 수 있는 것이 장점이다. 대중과 같이 호흡하고 그들에게도 성취감을 제공하는 매력이 비즈니스에 포함되어 있는 것이다.

이 스타트업에 주목해야 할 이유는 나무 심기라는 사회적 가치를 다루면서 재무적 수익이 비교적 탄탄하다는 사실이다. 창업 초기부터 수익을 냈고, 창업 4년째인 2014년부터 최소 연 매출액 10억 원을 넘는 실적을 지속적으로 올리고 있다. 환경 보호라는 비경제적 영역을 공략하는 기업의 매출로서는 적지 않다. 실제로 사회적 가치를 실현하면서 재무적 수익도 얻을 수 있다는 자신감을 보여주는 사례다. 물론 재무적 수익을 더 늘려야 하지만, 이런 수준의 실적도 고무적이라고 평가된다. 한편 환경 보호 자체로도 사회에 주는 가치가 결코 작지 않다. 매년 약 1만 6천 톤의 이산화탄소 상쇄 효과를 내면 45억 원 이상의 경제적 가치가 있다고 평가받을 정도다.

많은 국가도 트리플래닛의 활동에 협조적이다. 아시아 국가의 협조가 특히 높은데, 아무래도 환경 보호 면에서 같이 풀어야 할 문제를 공감하기 때문일 것이다. 이미 중국, 케냐, 네팔, 미국 등 전 세계 12개국 127개 숲에 55만 그루의 나무 심기가 진행되고 있다. 이렇게 해서 이미 50만 그루 이상의 나무 심기가 트리플래닛에 의해 이뤄졌다. 트리플래닛이 자체적으로 내놓은 2020년 목표는 나무 1억 그루 심기다. 어느 시민단체나 국제기구가 하는 것보다 더 훌륭한 실적을 올리고 있고, 목표를 이룰 협력 조건도 충분히 갖춰가고 있으니 이 정도면 세상을 바꾸는 주역임이 분명하다.

기업가정신의 힘

지금까지 전한 세상을 바꾸는 스타트업의 이야기를 보면 최소한 스타트업이 어떤 노력을 하고 있는지, 세상은 어떤 방식으로 변하고 있는지 기본적인 내용을 파악할 수 있다. 그런데 여기에서 우리는 한 가지 공통점을 발견할 수 있다. 창업자들이 하나같이 큰돈을 벌기 위해서가 아니라 세상을 바꾸기 위해서 일을 벌였다고 강조한다는 점이다.

스타트업 창업자는 왜 이런 생각을 할까? 이유는 단순하고 근본적인 뿌리에서 나온다. 바로 기업가정신이다. 정확히 말하면, 단순한 기업가정신 자체가 아니고 기업가정신의 진화와 연관된다.

그러면 과연 기업가정신이란 무엇인가? 빵을 만들 때 밀가루 반죽을 크게 부풀리는 물질이 있다. 그것은 효모다. 기업가정신이 바로 그 효모와 같다. 같은 자원과 교육 수준을 갖고도 경제적 성과를 엄청나게 부풀리는 신비의 물질이 바로 기업가정신이다. 기업가정신이 높은 국가와 낮은 국가는 엄청난 차이가 날 수밖에 없다.

그런데 기업가정신이라는 개념이 아주 익숙함에도 불구하고 정작 그 의미를 정확하게 이해하는 사람이 적다. 그래서 같은 표현을 사용하지만 저마다 다른 것을 의미하기도 하고, 기업가정신을 높이려는 노력에 간혹 혼선이 생기기도 한다. 우리가 일상에서 피부로 느끼는 기업가정신은 도전의식, 추진력, 불굴의 의지, 집념 등을 지칭한다. 특히 현대그룹 창업자인 정주영, 삼성그룹 창업자인 이병철, 또 LG그룹 창업자인 구인회 등 1세대 창업자들의 성공 스토리를 말할 때 더욱 그렇다. 이들이 기업을 일으키던 시절은 무엇보다 가난과의 싸움이 절실했다. 따라서 1세대 기업가들에게는 가난 탈출의 의지가 깊이 자리 잡고 있었다. 그들의 기업가정신은 '가난에 대한 저항'이라고 봐도 과언이 아니다. 가난에서 벗어나는 것이 무엇보다 절실한 시대였기 때문이다.

교과서적으로 볼 때 기업가정신의 핵심 테마는 '창조적 파괴'다. 이미 균형을 이루고 있는 시장을 창조적으로 파괴해 새로운 균형을 만들어내는 것이 바로 기업가정신이다. 우리 주변의 익숙함과 편안함을 그대로 받아들이지 않는다는 점에서 '저항 정신'과도 맥이 통한다. 창업자들은 '익숙함에 대한 저항'을 본능적으로 갖고 있다. 미국의 헨리 포드가 대표적인 인물이다. 그는 마차의 익숙함에 저항하고, 또 소수의 사람만이 즐기는 자동차에 저항해서, 자동차의 대중화를 꿈꾸고 실현한 기업가였다. 포드는 마차를 더 많이 생산하는 것에 관심을 보이지 않았다. 포드는 기존 균형을 깨뜨리며 저항하는 기업가정신으로 똘똘 뭉친 사람이기 때문이다. 그는 대중 다수가 자동차를 사용하는 사회를 만들기 위해 헌신했다. 이것이 바로 시장 균형을 깨뜨리는 창조적 파괴자로서의 전형적인 기업가의 모습이다. 저항 정신에 의해 마차의 시대에서 자동차의 시대가 열렸다. 위대한 기업가들은 대체로 포드와 유사했다. 그들은 변곡 점마다 기존 관행에 저항하는 기업가정신을 발휘했다. 타자기 대신 컴퓨터를, 전화기 대신 스마트폰을 세상에 내놓은 도전이 바로 기업가정신의 산물이다.

실제로 기업가정신이 없는 토양에서 우수한 기업가가 나오기란 쉽지 않다. 여기서 중요한 질문 하나가 등장한다. "기업가는 타고 나는가, 아니면 훈련으로 만들어지는가?" 만약 타고난다면 '기업가 씨앗설'과 같이 타고난 인재가 필요하다. 즉, 기업가로서의 유전자와 형질을 포착하는 것이 중요하다. 그러나 훈련과 육성으로 만들어진다면 교육 프로그램과 생태계를 조성하려고 노력해서 우수한 기업가들을 키워내야 할 것이다.

미국의 카우프만 재단이 이 질문에 답을 내놓았다. 우수한 기업가를 배출하려면 선천적 기질보다는 후천적 훈련이 더욱 중요하다는 것이다. 이 답을 얻는 데 자메이카의 단거리 스프린터 사례가 중요한 실마리가 되었다고 한다. 올림픽 100미터 달리기를 3연패한 영웅 우사인 볼트를 배출한 자메이카는 100미터를 10초 이내에 뛰는 스프린터가 9명이나 된다고 한다. 전체 인구가 500만인 국가에서 말이다. 우리는 그 10배의 인구를 갖고 있지만 10초 이내에 뛰는 스프린터가 아직 없다. 카우프만 재단 연구진은 '우사인 볼트가 과연 타고났을까, 아니면 훈련으로 만들어졌을까?'라는 질문을 던져 우수한 기업가의 탄생 원리를 파악하고자 했다. 그들이 얻은 결론은, 타고난 재능은 부분적으로 영향을 미치지만, 후천적 훈련과 경쟁이 더 중요하다는 것이다. 볼트도 초등학교 시절부터의 혹독한 훈련과 치열한 경쟁으로 올림픽 영웅이 되었다는 것이다. 우수한 기업가들이 많아지려면 무엇보다 체계적인 훈련이 필요하다는 증거로서 의미가 크다.

미국은 이미 "기업가란 훈련으로 탄생한다"라는 명제를 확신하는 듯하다. MIT의 기업가센터장인 빌 올렛도 기업가는 타고나는 것이 아니며 끊임없는 자기 훈련을 통해 배출되는 것임을 강조한다. 그가 개발한 양성 프로그램에 따라 훈련된 MIT 졸업생들이 유력한 스타트업들을 창업하고 엄청난 성공을 보이는 것을 근거로 제시한다. 따라서 적극적으로 체계적인 기업가 육성 프로그램을 만들고 있다. 프로그램을 잘 만들기만 하면 성공적인 창업자를 육성할 수 있다고 믿기 때문이다. 우량 기업가를 키우는 방책은 일종의 요리법(recipe)과 같다고 말할 정도다. 즉, 좋은 요리법을 따라 하면 훌륭한 음식을 만들 수 있듯이, 좋은 기업가정신 교육을 받으면 우수한 기업가가 나온다는 것이다.

이들이 언급하는 프랑스 요리 전문가 줄리아 차일드의 비유도 아주 흥미롭다. 줄리아 차일드는 남편의 파견 근무에 따라간 프랑스에서 프랑스 음식에 깊이 빠진다. 특히 버터를 사용하는 조리법에 매료되면서 많은 연습을 통해 독창적인 조리법을 개발했다. 그녀는 미국인들을 위한 프랑스 요리법 책을 쓰는데, 바로《프랑스 음식을 즐기는 요리 비법》이다. 이 책은 거의 모든 미국 가정이 갖고 있다고 할 정도로 베스트셀러 반열에 올랐다. 기업가정신을 말하면서 이 비유를 드는 것은, 어려운 프랑스 요리도 레시피만 정확히 정리되면 미국에서도 얼마든지 잘할 수 있다는 것 때문이다. 우수한 기업가도 체계적인 프로그램으로 배출할 수 있음을 강조하려는 것이다.

'우수한 기업가는 좋은 훈련으로 배출된다'는 주장은 아주 유용하다. 선천적 기질에 의존하는 것보다는 후천적 노력의 가능성을 열어주기 때문이다. 그런데 문제는 미국에서 통하는 레시피를 따르는 것이 좋을지 하는 염려다. 미국은 자부심 때문인지, 레시피만 따르면 프랑스 요리도 국경을 넘어 잘 만들 수 있다는 믿음을 갖고 있지만, 한국은 미국식 레시피를 그대로 따르면 우리 고유의 특성을 반영하지 못할 것이라는 염려가 있다. 예를 들어, 빌 올렛 MIT 기업가센터장의《MIT 스타트업 바이블》은 유용한 출발점이 되지만 한국 스타트업을 위한 바이블이 되기엔 2퍼센트 부족하다. 한국의 문화, 역사, 유산이 담겨 있지 않기 때문이다. 필자들은 한국만의 스타트업 레시피를 만들어야 하고, 그것이 더 효과가 크다는 것을 직접 경험했다. 한국 고유의 특징이 중요한 것은 한국 경제 발전에서 기업가정신의 변천 과정이 고유성을 갖기 때문이다. '한국 기업가정신의 진화' 영역은 아직 지식이 완전하지 못하지만 그렇다고 무시할 수만은 없는 중요한 의미를 담고 있다.

한국 기업가정신의 진화

한국의 기업가정신은 산업화 이후 여러 세대에 걸쳐 진화했다. 1세대는 일제 말기부터 해방 이후 1970년대 산업화 초기까지다. 이때의 기업가는 삼성, 현대, LG와 같은 재벌 기업 창업자들이다. 작은 기업에서 시작했지만 오늘의 대규모 기업에 이르렀다. 삼성의 이병철, 현대 정주영 등이 대표적인 인물이다. 많은 해방둥이 기업가들도 여기에 속한다. 이들의 기업가정신은 '하면 된다', '분투적 의지', '인내와 끈기', '배짱' 등이다. 현대그룹 창업자인 정주영 회장이 자주 말했던 "임자, 해보기는 했어?"라는 표현도 이에 해당된다.

1세대 창업자들이 가진 기업가정신의 뿌리는 '가난에 대한 저항'이었다. 가난을 더 이상 참을 수 없는, 그래서 하루라도 빨리 벗어나고자 했던 도전정신이 바로 그 뿌리다. 가난에서 벗어나야 한다는 절박함이 있었기에 인내와 끈기, 그리고 불굴의 의지가 거침없이 작동했다. 그래서 야전 침대에서 자며 일하는 것도 그들에겐 전혀 불편하지 않았다. 어떤 고통도 장애가 될 수 없었다. 설사 그들 머릿속에 기업가정신이라는 단어가 없었더라도, 가난을 뚫고 나와야 한다는 의식만은 가득했을 것이다.

2세대로 넘어오면서 기업가정신은 주도성, 책임감, 통찰력이라는 개념으로 이전한다. 본격적으로 산업화가 진행되던 시기의 창업자들이 2세대에 속하는데, 1980년대부터 2000년대까지의 창업자들로 볼 수 있다. 1970~80년대가 청년기였으므로 경제적으로 아주 풍요롭지는 못했지만 그래도 최소한의 안정을 갖춘 상황을 목격하면서 사업을 시작한다. 물론 이들도 어려운 시절을 보낸 것은 사실이다. 그러나 1세대 기업가보다는 가난 탈출의 절박성은 약했다. 이들에겐 냉철한 판단, 사리 분별, 전략적 판단, 지속적인 투자 대상에 대한 판별 능력 등이 중요했다. 무엇보다 잘되는 업종을 선별하는 것이 가장 중요했다. 그들은 미래 먹거리에 집중했고, 기존에 하던 업종과 다르더라도 새로운 업종으로의 확대를 서슴없이 시도했다. 물론 도전에 따르는 위험에 대처할 수 있는 냉철함이 필요했다. 돌이켜보면 CDMA 방식으로의 통신 전환, 자체 교환기 개발, 메모리 반도체의 전략적 선정, 디스플레이에의 선제적 투자, 안드로이드 선택 등 주요 고비마다 이런 선택의 갈림길에서 냉철한 기업가정신이 필요했다. 선택이 무엇보다 중요했기 때문에, 선택 이후 일시적으로 수익이 나지 않더라도 뚝심을 갖고 투자를 지속한 이유도 같은 맥락에서 이해된다.

이 시기에 기업가정신이 높다는 징표는 근시안적 안목에 머무르지 않았다는 의미다. 달리 표현하면, 자신의 주도적 책임하에 선택하고 투자하면서 위험을 감수하는 것이었다. 만약 단기적인 성과에 매몰되었다면 기업가정신이 무너지는 신호가 되었을 것이다. 그만큼 산업화 시대에서 단기적 안목은 위험했다. 실제로 뚝심 있는 투자들이 꾸준히 이어졌다. 반도체, 조선, 자동차 등이 모두 그런 뚝심과 인내의 산물이다.

한국만이 아니라 미국에서도 이런 형태의 장기적 투자는 여전히 중요한 지표다. 미국을 상징하는 기업이 된 구글도 뚝심 있는 투자를 지속해왔다. 대표적인 예가 유튜브에 대한 투자다. 2006년 10월, 구글은 16억 5천만 달러(약 1조 9천억 원)에 유튜브를 인수한 후 지속적으로 투자해왔다. 10년의 투자 끝에 2015년에야 결실을 보게 된다. 그해 유튜브는 43억 8천만 달러(약 4조 9천억 원)의 매출을 올린다. 기업가정신이 없으면 이런 지속적인 투자는 불가능하다. 최근 한국 기업들에 이런 장기 안목에 의한 투자가 부족하다는 지적이 많다. 투자라고 해봐야 오너가 관심을 갖는 사업에 기껏 1~2년 정도 투자했다가 수익이 없으면 바로 구조조정하는 것이다. 이는 바로 낮은 기업가정신의 반영이다.

새로운 시대에는 새로운 유형의 기업가정신이 요구된다. 최근 인공지능, 로봇, 핀테크, 사물인터넷 등으로 대표되는 4차 산업혁명이라는 표현이 요란하다. 이런 변곡점에서는 어떤 유형의 기업가정신이 새롭게 요구되는지 냉철하게 판단해야 한다. 시대에 적합한 기업가정신에 기초해서 기업가를 육성하는 프로그램이 중요하기 때문이다. 그래서 미래 사회의 핵심 키워드인 4차 산업혁명에 필요한 기업가정신이 궁금해지는 것이다.

4차 산업혁명 시대에 필요한 기업가정신

우선 4차 산업혁명의 의미를 정리해보자. 보통 말하는 4차 산업혁명이란 초지능화 및 초연결성에 의해 기계와 사물의 지능이 고도로 높아지는 것을 의미한다. 실제로 4차 산업혁명의 키워드인 '초지능화'와 '초연결'은 자체적으로도 무서운 속도로 발전하고 있다. 이는 기존 컴퓨터 시대의 자동화와는 다른 상황인데, 가장 특징적인 차이는 생산 공정과 기술 자체가 스스로 지능화하며, 모든 사물의 연결에 의해 지능 수준이 자체적으로 발달한다는 것이다. 인간의 움직임도 사물에 의해 모두 추적되고 연결되고 해석된다. 그래서 빅데이터라는 이름으로 집약되고 분석되면서 사람들의 편익을 높이는 방향으로 노력이 집중되고 있다. 인공지능과 로봇이 작동해 자동화를 뛰어넘는 수준에서 지능을 더욱 심화 발전시켜간다. 그 심화의 끝을 모르기에 두렵다. 종합적인 윤곽은 스마트폰과 자동차 같은 모바일 기기들이 연결성을 촉발하고, 인공지능과 로봇, 빅데이터 등이 초지능화의 주역으로 들어서는 형국이다. 기존 3차 산업혁명까지의 컴퓨터는 생산, 소비, 유통의 시스템을 자동화하는 것에 그쳤고, 생산 방식과 거기서 만들어지는 물건 자체가 '지능화'된 것은 아니었다. 4차 산업혁명은 기계와 제품이 지능을 갖는 상황인데, 이것이 인터넷 연결로 학습 능력을 더욱 확대해가는 것이 특징이다.

그러면 4차 산업혁명 시대에 사람들은 편익을 어떻게 얻게 될까? 미국에서 4차 산업혁명을 표현하는 일화 중 이런 이야기가 있다. 고교생 딸을 둔 집에, 마트에서 갑자기 임신부 옷과 이유식에 관한 정보를 보내온다. 화가 난 엄마는 왜 얌전한 딸에게 그런 임신부 용품 정보를 전달하느냐며 불같이 화를 냈다. 그런데 며칠 만에 놀라운 사실을 알게 된다. 딸이 실제로 임신한 상태인 것이다. 그 마트가 그것을 어떻게 알았을까? 딸이 몇 주 전부터 갑자기 무향 향수를 구입하고, 먹지 않던 미네랄 영양제를 주문한 것에 착안했다고 한다. 마트가 고객 빅데이터 분석을 통해 선제적으로 새로운 구매 진로를 예측한 것이다. 한편으로는 진정으로 소비자가 우대받는 시대가 되는 느낌을 주지만, 다른 한편으로는 개인정보 활용에 대해 큰 염려가 되기도 한다.

이런 초지능화 및 초연결 시대에 필요한 기업가정신은 과거의 것과 다를 수밖에 없다. 무엇보다 4차 산업혁명에서는 문제가 주어지는 경우가 없다. 그래서 사람들이 문제부터 발굴해서 정의해야 한다. 그런 다음 그 문제에 적합한 해결책을 마련하는 능력이 필요하다. 문제 발굴에서 시작하는 것은 다른 시기에는 없던 과제다. 이것은 좋은 해결책을 찾는 것보다 더 중요하다. 문제를 제대로 찾지 않고서는 올바른 해결책을 강구할 수 없기 때문이다. 기업가에게 3천 개의 원시 아이디어 중 1개가 성공하는 밀림의 법칙이 적용되는 건 예전과 같다. 그러나 어떤 문제를 어떻게 발굴하는가에서 승부가 갈린다면 상황은 전혀 다르다. 문제 발굴에서 시작해서 그 해결책을 마련하는 일련의 능력을 종합적으로 '문제 해결 역량'이라고 표현한다.

4차 산업혁명 시대에는 또 다른 유형의 능력이 요구된다. 그것은 기회를 발굴하고 가치를 부여하는 능력이다. 4차 산업혁명이 초래하는 미래를 완전히 예측하기란 거의 불가능하다. 불확실성 속에서 기회를 포착하는 능력은 유리한 위치를 선점하는 출발점이 된다. 그런데 기회 포착에 그쳐서는 아무 소용 없다. 더 중요한 것은 그렇게 찾은 기회에 '가치'를 부여하는 역량이다. 가치를 만들어 부여하지 못한다면 기회 포착도 아무런 의미가 없다. 이 능력을 '가치 창출 역량'으로 본다.

종합적으로 말하면 4차 산업혁명 시대에는 '문제 해결 능력'과 '가치 창출 역량'이 중요하다. 물론 앞선 시대의 기업가정신 요소들이 필요하지 않다는 말은 아니다. 모두 중요하고 필요하다. 그러나 시대에 따라 상대적으로 더 중요하게 요구되는 기업가정신 요소가 있다는 사실을 기억해야 한다.

이제부터 세상을 바꾸는 스타트업들의 활약 스토리를 구체적으로 확인해보자. 그들이 활약하는 분야는 크게 두 유형으로 구분된다. 하나는 '뿌리'에 해당되는 것이다. 인터넷 공간의 플랫폼 비즈니스, 사물인터넷, 빅데이터, 인공지능 등이 이에 해당한다. 이들을 뿌리로 부르는 것은 자체적으로도 4차 산업혁명의 주요 구성체지만 다른 산업 혹은 분야로의 여파가 엄청나게 크기 때문이다. 또 다른 역할은 '열매'다. 뿌리에서 파생된 영역으로 스마트 농업, 핀테크, 헬스케어, 자동차, 공유경제, 사회적 기업 등이 해당된다. 일종의 응용 분야이기 때문에 다양한 버전으로 파급되고 있고, 수많은 도전과 모험에 의해 그 다양성이 현재도 검증되고 있다. 그런 만큼 흥미롭고 역동적인 드라마가 펼쳐질 것으로 예상된다. 우리는 이 '뿌리'와 '열매' 분야의 스타트업들의 활약과 흥망성쇠를 가급적 생생하게 전달하고자 한다. 그런 이후 '성장'이라는 주제로 넘어가 스타트업의 성장(scale-up) 방정식에 대한 이야기를 펼칠 것이다.

자, 이제 이야기를 시작하자.

2

가치 창출의 새로운 방식,
플랫폼 비즈니스

"이제 기업의 성공은 생산 방식의 소유가 아닌
새로운 연결 방식의 창조에 달려 있다."
니콜라스 존슨

20세기 초, 포드는 루지(Rouge)강 유역에 거대한 자동차 생산 기지를 건설했다. 브라질 고무농장에서 채취한 고무 원료와 남미 탄광에서 채굴한 철광석을 컨테이너선에 싣고 와서 그곳에서 자동차에 필요한 고무와 철판을 직접 생산했다. 그뿐만 아니라 자동차 핵심 부품인 엔진을 포함해 타이어, 유리창, 전장, 냉난방 장치 등 모든 부품을 공장 내에서 직접 생산하고 조립하는 방식으로 자동차를 만들었다.

21세기로 넘어오면서 이러한 생산 방식은 완전히 다른 형태로 변화한다. 2003년, 이탈리아의 한 패션 액세서리 회사는 800억 원의 매출을 올렸지만 직원은 고작 CEO, CFO, 마케팅 디렉터 3명뿐이었다. 회사는 제품의 기획에서 생산 및 판매에 이르는 과정의 대부분을 외주(outsourcing)로 수행하고 있었다. 생산 도구의 제작, 주문 이행, 물류, 홍보 활동 등 20개가 넘는 활동을 전문 기업과의 협력을 통해 수행한 것이다. 반면 신제품 기획과 설계, 생산 전략 수립, 그리고 마케팅 전략 및 브랜드 개발 등을 고유한 핵심 역량으로 규정하고, 이 부분의 경쟁력을 높이는 데 모든 역량을 투입했다. 이는 당시 그 지역에 있는 1만 5천 개가 넘는 기업들의 공통적인 운영 전략이었다. 이들 대부분은 직원 5명 미만의 작은 기업이었지만, 지역 내에서 경쟁우위를 가지는 핵심 역량에 집중하면서 서로의 긴밀한 협력을 통해 사업을 운영하고 있었던 것이다.

한 기업이 모든 부품과 완제품을 스스로 생산하던 과거의 방식은 이제 바뀌고 있다. 다양한 전문성을 가진 기업들이 서로의 역량을 결합해 가치를 창출하는 방식으로 말이다. 우리가 흔히 사용하는 '플랫폼'이라는 용어는 이처럼 다양한 역량이 결합되어 새로운 가치가 창출되는 형태를 상징한다. 이제 플랫폼을 성공적으로 구축하는 것은 주요 산업에서 지배적 위치를 차지하려는 기업의 중요한 전략으로 인식되고 있다.

IBM의 플랫폼 전략

1970년대 이전까지 컴퓨터 산업은 메인프레임(mainframe)이라 불리는 대형 컴퓨터가 중심이었다. 당시 메인프레임 시장은 절대적 점유율을 갖고 있는 IBM과 선마이크로시스템즈, DEC, HP, 히타치 등의 거대 기업들의 무대였다. 그런데 1970년대 접어들면서 컴퓨터의 소형화를 목표로 고성능 마이크로프로세서와 편의성이 높은 운영 체제 개발에 주력하는 인텔, MOS테크놀로지, 지로그, 디지털리서치, 마이크로소프트 등과 같은 스타트업들이 등장한다. 특히 제록스의 팔로알토연구소에서 그래픽 인터페이스, 이더넷 통신, 디스크 저장 장치 등을 개발하던 연구자들은 3COM, VLSI, 어도비, 매트록스 등의 스핀오프 스타트업을 설립하면서 개인용 컴퓨터 관련 핵심 기술의 발전을 이끌게 된다. 특히 팔로알토연구소가 개발한 알토는 현대 PC의 원형으로 애플 II의 탄생에 큰 영감을 주었다.

　IBM은 PC 산업의 성장에 주목했지만 독자적인 제품으로 시장에 뛰어들지 않고 표준화된 기술 규격으로 스타트업들을 규합하는 전략을 펼쳤다. 바로 'IBM 호환(IBM compatibles)'이라는 연합 플랫폼 전략을 추진한 것이다. IBM은 스타트업들과 경쟁하기보다는 자사의 플랫폼을 확대하기 위해 노력했다. 인텔에 약 2억 5천만 달러를 투자했고, IBM 호환 PC를 개발·판매하는 기업에는 비독점 계약과 특허 개방의 기회를 주었다. 이는 컴팩과 같은 기업이 급성장하는 계기가 되었다. 결국 IBM은 PC 산업의 기회를 포착한 많은 스타트업들이 경쟁과 협력을 통해 성장할 수 있는 토대를 만들어준 것이다.

　IBM의 전략적 선택은 독자노선을 추구하던 애플과의 경쟁에서 승리할 수 있는 발판이 되었다. 애플은 알토에서 얻은 영감을 바탕으로 독자 규격의 PC를 개발한 퍼스트 무버(first mover)였지만, 다양한 스타트업들이 협력하는 IBM의 연합 전략에 무릎을 꿇을 수밖에 없었다. 이후 PC 산업은 IBM이 구축한 토대에서 인텔과 마이크로소프트가 지배적 기업으로 성장하면서 소위 윈텔(Wintel) 체제의 독식으로 마무리된다. 애플이 2005년 인텔 프로세서의 채용을 선언하고 2007년 사명을 애플컴퓨터에서 애플로 변경한 것은 PC 경쟁에서 패배를 인정한 사건이라고 할 수 있다.

플랫폼 자체가 비즈니스다

1980년대 후반 인터넷의 등장은 플랫폼 구축을 촉진하는 계기가 되었고 플랫폼 자체가 하나의 비즈니스 모델로 활용되는 출발점이 되었다. 온라인 백과사전 위키피디아의 사례를 살펴보자.

위키피디아는 전통적인 백과사전 사업과 달리 콘텐츠를 직접 제작하지 않고 다수의 콘텐츠 제공자와 소비자를 연결하는 플랫폼 역할만을 수행한다. 이는 브리태니커 같은 전통적 비즈니스 모델과는 비교할 수 없는 강력한 장점을 가진다.

우선 많은 사람들이 자발적으로 콘텐츠를 제공하기 때문에 콘텐츠 개발에 대한 투자가 필요 없다. 또한 위키피디아 플랫폼에서는 생산자와 소비자가 구분되지 않는다. 이 때문에 생산자와 소비자의 상호 검증을 통해 콘텐츠의 오류가 자율적으로 개선되며 지속적인 품질 향상이 이루어진다.

콘텐츠 품질이 자율적으로 개선되면서 소비자의 유입을 촉진하고 이는 다시 생산자의 참여를 유발함으로써 플랫폼 스스로 확대·성장을 지속하는 것이다. 매번 새로운 전문가를 섭외하고 개정판을 출시해야만 했던 브리태니커와는 비교할 수 없는 장점이다. 결국 1768년 첫 출간 이후 250년 가까이 학술문화의 아이콘으로 승승장구하던 브리태니커는 위키피디아가 시작된 지 불과 10여 년 만에 종이책 발행을 중지하게 된다.

플랫폼이 비즈니스 모델이 되려면 수익 모델이 필요하다. 플랫폼의 수익은 플랫폼 참여자에게서 얻어야 할 텐데, 위키피디아 같은 무료 플랫폼은 어떻게 수익을 창출할 수 있을까? 사실 위키피디아는 자발적인 콘텐츠 제공과 기부금으로 운영되는 비영리 모델이다. 하지만 앞으로 설명할 플랫폼 비즈니스들은 어떠한 비즈니스 모델보다도 강력한 수익 모델을 갖고 있다. 이것을 이해하려면 플랫폼 비즈니스가 다면시장(multi-sided markets)을 대상으로 하는 비즈니스라는 점을 이해해야 한다. 다면시장 비즈니스란 기업의 비즈니스 모델이 두 종류 이상의 고객 집단을 대상으로 각기 다른 가치를 제공함을 의미한다. 거꾸로 말하면 플랫폼 비즈니스는 서로 다른 고객 집단이 참여해 상호작용을 통해 각자가 원하는 가치를 얻어 가는 공간을 제공한다고 할 수 있다. 이때 플랫폼 참여를 통해 큰 가치를 얻는 고객 집단은 플랫폼 사업자에 비용을 지불할 동기가 발생한다.

예를 들어, 위키피디아와 비슷한 구조를 갖고 있는 콘텐츠 플랫폼 유튜브는 한 해 수십조 원의 매출을 올리는 플랫폼이다. 유튜브는 위키피디아와 마찬가지로 콘텐츠를 직접 제작하지 않고 콘텐츠 제공자와 소비자를 연결하는 플랫폼 역할만을 수행한다. 그런데 위키피디아와는 달리 유튜브의 콘텐츠 제공자는 플랫폼 참여를 통해 금전적 이익을 얻을 수 있다. 가령 개인은 독창적인 콘텐츠로 조회수를 높여 광고 수익을 얻을 수 있고, 음반이나 영화 제작자는 최신 뮤직비디오나 영화를 홍보할 수 있으며, 일반 기업도 광고 영상을 게시해 광고 효과를 얻을 수 있다. 이러한 가치는 유튜브의 무료 이용자가 많을수록 커지게 된다. 따라서 유튜브가 무료 플랫폼이라는 점이 콘텐츠 제공자로부터 수익을 얻을 수 있는 원천이 된다. 현재 IT 산업을 주도하고 있는 FAANG(Facebook, Amazon, Apple, Netflix, Google), 네이버, 카카오, 우버, 에어비앤비, 배달의 민족 등은 모두 이러한 방식으로 수익을 창출하는 플랫폼 비즈니스 모델이다. 그렇다면 이러한 플랫폼 비즈니스가 전통적인 비즈니스 모델과 차별화되는 특징은 무엇일까?

The more, the merrier - 네트워크 효과와 승자독식

플랫폼 비즈니스의 대표적인 특징으로 네트워크 효과를 들 수 있다. 네트워크 효과란 플랫폼 이용자가 늘어나는 것만으로 가치가 상승하는 현상을 말한다. 배달 앱의 예를 들어보자. 이용자의 관점에서 배달 앱의 가치는 주문 가능한 배달 음식점 수에 좌우될 것이다. 같은 논리로 배달 업체의 관점에서 배달 앱의 가치는 철저하게 이용자 수에 좌우될 것이다. 따라서 이용자가 많은 앱일수록 배달 음식점이 더욱 많아질 것이고, 배달 음식점이 많아지면 다시 이용자가 늘어날 것이다. 즉, 앱의 기능에 큰 변화가 없더라도 배달 음식점 수와 이용자 수가 서로를 증가시키는 현상이 나타날 수 있는데, 이러한 현상을 네트워크 효과라고 부른다.

네트워크 효과는 유사 플랫폼 간의 경쟁에서 특정 플랫폼으로의 쏠림(tipping) 현상을 유발할 가능성이 높다. 비슷한 점유율로 경쟁하다가도, 한쪽 플랫폼에 신규 고객 유입이 늘어나기 시작하면 이 플랫폼의 가치가 커져 다시 새로운 고객이 유입되는 선순환이 나타나는 반면, 경쟁 플랫폼에는 지속적인 고객 이탈의 악순환이 나타날 가능성이 높다. 결국 시장점유율의 격차가 벌어지며 이용자가 하나의 플랫폼으로 몰리는 쏠림이 일어난다. 이러한 쏠림은 플랫폼 경쟁을 특징짓는 중요한 현상이다. 쏠림이 지배하는 플랫폼 경쟁은 비슷한 플랫폼이 양립할 수 없는 환경을 만든다. 경쟁 과정에서 한쪽 플랫폼이 소멸될 수밖에 없는 것이다. 21세기 대표적 플랫폼 기업인 구글, 아마존, 페이스북, 마이크로소프트 등이 독점적 지위를 가지는 이유가 바로 여기에 있다.

아마존의 상거래 플랫폼

아마존의 성장 과정은 전자상거래 비즈니스가 플랫폼 비즈니스로 전환되어온 과정을 고스란히 보여주고 있다. 아마존은 1995년에 설립되어 최초로 온라인으로 책을 판매하는 사업을 시작한다. 1990년대 초, 닷컴 버블과 함께 대거 등장한 온라인 상거래 사이트들은 고객 접점만 온라인으로 전환했을 뿐, 상품 조달과 재고 관리 등은 여전히 직접 수행했다. 초기의 아마존도 예외는 아니었다.

그러나 닷컴 버블이 붕괴되기 시작한 1990년대 후반부터, 아마존은 기존 업체와는 차별화되는 전략적 변화를 시도한다. 아마존은 옥션, 지샵, 마켓플레이스 등 새로운 상거래 서비스들을 출시하면서 본격적으로 플랫폼 비즈니스 모델로 전환하기 시작한다. 일련의 서비스를 통해 아마존은 독자적인 온라인 판매 및 유통 채널을 가지지 못한 많은 사업자들에게 아마존 플랫폼을 통해 사업할 수 있는 기회를 제공했다. 이 사업자들은 아마존 플랫폼을 빌려 낮은 비용으로도 효과적으로 고객을 확보하고 판매 채널을 구축할 수 있었다. 이 플랫폼 전환 전략은 아마존의 핵심 역량과 수익 모델을 모두 변화시켰다.

아마존은 더 이상 제품을 직접 구매해 파는 온라인 소매점이 아니라, 다양한 사업자들과 수익을 공유하는 파트너가 되었다. 아마존은 판매 사업자 대부분이 가지지 못한 대용량 온라인 거래 처리, 물류 및 재고 관리, 온라인 데이터 저장 공간, 데이터 분석을 통한 고객 관리 등을 제공하는 것으로 핵심역량이 변모한다. 이 시점에서 아마존의 비즈니스 모델은 기업 대 개인(B2C)이 아닌 기업 대 기업(B2B) 플랫폼으로 전환되었고, 수익 모델도 판매 마진이 아닌 거래 수수료와 플랫폼 서비스 이용료로 전환되었다. 이후 아마존은 유통되는 제품의 종류를 지속적으로 확대하며 전 세계에서 가장 큰 쇼핑 플랫폼으로 자리매김한다.

특히 2000년대 초, 당시 온라인 쇼핑몰들이 생각하지 못했던 클라우드 서비스인 아마존 웹서비스를 출시하며 온라인 상거래 플랫폼의 선두 주자로 자리매김함과 동시에 상거래 이외의 많은 웹 기반 비즈니스의 플랫폼으로 자리 잡는다. 아마존 웹서비스는 온라인 상거래 플랫폼을 구축하려는 기업들에 아마존의 기술적 노하우를 담은 온라인 서비스 공간을 제공하며, 현재 클라우드 서비스 시장의 70% 이상을 독식하는 핵심 수익원으로 자리매김하고 있다.

이처럼 플랫폼 비즈니스는 생산자와 소비자를 연결하는 역할로 생산자, 소비자, 플랫폼 모두에게 새로운 가치를 만들어낸다. 상거래 플랫폼은 판매할 제품을 직접 생산하거나 조달하지 않지만, 다른 전문 생산자들이 참여하는 공간으로서 더욱 다양한 생산자들이 소비자와 만날 수 있게 했다. 아마존이 플랫폼 비즈니스로 전환하면서 얻게 된 이득은 위키피디아, 유튜브, 배달 앱 등이 가진 장점과 일맥상통한다. 사업자와 고객의 교차 네트워크 효과를 통해 아마존 플랫폼의 참여자는 지속적으로 증가한다. 많은 판매 사업자가 아마존 플랫폼에 가담하면서 더 많은 구매자가 유입되었고, 또 다른 신규 판매 사업자의 유입을 촉진하게 되었다. 아마존 플랫폼은 새로운 판매 사업자를 참여시키는 데 큰 기술적 비용이 들지 않기 때문에 소규모 사업자 다수를 플랫폼에 참여시킬 수 있었고, 이로 인해 아마존에 유통되는 제품의 다양성이 극대화되며 견고한 수익 구조를 구축하는 롱테일(long tail) 효과를 얻을 수 있었다. 이에 따라 인터넷 등장 초기에 우후죽순으로 등장했던 독립적 온라인 쇼핑몰들은 아마존과 같은 대형 소매 플랫폼에 흡수되거나 소멸의 길을 걸을 수밖에 없었다.

구글의 검색 서비스는 검색 이용자, 정보 매체, 광고주가 상호작용하는 플랫폼이라는 점에서 다른 플랫폼 비즈니스에 비해 복잡한 구조를 가진다. 구글은 검색 이용자에게 양질의 무료 검색 서비스를 제공하고, 정보 매체에는 콘텐츠 노출을 확대해주며, 광고주에겐 광고 효과를 극대화할 기회를 제공한다. 즉, 구글은 정보 검색 기술을 통해 이 세 부류의 이해관계자를 연결하는 플랫폼 역할을 하는 것이다.

웹 문서를 검색하는 기술은 진입장벽이 높지 않다. 1990년대 초, 검색 업체들이 우후죽순으로 등장할 수 있었던 것도 검색 기술의 낮은 기술적 장벽 덕이었다. 그렇지만 웹 검색 기술은 인터넷 이용자들을 온라인 매체와 광고주에게 연결하는 고리가 된다는 점에서 검색 광고 플랫폼의 핵심적인 기술이었다. 특히 분산과 개방이라는 인터넷의 기술적 특성 때문에, 인터넷 이용자들은 인터넷 서비스를 이용하기 위한 출발점으로 검색 서비스에 의존할 수밖에 없었다. 인터넷이 정보와 지식의 교환을 넘어 사회적 관계 형성과 상거래를 위한 핵심 매체로 성장하면서, 검색 서비스는 확대되는 인터넷 서비스가 고객과 연결될 수 있는 거의 유일한 통로이자 플랫폼으로 자리매김하게 되었다.

흥미롭게도 검색 광고 비즈니스 모델을 최초로 구현한 기업은 구글이 아니라 오버추어다. 오버추어의 설립자인 빌 그로스[1]는 어려서부터 여러 회사를 설립해 성공한 경험이 있는 기업가였다. 1990년대 초, 그는 인터넷의 폭발적인 성장을 목격하며 검색 키워드의 상품화 가능성에 주목했다. 실제로 검색 광고는 매우 효과적인 광고 서비스다. 검색은 사용자의 욕구가 담긴 행위이기 때문에, 검색 결과에 광고를 게시하면 매우 높은 광고 효과를 기대할 수 있다. 또한 검색창에 입력되는 모든 키워드를 상품화할 수 있고, 경매 방식으로 가격을 설정해 가장 높은 지불 의사를 가진 광고주에게 광고비를 받을 수 있다. 그런데 오버추어는 결정적으로 검색 기술을 보유하지 못했다. 오버추어의 전신은 고투닷컴이라는 검색 포털이었지만 이용자가 많지 않았다. 그래서 빌 그로스는 확보한 광고 계약을, 당시 접속자가 많았던 아메리카 온라인과 야후에 배급하는 파트너십을 통해 수익을 냈다. 이후 오버추어는 야후에 인수되면서 야후의 검색 기술과 결합한 핵심적인 수익 모델이 되었다.

반면 오버추어보다 늦게 등장한 구글은 검색 기술 자체에 초점을 두었다. 구글은 자체적으로 개발한 페이지랭크 알고리즘을 가지고 있었다. 이 알고리즘은 인터넷 문서 간의 연결성을 이용한 검색 기술로, 다른 검색 서비스보다 좋은 평가를 받았다. 특히 구글은 기존

---

1) 그가 설립한 회사는 GNP Loudspeaker(하이파이 스피커), GNP Development(음성 인식 소프트웨어, Lotus Software에 매각), Knowledge Adventure(유아 교육 소프트웨어, Cendant에 매각) 등이 있다. 그는 비즈니스 인큐베이터인 아이디어랩을 설립해 FreePC, Tickets.com, eToyz, GoTo.com, Answers.com, SNAP 등의 스타트업을 육성했다.

검색 서비스들이 광고주의 힘에 휘둘리는 것을 경계했다. 구글의 첫 페이지에 검색창 외에 아무것도 보이지 않게 한 것은 자사의 검색 서비스가 순수하게 검색 이용자를 위한 것이라는 철학의 표현이라고 볼 수 있다.

1990년대 후반부터 치열하게 진행된 야후와 구글의 경쟁은 최근 구글의 승리로 끝났다. 2000년 약 350명의 광고주로 시작한 구글의 검색 광고 서비스는 지금 100만 명이 넘는 광고주를 확보하며 매년 60조 원 이상의 수익을 거두고 있다. 반면 구글보다 앞서 검색 광고 사업을 시작했던 오버추어와 야후는 2000년대 후반부터 구글에 뒤처지면서 2016년 미국의 통신 회사인 버라이즌에 매각되고 말았다.

검색 광고 사업에서 가장 먼저 시장에 뛰어들었고 초기에 상당히 앞섰던 오버추어와 야후가 구글에 패할 수밖에 없었던 것은 플랫폼 비즈니스의 특징을 잘 보여주는 사례라 할 수 있다. 오버추어는 검색 광고 비즈니스 모델을 최초로 구현했지만 자체적인 검색 서비스가 없었던 반면, 구글은 자체 검색 기술을 가지고 검색 서비스의 품질 향상에 초점을 두었다. 특히 검색 서비스가 광고와 연결되지 않은 것처럼 보이게 한 구글의 전략은 검색 이용자의 유입을 증가시켰고, 결정적으로 광고주들이 구글로 옮겨 오는 촉매가 되었다. 즉, 광고주가 느끼는 플랫폼 가치가 검색 이용자의 만족도와 연결되어 있는 플랫폼 비즈니스의 특성을 잘 간파한 것이다.

또한 구글의 시장 독식은 플랫폼의 쏠림 현상을 잘 보여주는 사레이기도 하다. 광고주의 쏠림이 가속화되면서 구글은 검색 광고 서비스를 지속적으로 강화했다. 2003년 어플라이드 시맨틱스를 인수해 보다 진보한 애드센스 광고 모델을 도입했고 이후에도 캘틱스, 스프링크스, 이그나이트 로직, 더블클릭, 애드몹 등 광고 관련 회사를 연달아 인수해 독점적 위치를 강화했다. 결국 검색 이용자와 광고주를 모두 만족시키는 균형을 가진 구글의 플랫폼 전략은 지속적인 고객 유입을 촉진했고 시장에서 독점적 위치를 차지하는 요인이 되었다.

애플의 모바일 플랫폼

구글, 아마존과 함께 대표적인 플랫폼 비즈니스 사례로 애플의 아이팟(iPod)을 들 수 있다. 애플은 인터넷 시대로의 변화에서 고전을 면치 못했던 기업이다. 윈텔 체제가 시장을 지배하던 당시 마이크로소프트의 CTO는 "애플은 끝났다(Apple is already dead)"라고 공공연히 말하고 다니기도 했다. 윈텔 체제에 굴복할 수밖에 없었던 애플을 되살린 것은 아이팟-아이튠즈-아이폰으로 이어지는 플랫폼 전략이었다.

2001년 애플은 MP3 플레이어인 아이팟을 출시한다. 당시는 음원 포맷이 물리적 매체가 필요한 CD에서 컴퓨터가 인식 가능한 MP3로 전환되는 시기였다. CD를 개발했던 소니-필립스는 새로운 음원 포맷으로 CD보다 작은 MD(Mini Disk)를 출시했다. 그러나 인터넷과 컴퓨터의 발전으로 물리적 매체에서 탈피한 MP3 포맷이 급속도로 퍼지면서 MD는 시장에서 참패한다. 이후 아이팟, 아이리버 등 MP3 파일을 메모리에 담아 재생하는 기기들이 큰 성공을 거두게 된다.

비즈니스 모델의 관점에서 보면 아이팟을 포함해 이 시기에 유행했던 MP3 플레이어들은 전형적인 제조업 비즈니스 모델이었다. 즉, 물건을 만들어 팔아 이윤을 남기는 수익 모델이다. 그런데 애플은 2003년에 iTMS(iTunes Music Store)를 출시하면서, 다른 MP3 플레이어 제조사들과 달리 플랫폼 비즈니스로의 전환을 시도한다. MP3는 물리적 매체에 귀속되지 않기 때문에 레코드숍이 아닌 온라인 공간에서 음원이 유통된다. iTMS는 이러한 특징을 활용한 온라인 음원 유통 플랫폼인 것이다. iTMS은 아이팟 이용자들에게는 편리하게 음원을 획득할 수 있는 소프트웨어에 불과했을지도 모르지만, 애플에는 음악, TV, 영화 등의 콘텐츠 유통을 지배하는 매력적인 수익 모델로 부상한다. 애플은 많은 음반 제작사들과 계약을 맺고 아이팟 소유자에게 음원을 팔 수 있는 새로운 유통 채널로서 iTMS를 포지셔닝한다. 즉, 음반 제작사들의 시각에서 iTMS는 이미 많은 잠재 고객이 확보된 매력적인 채널이었고, 자체적으로 유통 채널을 구축하는 것에 비해 훨씬 낮은 비용으로 활용할 수 있었다.

더욱 흥미로운 사실은 iTMS를 기반으로 많은 독립 레이블과 개인 방송이 생겨나기 시작했다는 점이다. 온라인 플랫폼의 특성상 진입 비용이 거의 들지 않기 때문에, 콘텐츠를 제작하는 소규모 사업자나 개인에게는 자신의 콘텐츠를 손쉽게 홍보하고 유통할 수 있는 기회가 되었다. 이를 통해 아이팟으로 청취하는 인터넷 방송 서비스인 팟캐스트가 폭발적으로 늘어났고 많은 독립 레이블이 생겨나면서 콘텐츠의 다양성이 극대화되었다. 콘텐츠 다양성의 증가는 교차 네트워크 효과에 의해 아이팟의 판매고를 높이는 데 기여했으며, 애플은 아이팟의 판매 수익과 함께 iTMS 플랫폼 수수료라는 훨씬 더 매력적인 수익 모델을 확보하는 계기가 되었다.

2007년 아이폰을 출시하며 모바일 혁명의 새로운 패러다임을 이끌게 된 것도 아이팟의 플랫폼 비즈니스 모델을 고스란히 휴대폰 시장으로 이식한 것으로 볼 수 있다. 즉, 아이팟과 iTMS가 결합된 플랫폼 비즈니스의 구조를 아이폰과 앱 스토어로 변환해 이식한 것이다. iTMS가 콘텐츠 제공자의 저비용 플랫폼으로 성장한 것처럼, 앱 스토어는 스마트폰용 애플리케이션을 개발하는 모바일 스타트업의 수익 창출의 기회가 되었다. 앱 개발 회사의 증가는 아이폰 이용자의 만족도를 높이고 이는 다시 앱 개발 회사의 참여를 확대하는, 스스로 성장하는 플랫폼이 되었다. 애플은 또한 아이폰 판매 수익보다 훨씬 매력적인 앱 판매 수수료라는 새로운 수익 모델을 확보하게 되었다. 이러한 플랫폼 전략이 애플로 하여금 모바일 패러다임에서의 지배적 위치를 구가하게 해준 원동력이었던 것이다.

새로운 플랫폼을 구축하는 스타트업들

인터넷과 모바일 혁명을 거치며 등장한 플랫폼 비즈니스 모델은 다양한 제품의 생산자와 소비자를 연결하며 생산자에게는 저비용의 판매 채널을, 소비자에게는 다양한 제품에 손쉽게 접근할 기회를 제공했다. 이후 플랫폼 비즈니스로 전환되는 제품의 종류가 획기적으로 늘어나고 있다. 독자적인 노력으로 판매 채널을 확보할 수 없었던 다양한 틈새에서 생산된 가치가 플랫폼 비즈니스를 통해 유통될 기회를 가지게 되었다. 바야흐로 우리는 플랫폼 비즈니스가 고도화되는 시대로 접어들고 있으며 이는 초연결사회로 정의되는 4차 산업혁명의 중요한 흐름이라고 할 수 있다. 그럼 최근에 등장하고 있는 플랫폼 비즈니스들은 어떤 특징을 가지고 있을까?

모바일 혁명이 진행되고 있는 최근 주요한 플랫폼 비즈니스의 형태는 바로 오프라인을 모바일로 연결하려는 O2O(Online-to-Offline) 플랫폼 비즈니스다. 지금은 가히 O2O 비즈니스의 전성기라 할 정도로 다채로운 플랫폼들이 등장하고 있다. 이미 우버와 에어비앤비 등은 모바일 플랫폼을 통해 오프라인의 유휴 자원에 접근해 수익을 창출하는 플랫폼으로 성장했다. 이후 오프라인 음식점을 모바일로 연결하는 배달 서비스 플랫폼을 필두로 부동산 중개, 자동차 정비, 중고 의류, 가사도우미 등 쉽게 접근하기 어려웠던 틈새의 오프라인 서비스를 연결하는 플랫폼 비즈니스들이 속속 등장하고 있다.

이들이 구축한 플랫폼을 통해 우리는 이전보다 더 다양한 서비스들에 편하게 접근할 수 있게 되었고, 동시에 다양한 제품과 서비스들이 O2O 플랫폼을 기반으로 재탄생하게 되었다. 또한 이들의 성과는 자원의 효율적 활용과 공유라는 사회·경제적 가치의 실현에도 기여하고 있다. 특히 키바와 같은 온라인 기부 플랫폼, 킥스타터와 와디즈 등 크라우드 펀딩 플랫폼은 기존의 거대자본이 투입되지 못하는 지점에서 사회적 가치를 창출하는 데 기여하는 새로운 자본 획득의 창구로서 역할을 충실히 수행하고 있다. 이처럼 O2O는 우리 사회의 구석구석에 잠재되어 있던 다채로운 가치들을 새롭게 발견하고 이를 필요로 하는 누군가에게 전달하는 매개자 역할을 수행하고 있다.

O2O와 더불어 주목할 만한 플랫폼 비즈니스의 흐름은 다양한 아이디어의 발굴과 교류를 촉진하는 틈새 플랫폼의 등장이다. 출판 산업의 사례를 들어보자. 전통적인 출판 산업을 생각해보면, 출판사는 베스트셀러가 될 만한 콘텐츠를 발굴하려고 노력할 것이다. 그러니 당장 수익을 거둘 수 있는 콘텐츠에 집중할 수밖에 없다. 개별 출판사의 이익 증대를 목적으로 하는 콘텐츠의 기획과 발굴은 다양한 고객의 개별적 욕구를 모두 만족시켜줄 수 없다. 플랫폼 비즈니스 모델이 이러한 문제를 해결할 수 있을까? 룰루닷컴 같은 니치 콘텐츠의 셀프퍼블리싱(self-publishing) 플랫폼 비즈니스 모델을 살펴보자.

룰루는 2002년 설립되어 지난 15년간 전 세계 225개가 넘는 국가와 지역에 존재하는 작가들로부터 200만 개가 넘는 출판물을 출간했다. 비즈니스 모델은 우리가 지금까지 살펴본 전형적인 플랫폼 비즈니스의 성격을 고스란히 갖고 있다. 한마디로 대중 서점에서 접할 수 없는 콘텐츠의 출판을 촉진하고 유통하는 플랫폼이다. 룰루는 특수 계층을 대상으로 하는 비주류 작가, 대중성보다 예술성에 초점을 두는 작가, 인지도가 없지만 잠재력을 가진 신진 작가 등 틈새 고객을 대상으로 콘텐츠를 만드는 다양한 창작가들에게, 그들의 작품을 유통하고 수익을 가져갈 수 있는 플랫폼을 제공한다. 이 플랫폼은 대형 서점에서 판매되는 제품에 만족하지 못하는 작품 수요를 유인한다. 룰루는 아마존처럼 대중적 제품을 판매하는 플랫폼과 차별화되며, 이에 대한 보완적 플랫폼의 성격을 추구한다. 우리가 주목해야 할 향후의 플랫폼은 바로 이러한 차별화와 세분화를 통한 틈새시장의 플랫폼화 전략이다.

게임과 3D 영화 제작 관련한 전문가 소프트웨어 시장에서도 비슷한 틈새 플랫폼이 나타나고 있다. 3D 모델링을 위한 소프트웨어는 보통 전문가들을 위한 제품으로, 가격이 일반인이 쉽게 구매할 수 없는 수준이다. 그런데 이런 고가의 제품을 무료로 공급하기 시작한 기업이 있다. 바로 다즈 프로덕션이다. 다즈는 3차원 인체 해부 모형 관련 기술을 개발하는 지고테 미디어그룹에서 2000년 분사해 주로 예술, 게임, 영화 등을 위한 3D 모델을 취급하는 회사다. 이 회사는 2005년 다즈3D스튜디오라는 3D 모델링 도구를 개발했는데, 이 고가의 소프트웨어를 2012년 전격적으로 무료 배포하기 시작했다. 대신 이들은 이 도구를 이용해 개발된 다양한 분야의 3D 모델을 거래할 수 있는 플랫폼을 개발했다. 즉, 도구를 팔아서 돈을 버는 방법 대신, 창작물을 유통해 돈을 버는 방식으로 비즈니스 모델을 바꾸고, 바뀐 비즈니스 모델의 수익을 극대화하기 위해 도구를 무료로 제공한 것이다. 이는 면도날을 많이 팔기 위해서 면도기를 공짜로 주는 것과 비슷한 전략이다. 이 회사는 소프트웨어 판매보다는 다양한 콘텐츠를 유통하는 플랫폼이 지속적인 수익을 낼 수 있다고 판단하고 이러한 전략을 펼치게 되었다. 실제로 소프트웨어 무료 배포 이후 사용자가 20% 증가했으며 회사 수익의 80%를 3D 모델 교환 플랫폼에서 얻고 있다.

비슷한 사례로 2000년 설립된 데비안아트를 들 수 있다. 이 회사는 사진, 디지털 아트, 순수미술, 문학, 영화 등 다양한 형태의 예술 창작물을 유통하는 플랫폼으로, 2017년 현재 총 2억 5천만 개의 작품이 등록되었고 2천 6백만 명이 넘는 회원을 보유하고 있다. 이 회사는 음악을 공유하는 디뮤직네트워크의 일부로 시작했는데 다양하고 독창적인 창작물이 공유되면서 사용자가 증가했다. 사이트에서는 정말 다양한 형태의 창작물들이 거래되고 있으며, 가격도 매우 다양하다.

음악과 관련된 유사 사례로 2007년 스웨덴에서 설립된 사운드클라우드를 주목할 만하다. 이 회사는 독립 뮤지션들이 자신이 작곡한 음악을 공유하고 다른 사용자에게 피드백을 받거나, 혹은 다른 작곡가의 음악을 통해 새로운 영감을 얻는 등 뮤지션들을 위한 소셜 네트워크 서비스라고 할 수 있다. 현재 회원이 4천만 명이 넘고 매달 접속해 음악을 감상하는 고유 사용자가 1억 7천만 명이 넘는다고 한다. 사운드클라우드는 스포티파이와 애플뮤직 등 메이저 레이블의 음반을 주로 유통하는 플랫폼과는 분명 차별화된 포지션을 가지면서 이들을 보완하는 플랫폼으로서 공존 전략을 펼치고 있다.

지금까지 우리는 새롭게 등장한 플랫폼 비즈니스의 개념을 살펴보았다. 가치사슬의 해체와 재구축을 통한 산업 구조의 변화, 그리고 새로운 비즈니스 모델의 등장은 거대 기업이 진입하기 힘든 지점에서 많은 스타트업에 기회를 제공해왔음을 알 수 있다. 또한 거대 플랫폼 기업의 성장 과정과 함께 향후 등장할 새로운 플랫폼 비즈니스의 기회도 살펴봤다. 플랫폼 비즈니스에서 발견한 스타트업의 역할은 앞으로 보게 될 다수의 산업과 기술에 상당한 영향을 주고 있다. 이제 그 영역으로 넘어가 보자.

3

정보 혁명의 뉴 패러다임, 사물인터넷

"가장 심오한 기술은 결국 사라지는 것이다. 우리 삶의 격자 속으로 스며들어 더 이상 기술과 삶을 구분할 수 없게 되었을 때 비로소 기술의 심오함이 완결된다."

마크 와이저

우리의 주변에는 다양한 사물들이 존재한다. 필자 주변에는 책상이 있고, 그 위에는 필기구, 컵, 스피커, 탁상시계, 작은 화분 등이 놓여 있다. 주변의 사물을 인터넷에 연결된 것과 그렇지 않은 것으로 구분해 본다면 어떨까? 지금은 인터넷에 연결되지 않은 사물이 인터넷에 연결된다면 어떤 형태로 새롭게 활용할 수 있을까? 실제로 주변 사물 중 인터넷에 연결되는 형태로 개발된 것을 찾아보면 생각보다 훨씬 많은 제품이 발견될 것이다. 책상에 놓여 있는 화분, 시계, 스피커, 컵, 필기구 등은 이미 인터넷에 연결 가능한 제품들로 개발되고 있다. 인터넷을 통해 연결되는 대상은 컴퓨터, 스마트폰, 전자제품의 범위를 넘어서 우리가 생각하지 못했던 다채로운 사물로 확대되고 있다. 만들어진 모든 것이 서로 연결되어 작동 가능한 시대가 오고 있다. 사물인터넷이라 불리는 이 같은 현상은 어느 날 갑자기 나타난 것이 아니라 인터넷의 등장 이후 꾸준히 지속된 연결성의 확대라는 흐름에서 온 것이다.

인터넷의 등장에서 사물인터넷까지

우리가 사용하고 있는 기술 상당수는 군사적 배경에서 탄생했다. GPS와 레이저 등이 대표적이다. 흥미롭게도 인터넷 역시 군사적 목적으로 생겨났다. 인터넷은 1989년 베를린 장벽의 붕괴로 상징되는 냉전 체제의 종식과 함께 등장했다. 당시 미국은 군사적 취약점을 가진 유선통신 기술을 개선하고자 아르파넷 프로젝트를 시작한다. 그런데 냉전 체제의 종식으로 이 프로젝트는 군사적 의미를 상실한다. 이에 미국 정부는 실리콘밸리의 주요 대학들과 당시 새롭게 성장하던 컴퓨터 분야의 기업들에 이 기술을 개방했고, 이 과정에서 인터넷 혁명이 시작되었다.

처음에 사람들은 인터넷을 컴퓨터 간에 파일을 교환하는 도구 정도로 이해했다. 인터넷 기반 기술인 월드와이드웹을 개발한 팀 버너스 리는 웹을 학술 정보 교환 도구로 이용했다. 그런데 웹으로 연결되는 컴퓨터가 늘어나면서 웹은 단순한 정보 교환의 수단을 넘어 비즈니스 혁신의 도구로 활용되기 시작했다. 기업의 모든 업무가 웹 기반 컴퓨터 시스템으로 수행되면서 업무 절차와 조직 구조의 혁신이 대대적으로 일어났다. 또한 온라인 상거래가 급속도로 발전했고 미디어 산업이 온라인 중심으로 재편되면서 인터넷은 업무 수행, 상거래, 정보 습득의 새로운 매체로 재탄생했다.

특히 웹의 확대는 웹 검색이라는 새로운 비즈니스 모델을 만들었다. 1993년 최초의 웹 검색 로봇이 등장한 후 1994년 한 해에만 인포시크, 익사이트, 웹크롤러, 라이코스, 야후, 알타비스타 등이 잇따라 설립되었고, 한국에서는 다음(1997)과 네이버(1999)가, 중국에서는 바이두(2000)가 서비스를 시작한다. 몇 년 차이이긴 하지만 지금 검색 서비스 시장을 지배하는 구글(1998), 네이버, 바이두는 이들 중 가장 늦게 사업에 뛰어들었다.

컴퓨터 간 연결이 완성되어가던 시점에 인터넷은 다시 전화기를 연결망에 끌어들이며 모바일 혁명을 잉태했다. 스마트폰이 PC 기능을 침범하면서 PC 산업은 사양 산업이 되었고, 모바일 앱을 통한 인터넷 접속이 늘어나면서 "웹은 죽었다"라는 말까지 나왔다. 모바일 혁명 초기에는 많은 모바일 메신저가 등장해 거대 통신 회사들을 위협했다. 야후 출신의 창업자가 만들어 현재 세계에서 가장 많은 사용자를 확보하고 있는 왓츠앱, 중국의 모바일 메신저 시장을 점령하고 있는 텐센트의 QQ(2013)와 위챗(2011), 스탠퍼드 대학생들이 개발한 스냅챗(2011), 카카오톡(2010)과 라인(2011), 러시아 소셜 미디어 창업자가 개발한 텔레그램(2013) 등이 대표적이다. 2014년 페이스북은 왓츠앱을 인수해 페이스북 메신저와 함께 메신저 시장을 독점했다. 또한 스마트폰을 통해 오프라인 비즈니스가 온라인과 연동되면서 O2O라는 새로운 비즈니스 모델이 등장했고, 이는 우버와 에어비앤비 등 공유경제라는 새로운 형태의 기업을 탄생시켰다.

이처럼 인터넷의 연결성이 컴퓨터와 스마트폰으로 확대되는 과정에서 우리는 다양한 새로운 비즈니스 모델의 등장을 목격했다. 인터넷의 연결 대상이 일반 사물로 확대되면 또 다른 새로운 비즈니스 모델이 잉태될 것이다. 음성 신호 교환 도구에 불과했던 전화기가 인터넷과 만나 많은 신규 비즈니스 모델을 잉태한 것처럼, 사물인터넷은 일상적인 사물들을 또 다른 새로운 비즈니스 모델의 주요 도구로 변화시킬 것이기 때문이다. 무엇보다 인류가 만들어낸 사물의 다양성을 고려한다면 사물인터넷은 모바일 혁명을 뛰어넘는 혁신을 가져올 것이 분명하다.

'사물'이라는 말 그대로 사물인터넷의 대상은 인위적으로 만들어진 것과 자연의 법칙에 의해 탄생하는 것을 포함하는, 이 세상에 존재하는 모든 것이 될 것이다. 인간이 소지한 모든 것, 특정 공간에 놓여 주어진 역할을 수행하는 것, 자연에 존재하는 생물과 무생물, 심지어 우리 몸속의 생체 기관에까지 인터넷의 연결성이 확대될 수 있다. 사물로 확대되는 인터넷의 연결성은 사물의 기능과 역할을 변화시킴으로써 사물을 활용하는 우리 삶의 모습을 바꿔나갈 것이다. 모든 것의 연결이 완성되는 초연결의 세상은 어떤 모습이며, 우리에게는 어떤 일이 벌어지게 될까?

웨어러블 기기의 선구자

사물인터넷이 적용되는 대상으로 손쉽게 생각해볼 수 있는 것은 우리가 갖고 다니는 것들이다. 우리가 갖고 다니는 사물에 연결성이 부여된 것을 웨어러블(wearable) 기기라고 한다. 대표적인 웨어러블 기기로 스마트워치를 들 수 있다. 스마트워치는 2016년 웨어러블 기기 매출의 약 절반을 차지했다고 한다. 스마트워치는 스마트폰과 관련되어 있지만 흥미롭게도 스마트폰 제조사가 아니라 캐나다의 한 청년에 의해 세상에 처음 등장했다.

캐나다 워털루 대학 공학도였던 에릭 미히코프스키는 2008년, 우연히 스마트폰 사용에 대한 한 가지 흥미로운 조사 결과를 접한다. 조사에 따르면, 스마트폰 이용자들은 평균 하루에 120번 정도 스마트폰을 꺼내 보았다. 에릭은 이 결과를 보고 한 가지 아이디어를 떠올렸다. 바로 스마트폰과 연동되는 손목시계였다. 그런 손목시계가 있다면 사람들은 주머니에서 휴대폰을 꺼내지 않고도 시간이나 문자 메시지 등 간단한 정보를 편리하게 확인할 수 있을 것이다. 기숙사에서 아두이노 보드와 노키아 폰에서 뜯어낸 부품들로 씨름하며 스마트워치의 프로토타입을 개발하던 그는 2009년 팔로알토에서 스마트워치 브랜드 페블을 설립한다. 페블은 그야말로 폭발적으로 성장했다. 와이컴비네이터의 지원을 받으며 2012년 킥스타터를 통해 약 100억 원의 펀딩에 성공한다. 당시 킥스타터 펀딩 사상 최고 기록이었다. 2014년에는 미국의 가전 유통 회사인 베스트바이를 통해 판매를 시작한 지 5일 만에 제품이 매진되었고 2014년에만 100만 개가 넘게 팔아치웠다. 이듬해인 2015년에는 다시 킥스타터에서 200억 원의 펀딩에 성공하며 자신의 기록을 다시 한 번 갱

신했다.

　페블의 등장과 비슷한 시기인 2007년, 하버드 대학 컴퓨터공학과를 중퇴하고 세 번째 스타트업을 준비하던 한국계 미국인 제임스 박은 스마트워치와는 또 다른 형태의 웨어러블 기기를 개발한다. 바로 웨어러블 기기 분야에서 가장 성공적인 제품 중 하나로 손꼽히는 핏빗이다. 핏빗은 손목에 착용하는 웨어러블 기기로 보행 횟수, 보행 거리, 심박 수, 수면 품질 등 일상적인 활동 정보를 측정한다. 측정된 정보는 스마트폰 앱으로 전송되고 활동 정보 외에 음식, 몸무게, 칼로리 등을 입력하면 종합적인 건강 정보를 제공한다. 핏빗에 대한 시장 반응은 놀라울 정도로 뜨거웠다. 2012년 약 760억 원의 매출을 올린 이후 매출이 급성장하며, 2013년 2천 7백억 원, 2014년 7천 4백억 원을 기록했고, 2015년에는 1조 8천억 원, 2016년에는 2조 원을 돌파했다. 이러한 성장에 힘입어 핏빗은 2015년 뉴욕 증시에 성공적으로 상장했고 이후 시장가치가 4조 원이 넘는 기업으로 성장했다. 핏빗은 스마트워치 경쟁이 치열해지던 2016년 말, 페블을 인수해 웨어러블 기기의 포트폴리오를 확대하고 있다.

　페블과 핏빗의 성공 이후 웨어러블 기기 분야에는 스마트 장갑, 스마트 반지, 스마트 안경, 스마트 벨트, 스마트 양말, 스마트 목걸이 등 다양하고 참신한 제품들이 끊임없이 등장하고 있다. 한 예로 2010년 설립된 센소리아는 스마트 양말을 개발했는데, 이 양말에 부착된 각종 센서는 걸음 수, 칼로리 소모량, 높이, 속도, 거리 등 기본적인 운동량을 측정하는 것과 함께 하중의 분포, 발의 착지 기술,

주변 환경 변화 등을 측정해 최적의 운동 경험을 제공한다.

핏빗과 페블의 인기는 스마트폰과의 연동을 기반으로 스마트폰이 제공하지 못하는 다양한 기능을 제공했다는 점에 있다. 신체 신호를 측정해 운동이나 다이어트 같은 건강 관련 욕구를 만족시켰고, 패션 상품으로서 고객의 감성적 욕구를 만족시켰다. 스마트폰과 연동하는 시계와 밴드가 스마트폰 제조사들이 아닌 스타트업들에 의해 시작되었다는 점은 흥미롭다. 애플은 2015년에야 첫 스마트워치인 애플워치를 출시했고 삼성, LG 등이 뒤늦게 시장에 뛰어들었다. 페블과 핏빗의 성공 스토리는 거대 기업이 진입하지 못하는 지점에서 새로운 기회를 발견하고 잠재된 시장을 수면 위로 끌어올리는 스타트업의 혁신을 잘 보여주는 사례다.

바이오 기술을 품는 웨어러블 기기의 미래

넷플릭스에서 방영된 인기 드라마 「블랙 미러」의 한 일화에는 웨어러블 기기의 미래를 엿볼 수 있는 장면이 등장한다. 등장인물들은 특수한 콘택트렌즈를 착용하는데 이 렌즈는 동영상을 촬영하듯 사람이 응시하는 모든 것의 시각 신호를 입력한다. 렌즈로 입력된 신호는 뇌의 시각 정보 인식 영역에 이식된 소형 칩에 영구적으로 저장되어, 필요에 따라 저장된 영상을 머릿속에서 떠올릴 수 있도록 작동한다. 살면서 눈으로 본 모든 것을 언제든지 머릿속에서 다시 생생하게 떠올릴 수 있는 것이다. 망각이 없는 시대가 오는 것이라 할 수 있을까? 공상과학 영화의 한 장면일 뿐이라고 여겨

질지 모르겠지만 이러한 기기들이 사용되는 미래가 의외로 가까이 와 있다.

2017년 언론을 통해, 국내 최초로 두뇌에 이식하는 인공 망막으로 한 맹인이 눈을 뜰 수 있었다는 보도가 있었다. 이 제품은 1998년 미국에서 설립된 세컨드 사이트가 개발한 Argus II라는 인공 망막으로, 2013년 세계 최초로 FDA 승인을 받은 제품이다. 뇌의 시각 정보 처리 영역에 작은 칩을 이식받은 맹인이 고글처럼 생긴 특수 안경을 착용하면 안경에서 인식되는 실시간 영상이 뇌의 칩으로 전달되어, 건강한 눈을 가진 사람과 마찬가지로 주변을 볼 수 있는 것이다. 이 제품은 눈과 뇌의 시각 영역 간 신호 전달 체계가 붕괴된 맹인들이 눈을 뜰 수 있게 해준다. 현재 캐나다, 프랑스, 독일, 영국 등 여러 나라에서 판매 승인을 받았다.

2003년 독일에서 설립된 레티나임플란트도 2016년 비슷한 제품으로 유럽 내 판매를 위한 CE 인증을 받고 많은 투자자들의 관심을 받고 있다. 2011년 설립된 프랑스 스타트업 픽시움비전 역시 망막이 손실된 환자들의 시력을 회복시키는 시스템을 개발했다. 이 회사가 개발한 고글은 프레임 단위로 영상을 기록하는 카메라와는 달리 생체 안구처럼 움직이는 픽셀의 정보만을 독립적으로 인식한다고 한다. 이 시각 정보는 150개의 전극을 가진 임플란트에 전달되고 전극이 뇌의 시각 정보 처리 영역을 자극해 사물을 인식하게 한다. 특히 이 제품은 망막 외부에 이식할 수 있어 교체와 업그레이드가 가능한 장점이 있다.

미래의 웨어러블 기기는 몸과 보다 밀착되거나 인공 망막처럼 신체의 한 기관으로 작동하는 수준까지 진보할 것이다. 이 과정에서 사물인터넷은 바이오 및 의학 기술과의 결합을 시도할 것이며, 정보를 처리하는 빅데이터와 인공지능 기술과도 접목될 것이다. 이러한 점에서 웨어러블 기기는 수만 년간 진행되어온 인류의 진화 과정에 바야흐로 기계가 개입하는 출발점이 될 수 있다. 기계와의 결합을 통해 인간은 생물학적 한계를 넘어서는 능력을 가진 생명체로 진화할 수 있을지도 모르겠다.

보다 편리하고 안전한 집, 치열해지는 스마트 홈 경쟁

웨어러블 기기가 사람의 몸에 부착되어 새로운 기능을 제공한다면, 사물인터넷의 또 다른 역할은 사람이 생활하는 공간을 보다 편리하고 안전하게 만드는 것이다. 우리가 많은 시간을 보내는 집을 새롭게 바꾸는 스마트 홈부터 병원, 학교, 사무실 등 다양한 목적을 가진 공간들이 더욱 편리하고 쾌적한 공간으로 변모하고 있다. 대표적으로 삶의 토대가 되는 집을 생각해보자.

애플의 엔지니어였던 토니 파델리는 가족과 휴가를 보내기 위한 별장을 짓고 있었다. 미국은 아파트가 흔치 않기 때문에 모든 주택에는 독립적인 온도 조절 장치(thermostats)가 필요하다. 토니 파델리는 시중에 나온 제품 대부분이 장기간 비워둘 수밖에 없는 별장 관리에 적합하지 않음을 알게 되었다. 다양한 설정이 가능하고, 환경 변화에 따라 스스로 설정을 조정할 수 있고, 무엇보다 원격 모니터링과 통제가 가능한 시스템이 필요했다. 토니 파델리는 애플의 동료였던 맷 로저스와 2010년 네스트랩을 설립하고, 자신의 아이디어를 실현할 스마트 홈 시스템을 개발하기 시작한다.

네스트랩이 개발한 온도 조절 장치는 무엇보다 스스로 학습하는 특징을 가지고 있다. 사용자가 몇 번 조작하면 금세 사용자의 조작 방식을 학습해 스스로 온도를 조절한다. 이후 네스트랩은 가스 누출이나 화재 등을 감지하는 제품, 카메라 녹화가 가능한 제품 등 다양한 스마트 홈 제품을 출시했다. 2013년 네스트랩은 매달 5만 개가 넘는 제품을 판매했고 2015년 기준 3천억 원이 넘는 매출을 올린다. 무엇보다 설립 4년 만인 2014년, 구글이 3조 2천억 원에 네스트랩을 인수하면서 언론의 큰 주목을 받았다. 투자 금액이 적절했는지 논란이 있었지만 스마트 홈이 확대된다면 네스트랩의 제품은 향후 등장할 다양한 스마트 홈 제품을 연결하는 허브가 될 수 있기 때문에 가치가 높게 평가된 것으로 보인다. 이후 네스트랩은 2009년 설립된 샌프란시스코 스타트업 드랍캠을 약 5천억 원에 인수해 집 안을 녹화하고 실시간으로 스트리밍해주는 홈 카메라 시스템을 출시했고, 지능형 온도 조절기와 연동되는 보안 솔루션인 네스트 프로텍트를 출시하는 등 스마트 홈 제품의 포트폴리오를 확대하고 있다.

산타모니카에 거주하는 제임스 시미노프는 초인종 소리를 듣지 못해 반가운 사람의 방문을 놓친 경험이 자주 있었다. 창고에서 작업하고 있거나, 헤드폰을 끼고 음악을 듣고 있거나, 아니면 뒤뜰에서 정원을 가꾸고 있을 때 누군가 방문하면 종종 초인종 소리를 듣지 못했기 때문이다. 어떤 날은 중요한 우편물을 받아야 하는데 잠시 외출한 사이에 배달원이 방문하는 바람에 하루를 더 기다려야 한 경우도 있었다. 그는 모두가 스마트폰을 가진 시대에 초인종과 스마트폰, 현관 카메라를 연결하면 이런 문제쯤은 간단하게 해결할 수 있지 않을까 생각했다. 그는 자신의 아이디어를 구현한 도어봇이라는 제품을 개발하기 위해 크라우드 펀딩을 두드렸고 약 10억 원의 자금을 성공적으로 조달한다. 2013년 설립된 스타트업 링의 이야기다.

링의 도어봇은 사물인터넷 기술이 접목된 초인종으로, 방문자가 초인종을 누르면 현관에 설치된 비디오카메라가 방문자 영상을 실시간으로 스마트폰에 전송한다. 집주인이 부재중일 경우 스마트폰으로 방문자와 영상통화를 할 수 있고, 가족이나 친척이 방문했다면 원격으로 문을 직접 열어줄 수도 있다. 한국처럼 아파트 중심의 주거 환경에서는 큰 도움이 안 된다고 여겨질지 모르겠지만, 주로 단독주택에 거주하는 미국 사람들에겐 보안 문제와 편리성을 동시에 해결할 수 있는 좋은 제품이었다. 한국 역시 최근 1인 가구가 늘어나고 있으니 이와 같은 스마트 초인종이 앞으로 유행하게 될지도 모르겠다. 링은 간단한 아이디어 제품 같지만 시장성은 엄청나게 높다고 평가되고 있다. 2017년 2천억 원의 펀딩을 받았고 2018년에 아마존이 1조 원에 인수하면서 큰 주목을 받았다.

빈집을 스스로 감시하는 사물인터넷 제품들도 주목받고 있다. 한 통계에 따르면, 2014년 한 해 동안 미국에서 약 200만 건의 빈집털이 범죄가 발생했고 이는 1.5초마다 한 집이 범죄의 대상이 되는 꼴이다. 도난뿐 아니라 화재와 누수 등도 큰 문제다. 매년 약 37만 건의 화재가 집에서 발생하고, 누수로 인한 피해 규모도 약 8조 원에 이른다고 한다. 하지만 ADT 캡스 같은 전통적인 홈 시큐리티 서비스는 장기간 계약을 해야 하고, 무엇보다 가격이 비싸서 이를 도입한 가정은 15%에도 미치지 못한다고 한다. 이러한 상황에서 저렴한 가격으로 보안 문제를 해결하는 사물인터넷 솔루션들이 등장하고 있다. 바로 각종 센서를 활용해 빈집에서 발생할 수 있는 문제들을 미리 감지하고 대응하는 시스템들이다. 센서들은 누수, 화재, 일산화탄소 누출 등을 감지하며, 동작 센서 및 가속 센서가 장착되어 현관문, 방문, 창문의 개폐, 침입자 탐지, 지진 발생 등을 감지할 수 있다. 그뿐만 아니라 온도 변화와 빛의 변화까지 감지한다고 하니 집 안에서 일어나는 거의 모든 변화를 원격에서 감지할 수 있는 것이다.

2013년 설립된 노션은 손바닥만 한 크기의 스마트 홈 센서를 개발해 크라우드 펀딩을 통해 약 5억 원어치를 판매했고, 2016년에는 약 35억 원의 투자를 유치한다. 무엇보다 이 제품은 앙증맞은 디자인으로 별다른 설치 작업 없이 간단한 설정만으로 집 안을 충실하게 감시한다. 이 외에도 2012년 설립된 카나리가 개발한 홈 모니터링 제품은 인디고고를 통해 단 몇 시간 만에 10억 원의 펀딩을 이끌었고 설립 이후 총 420억 원의 투자를 유치했다.

보안과 함께 공간의 에너지를 관리하는 스타트업들도 맹활약하고 있다. 노르웨이의 스타트업인 그린버드는 스마트 전력량계를 이용해 가전제품별 전력 사용량을 시간 단위로 분석하고 효율적인 에너지 관리 서비스를 제공한다. 특히 이 회사는 다른 스마트 에너지 서비스 회사와는 달리 가정이나 건물 단위의 에너지 관리를 넘어 지역이나 도시 단위의 에너지 절감 기술을 제공한다. 노르웨이 등 유럽 국가들은 국가적으로 스마트 계량기의 도입을 추진하고 있는데, 이 과정에서 그린버드와 같은 서비스는 지역 내 모든 공간의 전력 소비를 통제해 에너지 소비를 최적화하는 중요한 역할을 하게 될 것이다.

사물인터넷으로 인한 공간의 혁신

사물인터넷을 이용한 공간의 혁신은 이제 안전성과 편리성을 넘어서 쾌적함과 아늑함 등 높은 수준의 가치를 실현하는 데 이용되고 있다. 여러분이 근무하는 사무 공간을 보다 아늑하게 만들기 위해서 사물인터넷 기술을 어떻게 활용할 수 있을까?

현대 근로자들은 많은 시간을 사무실 안에서 보내야만 한다. 가끔 바깥에 나가 따뜻한 햇살을 즐기고 싶지만 업무에 쫓기다 보면 쉽지 않다. 한 가지 방법은 채광이 좋은 사무실을 꾸미는 것이다. 그래서 최근 벽면을 통째로 유리로 둘러싼 오피스 빌딩이 많이 지어지고 있다. 통유리 건물은 시간과 기후에 따른 채광과 실내 온도의 변화가 문제가 된다. 빛이 지나치게 많이 유입되면 눈이 부셔 컴퓨터 작업이 어렵고 실내 온도가 상승하는 문제가 발생할 수 있기 때문이다. 빛의 양에 따라 자동적으로 채광을 조절하는 기능이 있다면 어떨까?

2007년 창업한 스타트업 뷰는 이러한 기능을 가진 스마트 유리를 개발해 공간 혁신을 주도하고 있다. 뷰가 개발한 스마트 유리는 얇은 금속산화물이 겹겹이 코팅되어 전기 신호에 따라 빛의 투과율을 조절하는 지능적 채광이 가능하다. 특히 24시간 작동하는 지능형 컨트롤러는 유리의 채광량을 자동적으로 조절할 수 있다. 건물의 경도와 위도에 따른 태양 고도 및 빛의 각도, 날씨 변화, 건물의 돌출 부위 및 주변 건물 등을 자동적으로 감지하며 그에 따라 유리의 투과도를 조절한다. 또한 사무실 내부에 설치된 각종 센서가 눈부심(glare), 온도, 밝기 등의 변화를 알고리즘에 반영하기도 한다. 유리 하나로 채광과 에너지를 동시에 관리하는 것이다. 뷰는 이 제품을 통해 2017년 현재 7억 달러가 넘는 투자를 유치했다.

조명 기기에 사물인터넷 기술을 접목해 공간의 분위기를 지능적으로 바꿀 수 있는 제품도 개발되고 있다. 2012년 설립된 라이프엑스는 킥스타터를 통해 약 1억 원의 펀딩을 받아 스마트 조명 기기를 개발했고 이후 약 120억 원의 투자를 유치한다. 이 스마트 전구는 거주자의 활동 시간대에 따라 밝기와 색상 등을 스스로 변화시킨다. 다양한 색깔의 LED를 이용해 거주자의 기분에 따라 공간의 분위기를 다채롭게 연출할 수 있는 것이다. 스마트폰으로 통제가 가능하기 때문에 원격에서 조명을 조작할 수 있고, 거주자가 외출하거나 차고로 차가 들어오는 등의 행동 변화에 따라 자동으로 전등이 켜지고 꺼지게 할 수 있다.

이제 스마트 홈 시장은 다양한 제품들이 치열하게 경쟁하는 각축장이 되었다. 앞서 살펴보았던 카나리, 노선 등 외에도 로키드, 리오 등 많은 스타트업들이 앞다투어 제품을 출시하고 있다. 미래의 스마트 홈 기술은 편리성과 안전함을 넘어서는 새로운 가치를 모색할 필요가 있다. 이러한 점에서 K4커넥트라는 스타트업이 추구하는 핵심 가치를 주목할 만하다. K4커넥트는 편리한 스마트 홈 기술을 노인들의 거주 공간을 혁신하는 데 적용하고 있다. 최근 독거노인의 증가로 발생하는 사회적 비용을 이러한 기술을 이용해 줄일수도 있게 되었다. K4커넥트의 서비스는 일반적인 스마트 홈 기기와 크게 다르지 않지만, 떨어져 사는 가족이나 이웃과 소통하는 기능을 중요한 요소로 제공한다. 이를 통해 노인들의 거주 공간을 외로운 곳이 아닌 소통이 가능한 곳으로 변화시킨다는 점에서 스마트 홈 기술의 사회적 의미를 생각해볼 수 있다.

이처럼 공간을 혁신하는 사물인터넷은 앞으로 공간의 편리성 제고를 넘어서서 특수한 목적을 가진 공간의 구축과 이를 통해 새로운 가치를 추구하는 방향으로 진보하고 있다.

공상과학을 작업 현장에 구현하다 - 산업용 사물인터넷

웨어러블 기기나 가정용 사물인터넷이 치열한 경쟁 체제에 돌입하고 있는 상황에서 새로운 활용 영역으로 산업용 사물인터넷

(Industrial Internet of Things)이 주목받고 있다. 2011년 독일 브레멘에서 설립된 유비맥스는 미래의 작업장에나 나올 만한 신기한 산업용 웨어러블 기기를 개발했다. 고글을 쓴 작업자가 물류창고를 걸어 다니며 주변을 응시하면 그가 수행해야 할 작업 내용과 관련 정보가 해당 사물 위에 겹쳐지며 나타난다.

유비맥스는 물류 산업의 생산성 향상을 위한 증강현실 웨어러블 기기로 단숨에 이 분야에서 가장 앞서가는 기업으로 성장했다. 유비맥스의 스마트 고글은 소위 픽바이비전(pick-by-vision)을 구현하는 증강현실 기술로 작업자의 오류를 최소화하고 생산성을 높이는 데 활용되고 있다. 일반적으로 제품 출하를 담당하는 작업자는 한 손에는 출하 제품 목록, 다른 손에는 바코드 스캐너를 들고 작업한다. 출하 목록에 있는 제품을 선반에서 찾아 바코드를 스캔한 후 출하하는 것이다. 유비맥스가 개발한 증강현실 안경 엑스픽은 많은 제품이 쌓여 있는 선반을 응시하기만 하면 안경 위로 출하될 제품의 위치와 개수를 정확하게 알려준다. 작업지시서나 주문서를 보고 제품을 꺼내는 것이 아니라 안경을 쓰고 선반을 쳐다보기만 하면 되는 것이다. 그뿐만 아니라 카트를 끌고 이동할 장소, 혹은 조립 공정이나 품질 검사 공정에 필요한 정보와 작업 지시 등도 증강현실을 이용해 작업자의 안경에 표시된다.

2015년 이 시스템을 도입한 DHL은 물류센터 작업자들의 출하 업무 수행 능력이 25% 향상되었다고 밝혔다. 인텔 또한 물류센터에 이 시스템을 도입했는데, 이를 통해 제품 출하 시간이 작업자의 눈과 문서에 의지하는 방식에 비해 30% 이상 절감되었다고 한다. 유비맥스는 최근 60억 원의 투자를 유치했고 삼성전자를 포함해 100개가 넘는 기업에서 이 시스템을 채택하고 있다. 유비맥스 이외에도 다크리, 어디어, 스코프에이알 등 작업 현장에 도입 가능한 사물인터넷 및 증강현실 제품을 개발하는 스타트업들이 늘어나고 있다. 사물인터넷 기술은 인간의 노동을 대체하는 것이 아니라 지원하는 기술로 진화하고 있는 것이다.

사물인터넷이 기업의 생산성을 높이는 사례는 선박 운행 분야에서도 발견되고 있다. 바다를 항해하는 선박들은 전통적으로 고주파 라디오를 통해 서로 통신하는데, 불행히도 한때 혁신적이었던 이 통신 기술에는 심각한 오류가 있다. 갑자기 통신이 두절되거나 정확도가 떨어지는 등의 문제가 있는 것이다. 최근 선박의 항해 위치를 매우 정확하게 실시간으로 추적하는 사물인터넷 기기들이 선박에 장착되고 있다. 노르웨이의 선박 회사인 바스토포센의 여객선들은 라우트익스체인지(Route Exchange)라는 항해 사물인터넷 소프트웨어가 제공하는 대화형 항해 지도를 활용한다. 노르웨이 해상에서 시범 운영된 이 지도에는 다른 선박들의 진행 방향이 실시간으로 업데이트되기 때문에, 효율적인 항해 속도와 경로 수립을 돕는다. 이를 통해 매년 연료를 15% 이상 절감할 수 있었다고 한다.

지도상에서 충돌 가능성이 탐지되면 컴퓨터 모니터에서 드래그 앤 드롭 기능으로 배의 방향을 간단히 바꿀 수 있다. 바뀐 배의 방향은 다른 배에도 즉시 전달된다. 이러한 시스템을 통해, 다수의 화물선을 운영하는 해양 운송 회사들이 선박의 위치를 실시간으로, 그리고 통합적으로 파악할 수 있고 이로 인해 운행 안정성을 높이고 운송 비용을 절감할 수 있다. 한국에서도 최근 현대중공업이 인텔, 마이크로소프트 등과 손잡고 선박을 위한 사물인터넷 애플리케이션 개발을 추진하고 있다. 개발될 시스템은 배의 중심을 잡아주는 부력탱크의 수량 감지, 원양 항해를 하는 선원들을 위한 원격 진료, 컨테이너의 온도 모니터링, 자동 항해 기록 리포팅, 핵심 장비의 유지 보수 등에도 활용될 것이라고 한다.

이 외에도 다양한 산업 현장에서 사물인터넷 기술이 적용되고 있다. 2010년에 설립된 그라운드메트릭스는 지표면에 전자기 센서를 부착해 석유, 천연가스, 광물의 매장량을 탐지하는 기술을 바탕으로 굴지의 에너지 회사들과 협력하고 있다. 기름 누출 감지 센서를 전문적으로 생산하는 압토마는 노르웨이, 걸프만, 브라질 해상 유역에서 해양 운송 회사들과 협력하고 있으며, 운송트럭의 운용을 최적화하는 사물인터넷 기업 브이노믹스는 지능형 텔레매틱스 시스템을 개발해 2015년 약 1천억 원의 투자를 유치하기도 했다.

작업자의 안전을 책임지는 사물인터넷

세계노동기구에 따르면, 15초마다 151명의 작업자가 안전사고를 당한다. 매년 3억 2천만 건의 직업 관련 사고가 발생하고, 약 32만 명이 안전사고로 사망한다. 최근 산업 현장에서는 사물인터넷 기술을 이용해 산업재해를 예방하고 생산성을 향상시키려는 시도가 활발하게 진행되고 있다.

미국 오하이오주의 한 철강 회사는 IBM의 산업용 사물인터넷 기술을 도입해 공사 현장 근로자의 안전을 도모하고 있다. 건설 현장은 극한의 기후에 노출되기 때문에 무엇보다 작업자의 안전을 유지하는 것이 중요하다. 무더운 날씨에 야외에서 오래 작업하면 열사병에 걸릴 수 있고 특수한 작업 환경에서 독성 물질에 노출될 수도 있다. 산업용 사물인터넷 시스템은 건설 현장의 작업자들을 연결해 위치와 움직임을 파악한다. 헬멧, 밴드, 작업복 등에 장착된 웨어러블 센서들을 통해 작업자의 건강 상태를 실시간으로 측정해 관리자가 모니터링할 수 있다. 이 센서들은 피부 온도 변화, 심박 수, 혈압, 피부 전기 반응(galvanic skin response) 등 작업자의 상태와 방사선, 소음, 빛, 독성 가스 등 작업 현장의 위험 요소, 그리고 대기 온도와 습도 등의 환경 요인을 통합적으로 분석할 수 있다. 이를 통해 작업자의 체온 변화, 심박 수 증가, 현저한 움직임 저하 등을 감지하고 위험한 상태에 있는 작업자들에게 10분간 그늘에서 쉴 것을 제안한다.

2012년 설립된 스트롱암테크놀로지는 무거운 짐을 옮기는 작업자들이 요추에 심각한 부상을 입는 것을 방지하는 작업복과 벨트를 개발하고 있다. 회사 자료에 따르면, 약 8백만 명의 작업자가 무거운 물건을 옮기는 작업으로 요추 부상에 노출되어 있는데, 작업자의 부상으로 인한 손실이 약 15조 원에 달한다. 이 회사에서 개발한 웨어러블 기기인 에르고스켈레톤은 허리, 목, 어깨에 걸쳐 작업복

위에 착용하는 제품으로, 무거운 물건을 옮기는 작업에서 주요 신체 부위를 지지하고 척추가 아닌 팔과 다리의 근육으로 하중을 분산시킴으로써 요추 부상을 방지한다. 이 회사는 2015년 3M으로부터 약 30억 원의 투자를 받은 후 2016년 3M에 인수되었다.

공간의 변화는 삶의 질과 밀접하게 관련되어 있다. 스마트 홈 기술이 편리하면서 안전한 생활 환경을 구축해 가정에서 삶을 변화시키고 있다면, 산업용 사물인터넷은 근무 현장을 혁신함으로써 우리의 삶을 변화시키고 있다. 인간의 노동 환경을 인간 친화적으로 개선함으로써 근로자에게는 쾌적하고 안전한 작업 환경을 제공하고, 기업에는 산업재해를 줄이고 생산성을 높이는 데 기여하고 있는 것이다.

막대한 투자를 받고 있는 사물인터넷 인프라 스타트업

2012년 설립된 리틀빗은 다양한 사물인터넷 기기들을 누구나 손쉽게 활용할 수 있는 방법을 고민하고 있다. 혹시 해커톤 대회에 참여한 적이 있다면 아두이노 보드를 잘 알고 있을 것이다. 이 간단한 임베디드 시스템은 다양한 창의적 아이디어를 구현하는 프로토타입 개발에 널리 활용되고 있다. 아두이노가 간단하긴 하지만 이를 잘 활용하기 위해서는 전자회로에 대한 기본적 이해와 프로그래밍 지식이 필요하다. 리틀빗은 레고 블록을 조립하듯 손쉽게 다양한 사물인터넷 기기들을 조립해 아이디어를 구현해볼 수 있는 제품이다. 이 회사는 2015년까지 약 4천 400만 달러의 펀딩에 성공했으며 이들 제품은 2015년까지 70개국 8천여 교육기관에 판매되었다. 특히 최근에는 이 제품을 구입하는 기업이 늘어나고 있는데, 직원들의 창의성 교육에 활용하고 있다고 한다.

우리가 주목해야 할 사물인터넷 트렌드는 리틀빗의 콘셉트와 맞닿아 있다. 사물인터넷 기기들이 늘어날수록 기기들을 유연하게 조합해 공간과 목적에 맞춤화된 서비스를 제공하는 것이 중요해지기 때문이다. 최근 사물인터넷 기술에 대한 투자는 개별 기기를 만드는 기업보다는 사물인터넷 통신 플랫폼, 사물인터넷 기술을 통해 특정한 공간을 재설계하는 서비스, 사물인터넷 인프라 구축을 위한 컨설팅 등 플랫폼 기반의 통합 솔루션을 제공하는 기업들로 옮겨 가고 있다.

2009년 설립되어 에너지 분야의 센서 네트워크 및 데이터 분석 플랫폼을 개발하던 C3에너지는 기업용 사물인터넷 플랫폼으로 영역을 확장하며 최근 사명을 C3IoT로 변경했다. 2016년 7천만 달러의 투자를 받은 데 이어 이듬해 1천 200만 달러의 투자를 유치하며 설립 이후 총 1억 2천만 달러의 투자를 유치했다. 2011년 설립된 프랑스의 대표적인 사물인터넷 플랫폼 개발 회사인 시그팍스 역시 2016년까지 총 3억 달러의 투자를 유치했으며, 이는 당시 프랑스 벤처캐피털 투자 사상 최대 규모였다.

사물인터넷 플랫폼 서비스의 중요성은 최근 여러 대기업들이 경쟁적으로 출시하고 있는 대화형 인터페이스 제품에서도 읽을 수 있다. 이 기술은 사용자와의 인터페이스를 장악함으로써 다양한 스마트 기기를 통합적으로 통제하는 단일한 플랫폼 역할을 하기 때문이다. 2014년 11월 출시된 아마존의 에코는 7개의 마이크를 가진 음성 인식 스피커지만 TV, 오디오, 냉장고, 세탁기, 조명 등 가전제품 등 다양한 스마트 기기를 통제한다. 아마존은 이러한 이유로 에코에서 핵심적 역할을 하는 인공지능 알렉사의 개발에 투자를 아끼지 않고 있다.

구글도 'Ok, Google'로 실행되는 자사의 인공지능을 담은 나우라는 비슷한 콘셉트의 제품을 2016년 출시했으며, 애플의 시리, 삼성의 빅스비, 마이크로소프트의 코타나 등 인공지능 기술을 기반으로 한 대화형 인터페이스 경쟁이 치열해지고 있다.

국내에서도 통신 회사들이 주축이 되어 SK의 누구, KT의 지니, LG 유플러스의 앳홈 등 유사한 제품을 출시하며 경쟁이 확대되고 있다. 이렇게 사물인터넷을 통제하는 단일 인터페이스 제품들은 인공지능 기술 경쟁의 각축장이 됨과 동시에 다양한 스마트 홈 기기들을 통제하는 허브 역할을 하면서, 스마트 홈 시장의 중요한 플랫폼이 될 가능성이 높다.

사물인터넷의 플랫폼 기술이 중요해지면서 한 가지 더 주목할 만한 부분은 데이터 분석 기술의 중요성이 커지고 있는 점이다. 사물인터넷은 독립적인 산업이 아닌 빅데이터 및 인공지능 기술과 결합될 때 진정한 혁신을 이루는 패러다임이다. 최근 주목받고 있는 사물인터넷 기술인 엣지 애널리틱스(edge analytics)는 사물인터넷과 빅데이터 및 인공지능 기술과의 결합이 중요하다는 것을 보여주고 있다.

일반적으로 사물인터넷 플랫폼을 구축하면 스마트 기기는 중앙 서버에 의해 통제된다. 다양한 센서가 데이터를 수집해 서버에 전송하면, 중앙 서버는 이를 취합해 분석한 후 스마트 기기들에 명령을 전달하는 것이다. 그런데 이런 방식은 즉각적인 서비스를 제공하는 데 어려움이 있다. 일단 데이터가 취합된 이후 비로소 분석되기 때문에 시간이 걸리는 것이다. 엣지 애널리틱스에서 엣지는 사물인터넷 플랫폼의 끝단(edge)에 위치하는 단말기나 센서들을 지칭하는데, 이 단말기들이 자체적인 분석 기능을 가지게 하는 기술이다. 쉽게 말하자면 카메라나 온도 센서가 데이터를 획득하기만 하는 것이 아니라 데이터를 분석해 적절한 행동을 스스로 취하게 함으로써 상황에 대한 실시간 대응을 가능하게 한다. 이제 사물인터넷 플랫폼은 중앙 서버의 지능에 구속되지 않고, 자율 지능을 가진 분산된 기기들이 협력하는 형태로 진보하고 있는 것이다.

사물인터넷은 단순히 새로운 기술 트렌드가 아닌 지난 60년간 이어져온 정보 혁명의 새로운 패러다임으로 인식되어야 한다. 앞으로 사물인터넷 기술은 어떻게 세상을 바꾸어나갈까? 역설적으로 사물인터넷 기술이 고도화될수록 인간은 그것의 존재를 점점 더 인식하지 못하게 될 것이다. 웨어러블 기기나 스마트 장치가 아닌 우리 삶의 일부처럼 인식될 때 인간은 다음의 새로운 정보 혁명 패러다임을 생각할 것이다.

4

정보 홍수 속에서 숨은 가치 찾기,
빅데이터

"데이터는 충분히 고문하면 곧 자백하게 되어 있다."
로널드 코스

제프 요나스는 14세이던 1979년, 변호사인 어머니가 청구서 관리 업무를 위해 구입한 TRS-80을 처음 접한다. TRS-80은 당시 애플과 경쟁하던 개인용 컴퓨터였다. 제프는 이를 계기로 컴퓨터에 큰 관심을 가지게 되었다. 고등학교 수업에서 개발한 워드프로세서를 팔아 돈을 벌기도 하면서, 그는 재미있는 일을 하면서 돈도 벌 수 있는 길이 있다는 것을 알았다. 그는 사업을 시작하기로 결심한 만 20세가 되던 해 대학교를 중퇴하고 회사를 설립한다. 20명이 넘는 직원을 고용하며 과감하게 시작한 사업은 불과 3년 만에 20만 달러의 빚만 남기고 폐업하게 된다. 결혼하면서 아이까지 생겨 부모님 집에서 쫓겨난 그는 어느 날 라스베이거스의 한 호텔 체인으로부터 수족관 물고기 관리 소프트웨어 개발을 의뢰받는다. 그 과정에서 카지노 호텔 체인들이 겪고 있던 문제를 발견하게 되었다. 바로 카지노에 고용된 딜러들이 범죄 조직과 공모해 도박 사기를 벌이는 일이 많았던 것이다.

제프 요나스는 카지노 딜러 지원자의 사기 공모 가능성을 예측하는 방법이 있지 않을까 생각하게 되었다. 그가 떠올린 방법은 지원자의 출신 학교, 출신 지역, 이전 직장 정보 등을 카지노위원회의 블랙리스트나 경찰에서 공표하는 사건 기록과 연결해, 지원 서류만으로는 알 수 없는 무언가를 발견할 수도 있겠다는 것이었다. 나아가 이렇게 서로 다른 곳에서 수집된 정보를 연결해 분석하는 것을 다른 분야의 문제 해결에도 적용할 수 있을 것이라 생각했다. 예를 들어, 소매점에서 발생하는 도난 사건, 불법 금융 거래나 자금 세탁, 자동차 명의 도용, 불법 이민자의 출입국 관리, 무임승차 같은 문제도 비슷한 방식으로 해결할 수 있지 않을까 생각했다.

이러한 아이디어에서 탄생한 것이 NORA(Non Obvious Relation-ship Awareness)라 불리는 데이터 분석 프로그램이다. NORA는 서로 무관하다고 생각되는 데이터들을 관련지어 봄으로써 개별 정보에서 얻어낼 수 없는 숨은 의미를 발견하는 도구다. 제프 요나스는 이 프로그램을 이용해 시스템리서치앤드디벨로프먼트라는 회사를 설립하고 솔루션 서비스를 시작한다. 이 회사는 CIA의 지원을 받으며 다양한 영역의 범죄 문제를 해결하는 활동을 한다. 이후 회사를 IBM에 매각한 제프 요나스는 IBM에서 빅데이터 분야의 임원으로 활동한다.

인터넷의 발달로 우리는 정보의 홍수 속에 살고 있다. 언제든지 인터넷 검색창에 키워드를 몇 개 입력하는 것만으로 원하는 정보를 쉽게 찾아낼 수 있게 되었다. 하지만 이들은 기본적으로 사람들이 질문하는 정보만을 찾아준다. 제프 요나스의 아이디어는 '무엇을 검색해야 할지 질문조차 할 수 없는 정보들을 찾아낼 수 없을까?' 에서 출발한다. 그리고 이를 해결하기 위해 서로 무관해 보이는 정보들을 연결하고 분석하는 방법을 떠올린 것이다. 지금 우리가 주목하는 빅데이터는 바로 NORA의 작동 원리와 일맥상통한다. 방대한 데이터 사이의 무한한 조합을 통해 결국 숨어 있는 사실을 자백하게 만드는 것이다.

정보 혁명이 시작된 이래 디지털 데이터의 양은 매우 빠른 속도로 증가해왔다. 그러나 최근 이를 '빅데이터' 현상으로 부르며 특별히 관심을 가지는 것은 과거의 흐름과는 다른 몇 가지 특징 때문이다. 우선 데이터의 양이 과거와는 비교할 수 없을 정도로 커지고 있으므로 데이터를 효율적으로 저장하고 처리하는 새로운 기술에 대한 요구가 나타나고 있다. 하둡(Hardoop)이나 스파크(Spark) 같은 새로운 저장 기술이 생기는 이유다. 데이터를 획득하는 원천도 다양해지고 있다. 컴퓨터뿐 아니라 휴대폰, 카메라, 바코드 측정기, RFID 등 다양한 기기에서 데이터가 수집되고 있다. 특히 사물인터넷의 확장으로 과거에는 획득할 수 없었던 지점의 데이터까지 확보할 수 있게 되었다. 이로 인해 서로 다른 원천의 데이터를 통합하는 기술이 요구되기 시작했다. 또한 데이터 생성 주기가 짧아지고 있다. 통화 기록, CCTV 영상, 웹 접속 기록 등은 24시간 쉬지 않고 데이터를 만들어내고 있기 때문이다.

이러다 보니 확보한 데이터를 충분히 활용하지 못하는 상황이 발생한다. 한 연구 결과에 따르면, 대부분의 기업은 가용 데이터의 약 15%만을 활용하고 있다. 데이터 활용 기술이 데이터 획득 속도를 따라가지 못하고 있는 것이다. 3V(Volume, Variety, Velocity)로 표현되는 빅데이터 현상은 보다 효율적인 저장 기술과 창의적인 데이터 분석 기술을 통해 데이터의 잠재력을 끌어낼 수 있는 새로운 활용 방법을 요구하고 있다. 이러한 요구에 부응하기 위해 획기적인 분석 기법과 새로운 활용 방안을 제시하는 스타트업들이 등장하고 있는 것이다.

빅데이터로 선택의 역설을 해결하다

심리학자 배리 슈워츠는 그의 저서 《선택의 역설》에서, 선택의 자유가 오히려 심리적 구속이 될 수 있다고 주장한다. 산업이 발달하면서 다양한 제품을 선택할 수 있게 되었고 이로 인해 인간은 더 행복해졌다고 생각하지만, 실제로는 '최선의 선택'에 대한 갈망과 집착으로 오히려 더 불행해지고 있다고 역설한다. 백화점에 청바지를 사러 갔다고 생각해보자. 그저 청바지 한 벌을 구매할 생각이었는데, 막상 백화점에 가보면 브랜드에 따라 가격, 색상, 옷감, 스타일 등이 천차만별인지라 선택의 고민에 빠지게 된다. 매장을 돌아다니며 다양한 제품을 입어보지만 너무나 많은 선택지가 존재하다 보니 오히려 제품마다 조금씩 마음에 들지 않는 점에 집착하게 되고 만다. 많은 옷을 입어볼수록 내가 원하는 제품을 찾기는 더 어려워지고, 나중에는 도대체 내가 어떤 제품을 원하는지조차 알기 어렵게 된다. 결국 한 벌을 구매하지만 제대로 잘 산 것인지 하루 종일 찜찜한 마음이 들 때가 있다.

온라인 쇼핑은 더 심각한 고통을 주기도 한다. 온라인 쇼핑몰의 '롱테일 효과'는 오프라인 매장에 비해 훨씬 다양한 제품을 낮은 비용으로 유통할 수 있게 해주었다. 특히 물리적 공간이 필요 없는 온라인 쇼핑몰에서 제품의 다양성은 극대화된다. 인터넷 TV에서 영화를 선택하는 문제를 생각해보자. 인터넷 TV의 메뉴를 탐색해보면 한창 프로모션 중인 최신 영화들이 많지만 정작 내가 보고 싶은 영화는 없는 경우가 많다. 자신의 영화 취향이 조금 특별하다거나, 가령 '90년대 나온 영화 중에서 큰 인기를 끌지 못했지만 나의 취향에 맞는 영화'를 찾고 싶다면 어떻게 해야 할까? 당장 검색창에 어떤 키워드를 입력해야 할지도 쉽게 떠오르지 않는다. 인터넷 TV나 음악 스트리밍 서비스에는 수많은 영화와 음반이 데이터베이스화되어 판매되고 있는데, 왜 정작 내가 원하는 콘텐츠는 쉽게 찾을 수 없는 걸까? 이것이야말로 선택의 역설이 아닐까?

2012년 KAIST 대학생들이 설립한 스타트업 프로그램스는 선택의 문제를 데이터 분석으로 해결하는 영화 추천 서비스 왓챠를 개발한다. 프로그램스는 카카오벤처투자의 1호 투자 사례로 알려져 있다. 창업 후 약 60억 원의 투자를 유치했고 2014년에는 일본 법인도 설립했다. 왓챠는 사용자가 가입하면 40여 편의 영화를 제시하는데, 가입자는 그중 자신이 감상한 영화에 평점을 부여한다. 왓챠는 이를 바탕으로 가입자의 취향을 분석해 영화를 추천한다. 약 10분의 시간을 투자함으로써 선택의 고민에서 해방된다. 왓챠의 추천 품질은 생각보다 강력하다. 서비스 출시 후 4년 만인 2016년 현재 180만 명의 가입자를 유치하고, 약 3억 개의 평점이 축적되었다. 빅데이터 분석의 특성상 가입자 수와 부여한 평점이 늘어날수록 추천 품질은 더욱 높아진다.

사실 추천 서비스가 새로운 기술은 아니다. 아마존과 넷플릭스는 2000년대부터 보유한 구매 데이터, 영화 평점, 구매 만족도 등의 데이터를 분석해 상품을 추천하는 서비스를 제공하고 있다. 추천 서비스는 협력 필터링(Collaborative Filtering)이라는 분석 기법을 바탕으로 하는데, 이는 평점 데이터를 이용해 비슷한 성향의 고객을 군집화(clustering)하는 기술이다. 온라인 상거래 회사들은 고객에게 제품의 구매 후기나 평점을 입력하도록 하는데, 고객이 입력한 평점 데이터를 수치화해 비슷한 취향의 고객 집단을 찾아낼 수 있다. 이를 통해 '이 제품을 만족해 구매한 사람의 70%가 저 제품도 구매했습니다'라는 제안이 가능한 것이다.

쇼핑객의 움직임을 추적하는 기업들

온라인 쇼핑몰은 웹 로그, 평점, 구매 후기 등을 통해 비교적 쉽게 고객 데이터를 얻어낼 수 있지만, 오프라인 소매점은 그럴 수가 없다. 그런데 여전히 상당수의 비즈니스는 오프라인 매장에 의존하고 있다. 의류, 가전, 가구, 음식점 등은 특성상 온라인으로 100% 전환하기 힘들다. 그렇다면 오프라인 매장에 오가는 많은 고객들이 어떤 제품에 관심을 가지고 있는지 알 수 있는 방법이 있을까?

최근 매장 내 고객의 움직임을 분석해 간접적으로 고객의 의도와 쇼핑 경험을 분석하는 스타트업들이 등장하고 있다. 2010년 설립된 유클리드애널리틱스는 대부분의 오프라인 매장에서 방문객을 위해 무료 와이파이 서비스를 제공하고 있다는 점에 주목했다. 휴대폰을 가진 고객이 와이파이에 접속하면 고객이 물건을 구매하지 않더라도 매장 내 고객의 동선과 체류 시간을 알 수 있고, 혹시 무언가 검색했다면 그 사실도 알 수 있을 것이다. 이 회사는 구글이 인수한 웹 로그 분석 회사 어친과 협력해 오프라인 매장에서 고객의 위치를 추적하는 서비스를 개발했다. 2016년까지 약 4천 400만 달러의 투자 유치에 성공했고, 65개국 500개의 소매 브랜드에 관련 솔루션을 제공하고 있다.

고객의 매장 내 위치 데이터는 매출을 높이는 데 어떻게 활용될 수 있을까? 우선 매장 방문객 수를 정확하게 알 수 있다. 이를 매출과 비교하면 마케팅에서 중요한 지표인 구매전환비율(Conversion rate)을 정확하게 구할 수 있다. 구매전환비율은 방문자 중 실제로 구매로 전환된 고객의 비율로, 매장의 쇼핑 경험에 대한 고객 만족도를 측정하는 지표다. 또한 고객의 동선을 분석하면 매장 내 제품 배치 전략을 수립할 수 있다. 가령 고객들의 움직임이 겹치지 않도록 상품을 배치해 쾌적한 쇼핑 경험을 만들 수 있고, 제품의 구매 순서를 분석해 매출을 높이는 상품의 배치 방식을 찾아낼 수도 있다.

2007년 시스코 출신 엔지니어들이 설립한 리테일넥스트는 보다 적극적인 고객 추적 서비스를 제공한다. 이들은 와이파이 접속을 통해 간접적으로 추적하는 방식과 함께 트래픽스2.0이라는 위치 추적 설비를 이용해 직접적으로 고객의 위치를 추적하는 방식을 사용한다. 이 장비는 매장의 출입문, 복도, 천장 등에 설치되어, 와이파이에 접속하지 않는 모든 고객의 움직임을 추적한다. 이 회사는 2016년 말 기준으로 60여 개국에 300개가 넘는 소매사업자와 계약을 맺고 수천 개의 매장에 6만 5천 개가 넘는 센서를 설치해 매년 5억 명이 넘는 매장 방문 고객의 움직임을 추적하고 있다.

2012년 뉴욕에서 설립된 에스티모트는 '모트'라 불리는 작은 무선표지(Beacon)를 통해 최대 50미터 반경에서 움직이는 고객의 휴대폰과 통신할 수 있는 환경을 제공한다. 모트는 조약돌만 한 크기의 작은 기기로 벽이나 천장, 바닥 등에 부착해 휴대폰과 정보를 교환한다. 특히 이 회사는 모트를 이용해 다양한 애플리케이션을 개발할 수 있는 도구를 무료로 제공하고 있어, 쇼핑객 추적 외에도 박물관, 미술관, 공연장, 병원, 산업 현장, 놀이동산 등의 공간에서 무궁무진한 데이터 활용 애플리케이션을 구현 가능하게 하고 있다.

빅데이터, 고객의 마음을 읽다

온라인 쇼핑몰의 클릭 스트림 분석이나 오프라인 매장의 위치 추적은 고객의 쇼핑 경험을 간접적으로 이해할 수 있을 뿐이다. 고객의 마음을 더 직접적으로 파악할 수 있는 방법 중 하나로 SNS에 남긴 글을 분석하는 방법이 있다. SNS에는 다양한 주제에 대한 여론의 동향이 드러난다. 고객의 마음을 읽어야 하는 기업에는 이러한 여론의 변동이 중요한 의미를 갖는다.

어떤 회사의 제품이 SNS에서 유명해지면서 품귀 현상이 일어나기도 하고, 특정 브랜드에 대한 불매 운동이 일어나기도 한다. 그런데 SNS의 데이터는 비구조화된 자연어로 기술되어 있기 때문에 자연어 처리(NLP, Natural Language Processing) 기술이 요구된다. 자연어 처리 기술은 인간의 언어를 컴퓨터가 이해할 수 있도록 해석하는 기술로 오래전부터 연구되어왔는데 최근 SNS 데이터가 주목받으면서 스타트업의 진출이 활발한 영역이다.

2014년 와이컴비네이터가 키워낸 윗닷에이아이는 2016년 자연어 처리 및 인공지능에 막대한 투자를 하고 있는 페이스북에 인수되었고, 비슷한 자연어 처리 플랫폼을 개발한 알케미는 최근 IBM에 인수되어 IBM의 인공지능인 왓슨의 중요한 요소 기술로 활약하고 있다. 또 다른 와이컴비네이터 스타트업 래티스는 마케팅이나 업무 활동에 사용되는 문서에 자연어 처리 기술을 적용한 솔루션으로 주목받고 있고, 스위프트키는 스마트폰의 문자 입력기에 자연어 처리 기술을 적용해, 사람들이 모든 문장을 입력하지 않아도 다음 단어를 예측해 입력 시간을 단축해준다. 이 외에도 레디안6, 비저블 테크놀로지, 시소모스 등 자연어 처리 기술 및 SNS 모니터링 서비스를 개발하는 스타트업들이 많이 등장하고 있다.

이처럼 자연어 처리 기술을 제공하는 스타트업이 증가하면서 기업들은 SNS를 손쉽게 분석해 시장 동향을 감시하고 그 결과를 기업 운영에 활용할 수 있게 되었다. 천연 건강식품 소매사업자를 대상으로 마케팅 솔루션을 제공하는 리빙내추럴리는 인텔과 협력해, 소매사업자들이 SNS 데이터를 분석할 수 있는 솔루션을 출시했다. 소매기업의 경쟁력은 최적화된 재고 수준을 유지하는 것이고, 이는 공급사에 제품을 주문하는 시점과 수량을 어떻게 결정하는가에 따라 달라진다. 이 의사결정의 정확도는 근본적으로 수요 예측의 정확도에 좌우되는데, SNS 분석을 통해 수요 예측의 정확도를 높일 수 있다면 재고 운영과 관련된 의사결정을 최적화할 수 있다. 가령 건강에 관심이 있는 많은 사람이 SNS에서 어떤 유명 전문가를 팔로잉하고 있다고 가정해보자. 그 전문가가 캐슈넛을 꾸준히 먹으면 피부에 좋다고 트윗을 하면 단기적으로 캐슈넛 수요가 늘어난다. 이처럼 SNS를 분석해 제품에 대한 수요 변화를 감지하는 것을 SNS 모니터링이라고 한다. 리빙내추럴리는 소매사업자의 재고 관리 시스템에 SNS 모니터링 기능을 통합해 제품별 재주문 시점과 재고 수준 결정에 활용하게 하고 있다. 가령 현재 캐슈넛의 재주문 수량이 매주 20박스인데, SNS 모니터링을 통해 캐슈넛의 수요가 증가할 것으로 예상되면 시스템을 통해 주문 수량을 일시적으로 늘리게 하는 것이다. 이 시스템을 활용한 결과 SNS 모니터링이 예측한 수요가 실제 수요와 매우 유사하게 나타났다고 한다.

SNS 모니터링은 대중의 여론과 감성을 읽는 것이 중요한 정치나 선거운동에도 활용되고 있다. 한 엔지니어는 2016년 미국 대선 이후 선거 결과에 대한 국민들의 반응을 SNS 모니터링으로 분석한 결과를 발표했다. 분석에 의하면, SNS에는 슬픔, 공포, 분노, 역겨움 등의 부정적 반응과 놀라움, 기대, 신뢰, 희망 등 긍정적 반응이 혼재되어 나타났으며, 흥미롭게도 안드로이드폰 사용자들에게서 부정적 반응이 많이 나타난 반면 아이폰 사용자들에게서는 긍정적 반응이 많았다. 이 결과를 놓고 여러 가지 해석이 가능할 수 있겠지만, 당시 트럼프 선거 캠프에서 SNS 선거 활동을 위해 관계자들에게 아이폰을 무료로 배포했다는 사실을 알아내기도 했다.

빅데이터, 인간의 능력을 평가하다

빅데이터가 사람의 행동과 생각을 이해하는 데 도움을 준다면, 고객 분석이나 대중의 여론 파악 이외의 분야에서도 활용할 수 있을 것이다. 사람에 대한 평가가 중요한 채용이나 성과 평가 문제는 어떨까? 기업이 우수한 인재를 확보하는 것은 고객을 이해하는 것만큼 중요한 과제다. 대부분의 기업은 지원 서류에 기입된 지원자의 이력과 면접에서의 인상을 바탕으로 미래의 역량을 예측한다. 빅데이터 기술을 활용한다면 이런 원시적인 방식을 보다 효과적으로 개선할 수 있지 않을까?

소프트웨어 개발자를 채용한다고 가정해보자. 우수한 소프트웨어 개발 인력을 선발하는 것은 IT 기반 스타트업들의 큰 고충이다. 스타트업의 특성상 인력을 교육할 시간이 부족하기 때문에 당장 개발 능력을 발휘할 수 있는 인력이 필요하다. 어떤 사람은 자신이 탁월한 프로그래머이며 고등학교 때부터 소프트웨어를 개발해왔다고 주장할 것이다. 그리고 이를 증명하기 위해 자신이 개발한 소프트웨어 포트폴리오를 제출할 것이다. 어떤 사람은 자신의 전직 상사나 동료의 추천서를 첨부할 것이다. 그런데 소프트웨어 개발 능력은 지원 서류나 면접만으로 쉽게 알아내기 어렵다. 이때 제프 요나스의 생각처럼, 지원자가 제공한 데이터 이외에 더 넓은 범위에서 데이터를 획득해 지원자를 평가할 수는 없을까?

2013년 설립된 엔텔로는 예측 모델링 기법을 활용해, 인터넷상에 존재하는 지원자의 다양한 정보를 수집해 분석하는 시스템을 제공한다. 구직자뿐만 아니라 현재 다른 회사에 소속된 사람들의 정보까지 수집하고, 이들의 이직 가능성과 우리 회사의 채용 제안에 응할 가능성을 예측하는 기능까지 제공한다. 또한 팀을 구성할 때 구성원들의 경험과 역량을 비교해 성과를 극대화할 수 있는 팀 구성을 제안하기도 한다. 다른 스타트업 길드는 소프트웨어 개발자의 개발 능력을 1점에서 100점까지 평가하는 정교한 평가 시스템을 개발했다. 소프트웨어 개발 능력은 과거의 개발 실적을 보고 판단하는 것이 가장 정확하다. 길드는 깃허브(GitHub) 같은 개방형 소스 코드 관리 시스템에 축적된 데이터를 정교하게 분석해, 개발 프로젝트에 참여한 경험이 있는 개발자의 능력을 정량적으로 나타낸다. 이 시스템은 실리콘밸리의 여러 스타트업의 채용 프로세스에 이용되고 있으며, 소프트웨어 개발자 약 400만 명의 프로파일을 확보하고 있다.

빅데이터에 기반을 둔 인재 채용 스타트업들은 데이터 과학에 기초한 역량 예측 기법을 통해 기업의 인재 발굴 능력을 획기적으로 향상시킬 수 있다고 주장한다. 인재 채용이 서류 검토와 면접에서의 짧은 인상으로 결정되는 것이 아니라 데이터에 입각한 과학적 분석과 평가에 의해 더욱 정교해질 수 있다는 것이다. 구직자의 직무 능력, 현업에서의 직책과 역할, 프로젝트 성과, SNS 기록 등을 지속적으로 관찰해 고객에게 수시로 추천하고 직무 적합도, 적정 연봉, 채용 가능성 등을 예측하는 기술이 가능해지고 있는 것이다. 이러한 데이터 기반 채용 기술은 고용 환경 개선에 많은 시사점을 제시한다. 데이터 기반 채용 기술이 과연 최적화된 인재 발굴과 배치를 가능하게 해 고용 시장을 효율화하고 구직자와 회사 모두가 만족할 만한 결과를 만들 수 있을지 주목해볼 만하다.

빅데이터, 미래 예측에 활용되다

시카고 공항에서 뉴욕행 비행기를 타려던 고객은 뉴욕의 갑작스러운 기상 악화로 항공편이 취소되었다는 사실을 공항에 도착해서야 알게 된다. 급하게 다른 항공편을 찾아보지만 결국 시카고에서 하룻밤을 더 보내야 하는 상황이 되고 만다. 그때 우연히 자신이 가입한 호텔 예약 사이트에서 시카고 결항 고객을 위한 숙소 제안 메시지를 받게 된다.

이는 실제로 미국의 한 호텔 예약 서비스 스타트업이 제공하는 기능이다. 이 회사는 미국 국내선의 잦은 결항으로 많은 여행자가 불편을 겪는다는 사실을 알고 있었다. 그런데 항공사와 공항은 과거의 결항 정보를 축적해 제공하고 있었다. 이 결항 데이터와 날씨 정보, 고객의 위치 정보 등을 조합하면 결항 여부를 예측할 수 있고, 결항으로 인해 숙박 예약이 필요한 고객을 한발 앞서 확보할 수 있다고 생각했다.

에너지 산업에도 빅데이터를 통한 예측 서비스가 도입되고 있다. 스마트 미터라고 불리는 지능형 계량기를 설치하면 가정에서 사용하는 가전제품으로부터 전력 소비 패턴을 수집할 수 있다. 2010년 설립된 앙코어는 이 패턴을 분석해 각 가정에서 시간대별로 사용되는 가전제품을 파악하고, 이를 통해 전력 소비를 최소화할 수 있는 컨설팅 서비스를 제공한다. 미국의 한 가스 회사는 갑작스러운 가스 사용량 증가를 감지하고 이 상황이 수영장 물을 데우는 등의 정상적인 상황인지, 아니면 가스관 파열이나 관련 설비의 도난으로 인한 비정상적 상황인지를 예측하는 모델을 개발했다. 이를 통해 비정상적인 상황에 처한 고객의 문제를 해결하고 고객과의 불필요한 요금 분쟁 발생을 최소화해 고객 충성도를 높이고 있다.

데이터를 이용한 예측 모형은 통신 회사의 대포폰 추적이나 고객 이탈 예측에도 적극적으로 적용되고 있다. 통신 회사의 큰 고민

중 하나는 바로 고객 이탈이다. 통신 시장은 그 특성상 몇 개 업체가 과점하고 있으며, 신규 고객을 확보해 시장이 확대되는 것이 아니라 경쟁사로부터 기존 고객을 빼앗아 오는 경쟁을 하고 있다. 빅데이터는 이러한 통신 회사의 고민을 해결하는 데 활용되어왔다. 통신사들은 고객의 인구통계학적 정보와 휴대폰 사용 데이터(데이터 사용량과 시간, 통화량, 통화 지역 등)를 통해 고객이 계약 기간 만료후 타사로 이탈할 확률을 예측하는 모델을 개발했다. 이 예측 모델을 바탕으로 경쟁사에서 적극적으로 빼앗아 올 고객층을 설정할 수도 있고, 이탈이 예측되는 자사 고객을 대상으로 적절한 프로모션을 기획할 수도 있다. 실제로 한 이탈 예측 모형에 따르면, 20~30대의 저임금 여성 고객 중 데이터 사용량이 많은 고객군의 이탈 가능성이 가장 높게 나타났다.

소매 분야에서도 신제품 판매 예측에 빅데이터 분석이 활용되고 있다. 소매기업은 '장바구니 분석(Market Basket Analysis)' 같은 기법을 활용해, 한 제품이 판매될 경우 그것과 연관되어 판매될 가능성이 높은 제품을 예측한다. 장바구니 분석은 실제로 소매사업자가 잘 생각할 수 없는 신기한 패턴을 발견하게 해주기도 한다. 가령 '금요일 저녁, 30대 초반의 기혼 남성은 퇴근길에 일회용 기저귀와 함께 캔 맥주를 구매한다'라는 규칙이 발견되기도 한다. 이 규칙을 활용한다면 기저귀와 캔 맥주의 교차 판매를 통해 매출을 늘릴 수 있을 것이다.

미국의 대형 소매 채널인 타깃은 장바구니 분석을 이용해 '이 고객은 8주 후에 아이를 출산할 것이다'라는 사실을 예측하고 이를 바탕으로 맞춤형 프로모션을 기획해 매출을 높일 수 있었다. 신용 카드 사용 내역, 설문 내역, 고객 서비스 내역, 광고메일 클릭 기록, 웹사이트 방문 이력 등과 나이, 인종, 교육 수준, 결혼 여부, 자녀 수, 소득 수준, 직업, 이사 기록, 신용 상태 등 기본 정보를 바탕으로 임신 준비 기간, 임신 초기, 임신 후기, 출산 이후의 시점에 따라 고객의 장바구니가 변화할 것을 예측하는 것이다. 이를 통해 시점에 따라 다양한 맞춤형 프로모션을 수행할 수 있을 것이다.

이 외에도 빅데이터가 예측에 활용되는 영역은 너무나도 많다. 다음 장에서 언급될 핀테크와 헬스케어 산업의 새로운 비즈니스 모델은 대부분 빅데이터 활용에 기반을 두고 있다. 금융기관에서 최고의 수익을 낼 수 있는 포트폴리오를 구성하고, 비정상적 자금 흐름을 추적하고, 의료기관에서 악성 질병을 진단하고, 제약 회사에서 신약을 개발하는 프로세스 등에도 빅데이터가 활용되고 있다. 제조 영역에서는 공급사슬 최적화나 재고 관리 문제 등에 빅데이터를 활용하고 있으며, 공공 영역에서도 항공사의 탑승 기록을 분석해서 테러 가능성이 높은 탑승객의 움직임을 추적하는 등 무궁무진한 영역에서 데이터 기반 예측이 활용된다.

프라이버시와 데이터 권리

독일의 사회운동가인 말테 스피츠는 2010년 테드(TED) 강연에서, 자신의 스마트폰과 관련된 경험을 이야기한다. 그는 문득 통신 회사가 자신의 개인정보를 얼마나 알고 있는지 궁금해졌다. 그래서 도이치텔레콤에 자신의 스마트폰 사용과 관련된 정보 공개를 요청한다. 그러나 도이치텔레콤은 이를 거부했다. 수차례의 공방 끝에 그는 소송을 준비하고 있었는데, 이를 알게 된 도이치텔레콤은 소송 취하를 대가로 정보 제공을 약속한다. 이후 그는 도이치텔레콤으로부터 약 3만 5천 줄짜리 엑셀 파일이 담긴 CD를 전달받는다. 처음에는 그 데이터가 무엇을 의미하는지 감이 잘 오지 않았다. 그래서 그는 한 소프트웨어 개발 회사에 의뢰해 그 데이터를 시각화하는 프로젝트를 시작한다. 시각화된 결과에는 지난 6개월간 그의 삶이 적나라하게 드러나 있었다. 그가 언제 어디에 있었고, 그곳에서 누구와 몇 분간 통화하고 어디로 이동했는지, 그리고 그가 어디서 잠을 자고 일어나서 다시 누구와 통화했으며 어디서 식사했는지 등이다. 한 개인의 삶이 통신 회사의 데이터에 고스란히 들어 있었던 것이다.

도이치텔레콤이 개인정보를 보유하고 있으면서도 공개를 거부했던 것은 유럽연합이 발효한 데이터 보유 지침(Data Retention Directive)에 근거한 것이다. 2006년 유럽연합은 데이터 보유 지침을 발효하고, 모든 통신 회사는 가입 고객의 통신 기록을 최소 6개월에서 2년간 보유할 것을 법으로 규정했다. 기업이 개인정보를 보유할 때 고지와 동의를 구하는 원칙만 지킨다면 이를 배포하거나 접근하도록 허용해줄 의무는 없었다. 데이터 보유 지침은 테러나 범죄 등의 발생 시 통신 기록을 분석해 범죄자를 찾기 위한 공공의 이익 때문이다. 그러나 이 공익적 가치는 개인의 프라이버시과 정보 권리

보호라는 가치와 충돌한다.

빅데이터 현상에서 우리는 이 문제를 한 번쯤 생각해볼 필요가 있다. 앞서 살펴보았던 매장의 고객 움직임을 추적하는 것이나 채용 시스템, 통신사의 이탈 예측 모형, 제품 추천 서비스 등의 사례에서도 빅데이터가 새로운 가치 창출에 이용될 수 있지만, 동시에 다른 부분에서 중요한 가치를 훼손할 우려도 공존하는 것이다.

데이터로 신용을 평가하는 사회

빅데이터가 때로는 의도하지 않은 방식으로 활용될 가능성도 있다. 한 예로 빅데이터로 개인의 신용을 평가하려는 시도가 있다. 세서미크레디트는 알리바바그룹의 자회사인 안트 파이낸셜서비스 그룹이 개발한 신용 평가 시스템이다. 이는 알리바바의 상거래 플랫폼에 축적된 빅데이터와 소셜미디어에서의 활동 및 평판을 종합해 계산되는 것으로, 개인의 사회적 신용도를 계량한다. 구체적으로 중국 브랜드에 대한 선호도나 정부 정책에 대한 태도 등을 구매 이력과 SNS 데이터로부터 분석한다. 이렇게 산출된 신용도가 높은 사람에게는 대출을 쉽게 해주거나, 공공기관의 민원 서비스를 빠르게 진행해주거나, 취업 시 가산점을 주는 등의 혜택을 준다. 예를 들어, 베이징 국제공항에서는 이 신용점수가 750점(900점 만점) 이상인 고객에게 빠른 입국 수속 서비스를 제공한다고 발표했다. 이 외에도 룩셈부르크와 싱가포르에서는 신용점수에 따라 간소화된 비자 신청 서비스를 제공하고 있고, 중국 최대 보험사인 핑안그룹은 신용도에 따라 반려동물 입양에 우선권을 주고, 바이헤닷컴과 같은 결혼 정보 서비스에서도 신용평가 결과를 활용하고 있다. 신용도에 따라 혜택을 준다면 반대의 경우도 쉽게 생각할 수 있다. 신용점수가 낮은 경우에는 인터넷 속도를 제한하거나, 대출이나 각종 민원 심사 과정에서 불이익을 주는 것 말이다.

이러한 사례들이 얼마나 확산될지는 예측하기 어렵지만, 금융 거래에만 활용되어야 할 개인의 신용도가 점점 인성과 사회적 지위를 결정하는 영역에까지 확대되고 있는 것이 아닌가 하는 우려가 크다. 한 분석은 알리바바의 이러한 행보가 자사의 상거래 플랫폼과 결제 시스템을 확산하기 위한 마케팅 전략에 가깝다고 밝히면서, 이것이 국민을 감시하는 패권적 정치 도구로 활용될 가능성은 낮다고 주장한다. 하지만 기업이 빅데이터를 통해 개인의 신용을 평가하고 자신의 이득을 위해 개인의 삶을 제약할 수 있다면, 불순한 의도를 가진 세력에 의해 비슷한 일이 일어날 가능성도 충분하다.

빅데이터의 활용이 확대된다면 이처럼 우리가 생각하지 못하는 부작용과 문제점도 고려해야 한다. 데이터를 확보한 기업은 고객에게 새롭고 편리한 서비스를 제공하면서 회사의 성장도 꾀할 수 있겠지만, 지나치게 많은 데이터를 독점하는 기업이 등장한다면 이에 따른 부작용을 막을 수 있는 장치가 필요할 것이다. 그 시점에서 우리는 공정한 정보 사용에 대한 원칙을 상기할 필요가 있다. 첫 번째는 개인정보 활용에 대한 고지와 동의의 의무다. 기업이 고객의 정보를 획득할 때는 그 사실을 반드시 고객에게 고지하고 동의를 얻어야 한다는 원칙이다. 두 번째는 고객 데이터 보호에 대한 책임과 의무다. 획득한 고객 데이터가 유출되거나 이로 인해 고객이 피해를 입을 경우, 그에 상응하는 강력한 법적 책임과 배상의 의무를 지게 해야 한다.

5

겨울잠에서 깨어나는
인공지능

"내 자동차와 내 계산기는 아무것도 이해하지 못한다.
애초에 그것들은 무언가를 이해하기 위해 만들어진 것이 아니다."

존 설

1956년 여름, 다트머스 대학에 모인 학자 10여 명은 획기적인 연구 프로젝트를 기획한다. 당시 모임을 주도한 다트머스 대학의 젊은 교수 존 매카시는 최초로 AI(Artificial Intelligence)라는 용어를 사용하며 인간의 지능을 기계로 구현하는 방법에 대한 연구를 제안한다. 이 새로운 프로젝트를 기점으로 1960년대까지 마빈 민스키, 허버트 사이먼, 클로드 섀넌 등의 선구자들에 의해 현대 인공지능의 토대가 되는 연구 성과가 만들어진다. 마빈 민스키 MIT 교수는 최초의 신경망 컴퓨터 SNARC(Stochastic Neural Analog Reinforcement Calculator), 시각과 촉각을 가진 기계, 가상현실을 위한 HMD(Head Mounted Display) 등을 개발했고, 허버트 사이먼 등은 논리이론가(Logic Theorist)라 불리는 최초의 인공지능 프로그램을 개발했으며, 존 매카시는 지식과 추론을 기계에 구현할 수 있는 프로그래밍 언어 리스프(Lisp)를 개발했다.

1970년대에 접어들자 인공지능에 대한 환상을 경계해야 한다는 목소리가 들리기 시작했다. 1974년 영국 의회에 제출된 보고서에는 인공지능은 신기루와 같은 것으로 장난감 같은 문제들만 해결할 뿐이라는 혹독한 비판이 담겨 있었다. 비슷한 시기 미국 정부도 가시적 성과를 내지 못하는 인공지능 연구에 대한 지원을 축소하기 시작했다. 1980년대 전문가 시스템(Expert systems)이나 사례 기반 추론(Case-based Reasoning) 등과 같은 기술이 잠시 주목을 받지만 1990년대 이후 인공지능은 기나긴 'AI 겨울(AI winter)'을 맞이하게 된다.

인공지능이라는 용어가 등장한 지 60여 년이 흐른 지금, 인공지능은 긴 겨울잠에서 깨어나는 듯 보인다. 2012년 이후 200개가 넘는 인공지능 스타트업이 주요 기업에 인수되었고, 2018년 1분기에만 30개가 넘는 스타트업의 인수합병이 있었다. 구글은 딥 러닝(deep learning)의 창시자 제프리 힌튼 교수와 그의 제자들이 설립한 DNN리서치를 인수했다. 구글이 인수한 알파고의 딥마인드 역시 힌튼 교수의 제자들이 설립한 회사다. 페이스북은 힌튼 교수의 제자이자 또 한 명의 딥러닝 대가인 뉴욕 대학의 얀 레쿤 교수를 영입해 이미지 인식 및 자연어 처리 기술 연구에 박차를 가하고 있다. 중국의 바이두도 실리콘밸리에 인공지능연구소를 설립하고 스탠퍼드 대학의 앤드류 응 교수를 영입했다. 2015년 우버는 카네기

멜론 대학의 로봇공학센터 연구진 40명을 채용해 자율주행 부서를 신설했으며, 아마존은 자사의 인공지능 알렉사의 개발에 1천 명이 넘는 인력을 운용하고 있다. 최근 포드는 1조 원을 들여 로보틱스 스타트업 아르고닷에이아이를 인수하는데, 이는 인공지능 분야 최대 투자 규모로 기록되기도 했다.

주요 대학의 인공지능 교수와 제자들은 쇄도하는 영입 제안에 행복한 비명을 지르면서도, 지나친 인재 유출로 대학 본연의 연구 기능이 위축될 것을 우려하고 있다. 주요 기업들은 향후 인공지능의 적용 범위가 크게 확대될 것이라는 전망을 바탕으로 핵심 인재의 영입을 통해 인공지능 분야의 기술 주도권을 확보하고자 노력하고 있다.

빅데이터 현상으로 부활하는 인공지능 기술

최근 인공지능의 부활을 설명하려면 연구자들이 인간의 두뇌 활동을 어떻게 규정하고 있는지를 살펴보아야 한다. 미래학자 레이 커즈와일 박사는《마음의 탄생》이라는 책에서, 지능의 본질은 감각된 신호로부터 패턴을 인식하는 과정이라고 주장한다. 인간의 뇌는 여러 계층으로 쌓여 있는 범용 패턴 인식기(general pattern recognizer)의 집합이며, 이를 통해 단순한 기호의 인식에서 시작해 점차 심오한 개념의 인식이 진행된다고 주장한다.

인간이 글을 읽는 과정을 떠올려보면 이 주장이 쉽게 이해될 것이다. 인간은 글을 읽을 때 먼저 뇌 최하층에 위치한 인식기에서 사각형, 직선, 곡선 등의 시각 기호를 인식한다. 기호들은 상층부의 인식기에서 조합되어 각각의 문자로 인식된다. 이렇게 인식된 문자는 다시 상층부의 인식기로 전달되어 단어나 문장으로 인식되면서 비로소 의미나 개념을 형성한다. 결국 인식기의 계층이 높고 깊을수록 인간은 보다 심오한 개념을 인식하게 된다.

최근 주목받는 딥러닝은 이러한 인식의 과정을 비슷하게 흉내 내고 있다. 딥러닝이 신기술로 주목받고 있지만, 이미 1960년대 개발된 신경회로망의 크기를 확대한 것으로 보면 크게 틀리지 않다. 신경회로망은 뇌의 뉴런을 본떠 만든 퍼셉트론(perceptron)이라는 단순한 정보 처리기를 여러 계층으로 쌓아놓은 것이다. 각 계층에는 다수의 퍼셉트론이 있는데 이들은 각각 상하층의 퍼셉트론들과 복잡하게 연결되어 신호를 전달한다. 이러한 신호 전달 과정이 계층을 따라 진행되면서 인식과 학습이 수행되는 것이다. 신경회로망의 학습은 사실 입력 데이터를 변환해 원하는 출력값을 얻는 수학 함수의 통계적 추정에 가깝다. 따라서 딥러닝의 성능은 얼마나 많은 양의 입력-출력 데이터 쌍을 학습하는가에 좌우된다. 데이터가 많을수록 통계적 추정이 정확해지는 것과 같은 이치다. 우리가 한두 번 만난 사람의 얼굴을 정확하게 기억하지 못하지만 여러 번 만난 사람은 얼굴의 미세한 변화까지 정확하게 알아채는 것과 비슷하다. 결국 최근 인공지능의 성과는 알고리즘의 혁신에 의한 것이기보다는 가용한 데이터가 획기적으로 많아지게 된 빅데이터 현상과 더 큰 연관이 있다.

이를 증명하는 사례로 번역 기계의 성능 향상을 들 수 있다. 언어를 번역하는 인공지능은 오래전부터 시도되어온 기술이다. 1990년 대 초 IBM은 영어와 프랑스어로 번역된 수백만 장의 문서를 학습하는 인공지능을 개발했지만, 불행히도 성능은 썩 만족스럽지 못했다. 그런데 최근 구글과 네이버의 번역 기계 성능은 과거에 비해 일취월장하고 있다. 인간의 번역 지능을 학습할 수 있는 많은 데이터를 활용할 수 있게 되었기 때문이다. 번역 기술 자체는 큰 변화가 없지만 인간이 번역한 데이터의 가용성이 높아졌기 때문에 번역기의 성능이 개선되고 있는 것이다.

2007년 구글의 직원이었던 게레온 프랄링이 설립한 링귀는 다국어 번역을 수행하는 인공지능 서비스다. 링귀는 언어의 의미를 이해해 번역하는 것이 아니라, 단순히 인간이 번역한 수많은 문서들을 인터넷에서 검색해 가장 적합한 번역 관계를 추정하는 것이다. 링귀의 번역 지능은 인간의 언어 이해 능력을 모사하는 것이 아니라 인간이 이미 수행한 번역 관계를 찾아내는 패턴 매칭 기술에 가깝다. 2017년 현재 10억 개가 넘는 번역 사례를 확보하고 있으며, 그 데이터베이스는 사용자가 늘어날수록 커지고 있다.

2012년 설립된 한국의 스타트업 플리토는 링귀와는 또 다른 방식의 번역 기술을 개발했다. 사용자가 간단한 문장 번역을 요청하면 전문가가 직접 번역을 제공하거나, 이미 기록된 번역 데이터베이스에서 적절한 번역 결과를 찾아내는 것이다. 현재 170개 국가에서 550만 명의 사용자를 보유하고 있으며 2천만 건 이상의 번역 데이터베이스를 축적하고 있다. 기계 번역에만 의존하는 방식에 비해 정확성이 더 높다는 점에 주목할 만하다. 플리토의 번역 방식은 순수한 인공지능이 아닌, 전문가들의 집단지성에 기반을 둔 번역 플랫폼에 가깝다. 2013년 설립된 포르투갈의 스타트업 언바벨 역시 이와 유사하게 기계 번역과 번역 전문가의 지능을 결합한 하이브리드 번역 서비스를 제공한다. 30여 명의 고용된 번역가와 4만 명이 넘는 프리랜서 번역가 풀이 만들어내는 결과를 인공지능 번역과 결합해 제공한다.

이와 같은 최근의 번역 기계들은 17세기에 사람들을 놀라게 했던 미케니컬 터크라는 체스 기계를 떠올리게 한다. 미케니컬 터크와 체스를 두어본 사람들은 이 기계가 지능을 가졌다고 생각했지만, 실은 난쟁이가 내부에 숨어 이 체스 기계를 조종하고 있었다. 우리가 인공지능이라고 생각하는 많은 서비스들은 사실 인간과 유사한 지능을 가졌다기보다는, 인간이 수행한 지적 활동의 결과를 학습하고 그것을 기계 나름의 방법으로 따라 하는 것에 가깝다. 초기의 인공지능 연구는 인간처럼 사고하고 행동하는 기계 개발을 추구했다. 그러나 이러한 방식이 큰 성과를 내지 못하면서 점차 기계와 인간의 차이를 구분하고 기계 고유의 방식으로 문제를 해결하는 데 초점을 두게 된 것이다.

이러한 생각의 전환은 인공지능의 정체성에 대한 근본적인 질문을 불러일으킨다. 미국의 언어 철학자 존 설은 '중국인의 방(Chinese room)'이라는 생각 실험을 통해 인공지능에 대한 철학적 의문을 제기한다. 중국어를 이해하지 못하는 컴퓨터가 있다고 하자. 그러나 이 컴퓨터는 중국어를 컴퓨터 기호로 변환한 후 기호들 간의 변환 관계를 학습해 마치 사람처럼 중국어 질문에 대답할 수 있다. 이 놀라운 능력은 기계가 중국어를 구사하는 것처럼 보이게 하지만, 그 작동 방식은 여전히 기계적인 것이다. 우리는 과연 이 기계가 인간과 같은 언어 지능을 가졌다고 할 수 있을까?

영화 「이미테이션 게임」의 모델이 되었던 영국의 수학자 앨런 튜링은 '튜링 테스트'라는 절묘한 생각 실험을 통해 인공지능의 정체성에 대한 또 다른 관점을 제시한다. 튜링 테스트에 따르면, 실험 대상자가 인간 X와 기계 Z와 각각 일정 시간 동안 대화를 나눈 후, 실험 대상자가 어느 것이 기계인지 구분할 수 없을 때 비로소 기계 Z가 인공지능을 가졌다고 정의한다. 기계 Z가 사람에게 인간처럼 느껴지는 것이 중요할 뿐, 실제로 그 기계의 대화 능력이 어떤 방식으로 구현되었는지는 중요하지 않다는 것이다.

튜링의 정의를 받아들인다면 플리토와 언바벨 등의 번역 서비스는 훌륭한 인공지능이라고 할 수 있다. 무엇보다 지금의 번역 지능은 인간보다 쉬운 방법으로 어려운 번역 문제를 해결하고 있다. 인간의 번역 능력은 두 가지 언어를 습득해야 가능하다. 그런데 언어 습득은 출생 직후부터 오랜 시간의 학습을 요하기 때문에, 성인이 된 후 새로운 언어를 배운다는 것은 무척 어려운 일이다. 반면 기계의 번역은 인간이 만들어놓은 번역 사례로부터 적절한 번역 관계를 찾아내는 비교적 단순한 과정이다. 그래서 번역은 인간에게는 매우 어려운 문제지만 기계의 방식으로는 상대적으로 쉬운 문제가 된다. 특히 이러한 번역 방식을 가진 기계는 번역 사례가 축적될수록, 인간보다 더 빠른 속도로 번역 지능을 높여갈 수 있다. 이는 알파고가 3천만 건 이상의 대국 기록을 학습하며, 대국을 거듭할수록 바둑 실력이 급성장한 것과 비슷하다.

디지털 두뇌, 인간의 감성까지 읽어내다

인공지능에 요구되는 가장 기본적인 능력은 신호를 인식하는 것이다. 이는 인간의 사고 활동의 출발점이기 때문이다. 인간은 사진을 보고 인물에 대한 기억을 떠올리거나, 도로표지판을 보고 방향이 맞는지를 판단한다. 또는 동물의 소리를 듣고 종을 식별하고, 촉감을 통해 사물의 소재를 구별한다.

인공지능은 감각 신호에서 의미를 읽어내는 인간의 능력을, 데이터로 표현된 신호에서 특정한 패턴을 찾아내는 패턴 인식 과정으로 구현한다. 패턴 인식은 보다 높은 지능을 구현하는 토대가 되기 때문에 인공지능 분야에서 가장 오랜 역사를 가지고 있으며, 상당한 성과를 내고 있기도 하다. 손글씨를 인식하는 것이나 사람의 목소리를 알아듣는 것, 또는 사람의 얼굴이나 홍채 사진으로 신원을 판별하는 등의 기술은 이미 상당한 완성도를 가지고 있다.

페이스북에 합류한 레쿤 교수는 딥페이스(Deep face) 프로젝트를 통해, 페이스북에 게시된 인물 사진에서 얼굴을 인식하는 기술을 개발하고 있다. 딥페이스 프로그램은 사진의 얼굴 부위에 70여 개의 점을 찍고 점들 간의 기하학적 관계를 딥러닝을 통해 학습해 얼굴을 구별한다. 이 기계의 정확도는 인간과 비슷한 수준인 약 97.25%에 이른다. 얼굴이 어둡게 찍히거나 카메라에서 멀리 있는 경우, 옆을 보고 있거나 다른 표정을 하고 있는 경우도 쉽게 가려낼 수 있다. 페이스북은 인스타그램을 인수하면서 세계에서 가장 많은 양의 사진 데이터를 보유하고 있다. 이 데이터를 지속적으로 학습하는 딥페이스의 성능은 언젠가 인간을 능가할 것이다.

아마존의 CEO 제프 베조스는 앞으로 인간과 컴퓨터의 상호작용의 50% 이상이 '대화'로 이루어질 것이라 말한다. 사람은 보통 1분에 40단어를 타이핑할 수 있는 반면 150단어를 말할 수 있다. 음성이 훨씬 효율적인 인터페이스인 것이다. 주요 기업들은 인공지능 스타트업을 인수해 음성 인식 기술의 완성도를 높이는 데 박차를 가하고 있다. 2015년 페이스북은 윗닷에이아이(2013)의 음성 인식 기술을 인수했고, 구글은 2016년 음성 인식 및 자연어 처리 기술을 보유한 스타트업 에이피아이닷에이아이를 인수했다. 같은 해 삼성전자도 음성 인식 기술의 개발을 위해 실리콘밸리 소재 인공지능 스타트업 비브랩스를 인수했다. 애플도 2014년 노바리스를 인수했는데, 이 회사는 세계적으로 유명한 음성 인식 연구기관인 영국 드래건시스템에서 분리되어 나온 회사다. 아마존 역시 2017년 챗봇[2]

---

2) 사용자와 대화를 나눌 수 있는 인공지능 소프트웨어. '봇'이라는 접미어는 robot에서 비롯된 것으로, 지능을 가진 소프트웨어를 지칭할 때 사용된다.

을 개발하는 엔젤닷에이아이와, 인공지능 기반 보안 기술을 개발하는 하비스트닷에이아이를 연달아 인수했다.

이처럼 활발한 인수합병을 통해 2010년 약 70%에 머물렀던 음성 인식의 정확도가 2018년 현재 90% 이상까지 향상되었다. 이제 구글 어시스턴트, 애플의 시리, 아마존의 알렉사 등 주요 인공지능 엔진은 사람의 명령을 이해하는 것을 넘어 대화의 흐름과 문맥을 인식하는 단계로 진화하고 있다.

최근 인공지능 스타트업들은 신호 인식을 넘어 인간의 감성을 읽는 문제에 도전하고 있다. 바로 최근 주목받고 있는 감성지능(Emotional intelligence) 기술이다. 2016년 애플이 인수한 이모션트와 보컬아이큐 등은 각각 인간의 표정과 목소리에서 다양한 감성을 읽는 기술을 개발하고 있다. 이 기술을 이용해 쇼핑객이 느끼는 다양한 감정들, 예를 들어 놀라움, 즐거움, 기대, 혼동, 짜증, 의아함 등을 읽어내고 이를 마케팅에 활용할 수 있게 한다. 감성지능은 광고에 대한 고객의 반응, 정치인의 연설이나 토론에 대한 대중의 감성, 심지어 매장에서 상품을 훔칠 의도가 있는 고객을 발견하는 데까지 적용되고 있다. MIT 미디어랩 스핀오프 기업인 어펙티바는 이러한 기술에 더해 인간의 피부로부터 감정 상태를 인식하는 Q-센서를 개발했고, 또 다른 미디어랩 출신 스타트업인 엠파티카는 감성 신호와 임상 신호를 동시에 획득하는 웨어러블 기기를 통해 의료 서비스와의 결합을 시도하고 있다.

정교해지는 인식 기술은 다양한 분야에 적용되고 있다. 미국의 한 축사에는 소의 표정을 24시간 촬영하는 카메라가 설치되어 있다. 텍사스 지방의 한 스타트업이 개발한 이 시스템은 소의 표정을 24시간 녹화해 질병의 감염 여부를 미리 진단한다. 질병 진단을 위해 피검사를 해야 하는 기존 진단 방식에 비하면 매우 효율적으로 감염을 예방할 수 있을 것이다. 비슷한 사례로 이탈리아의 한 감자 농장에서는 고성능 카메라가 감자 포장 기계와 연결되어, 상품화가 어려운 감자를 자동으로 분류한다. 이를 통해 인건비를 절감하고 생산성을 높일 수 있게 되었다.

이제 인공지능의 활용은 기초적인 패턴 인식을 넘어 고도의 전문 지식을 요하는 영역으로 확대되고 있다. 가령 바둑판 위의 돌 배치를 인식하는 것은 기초적인 패턴 인식이지만, 여기에서 대국의 형세를 파악하는 것은 고도의 지능을 요하는 문제다. 말기 암 환자의 진단 기록에서 암을 진단하는 것은 쉬운 문제지만, 뚜렷한 증세가 없는 환자의 진단 기록에서 조기에 암을 진단하는 것은 어려운 문제인 것과 같다. 이렇게 어려운 문제를 해결하게 된 것은 인공지능이 다양한 원천의 고품질 신호를 엄청난 속도로 학습할 수 있기 때문이다. 알파고가 학습한 3천만 건의 대국 기록은 인간이 1천 년에 걸쳐 학습할 수 있는 양이다. 종양 진단에서 맹활약하고 있는 IBM의 왓슨은 현재 50만 건의 진단 기록, 2백만 페이지 분량의 의학 저널, 150만 건의 진료 기록을 학습했다. 왓슨이 학습하는 데이터의 양과 속도는 인간이 도저히 따라갈 수 없는 수준이다. 더욱이 인공지능은 인간의 감각 능력을 초월하는 초고주파 음성 신호나 초고해

상도 영상 신호를 학습할 수도 있다. 이제 인공지능은 의료와 법률 같은 전문 영역에서 인간의 능력에 도전하고 있다.

인공지능으로 실현되는 근거 중심 의학

1976년 저명한 역학자인 커 화이트 박사는 한 학회에서 '의사가 제공하는 의료 서비스의 15%만이 과학적 근거가 있다'라는 충격적인 주장을 한다. 다소 과장된 주장일 수 있겠지만, 과거 의료 서비스가 상당 부분 의사의 경험과 노하우 같은 요소에 의존해온 것도 사실이다. 이후 과학 기술의 발전으로 과학적 근거에 기초한 의료 서비스의 중요성이 강조되어왔다. 근거 중심 의학(Evidence-based medicine)이라 불리는 이 의료 철학은 특정 질병이나 대상 환자군의 치료를 위해 표준화된 임상 경로(Clinical pathway)를 따르도록 한다. 임상 경로의 표준화는 과잉 치료를 방지해 효율적으로 치료 효과를 높일 수 있다. 의학 지식에서 진단 방법을 도출하는 연역적 접근이 아닌, 축적된 진단 사례를 바탕으로 치료 방법을 도출하는 귀납적 접근에 초점을 두는 것이다.

실제로 진단에 활용되는 지식은 대부분 과거의 진단 사례나 임상 실험을 통해 얻어진다고 한다. 그러니까 의사의 진단 능력은 어려운 수학 문제를 풀어내는 천재성보다는 다양한 임상 사례를 바탕으로 질병이 진행되는 패턴을 발견하는 능력에 가깝다. 임상 사례의 중요성에도 불구하고, 충분한 사례를 확보하는 것은 상당히 어려운 일이다. 통계에 따르면, 중요 질환자의 4%만이 임상실험에 참여한다. 더군다나 어렵게 확보된 임상 결과는 대부분 개별 병원의 전자 의무기록이나 의사의 진료 노트에 흩어져 있어 통합적으로 활용하기 어렵다. 흩어져 있는 임상 기록을 통합적으로 축적할 수 있다면 질병의 진행 패턴을 더 정확하고 빠르게 발견할 수 있을 것이다.

2012년 뉴욕에서 설립된 스타트업 플래티론 헬스는 임상 데이터를 축적하고 딥러닝 기술로 분석할 수 있는 온콜로지클라우드라는 플랫폼을 구축했다. 이 플랫폼은 임상 데이터의 분석뿐 아니라 진료 기록 관리와 의료비 청구 등의 서비스도 제공한다. 플래티론은 2014년 구글벤처스로부터 약 1천 300억 원의 투자를 유치하는데, 이는 구글 투자 역사상 네 번째로 큰 규모였다. 온콜로지클라우드를 통해 축적된 데이터는 인공지능 패턴 인식과 결합되어 질병을 더 정확하게 예측하는 데 이용될 수 있을 것이다.

인공지능을 통해 최적의 임상 경로를 도출하는 서비스도 등장했다. 2008년 스탠퍼드 대학 수학과 교수였던 군너 칼슨은 위상 데이터 분석(Topological data analysis) 기술을 기반으로 임상 경로 최적화 서비스를 제공하는 스타트업 아야즈디를 설립한다. 칼슨 교수는 동일한 질병이라 하더라도 의사에 따라 사용하는 약의 종류와 투약 순서, 검사 방법과 시기, 사용하는 장비나 재료의 종류와 사양, 수술 여부의 결정 시점과 수술 기법 등이 다양하며 그에 따라 치료 경과도 달라진다는 것을 알게 되었다. 그는 인공지능을 활용해 임상 경로에 따른 치료 경과의 차이를 학습한다면 치료 결과를 향상시키는 임상 요인을 찾아낼 수 있다고 생각했다. 이를 통해 치료 기간과 비용이 단축되는 최적의 치료 방법을 제안할 수 있는 것이다. 미국의 대형 병원 머씨는 이 시스템을 채용해 치료 기간을 절반으로 줄일 수 있었고, 3년 동안 100억 원 정도의 비용을 절감할 수 있었다. 아야즈디는 2015년 한 해만 400% 성장했고 약 600억 원의 펀딩에도 성공했다.

인공지능을 통해 조기 진단 목표에 도전하는 스타트업도 등장하고 있다. 조기 진단이 어려운 것 역시 필요한 임상 데이터를 확보할 수 없기 때문이다. 환자는 증상이 나타나야 병원에 오기 때문에, 증상이 없을 때 질병의 징후를 발견하는 것은 매우 어렵다. 2011년 설립된 버터플라이네트워크는 조기 진단의 성과를 높이기 위해 아이폰처럼 간편한 진단 장비를 개발했다. 바이오와 반도체 전문가 조너선 루스버그 박사가 개발한 휴대폰 크기의 이 초음파 장비는 간편하게 인체 내부의 초음파 사진을 촬영할 수 있다. 그는 바이오 분야의 연쇄 창업가로서의 경험을 바탕으로 버터플라이네트워크를 설립했고 2014년까지 1천억 원이 넘는 투자를 유치했다. 이 회사의 휴대용 진단 장비를 이용하면 촬영된 초음파 영상을 즉시 분석해 다운증후군이나 구순구개열 같은 질환을 조기에 판독할 수 있다. 이 진단 장비는 숙련된 기술을 요하지 않아, 의료 지식이 없는 일반인도 쉽게 활용할 수 있다.

우리나라에도 인공지능을 헬스케어에 접목한 스타트업들이 등장하고 있다. 삼성종합기술연구원 출신으로 구성된 뷰노는 딥러닝 기술을 통해 CT와 MRI 영상에서 폐 질환을 찾아내는 기술을 개발했고, 최근에는 병원에 축적된 수만 장의 성장판 검사 엑스레이 사진을 자동으로 분류해 환자의 골 연령을 예측하는 기술도 개발했다. 이를 통해 기존 5분이던 골밀도 검사 시간을 20초로 줄이고 정확도도 96% 높였다고 한다. 또 다른 국내 기업 루닛은 딥러닝 기반 영상 인식 기술을 이용해 엑스레이 사진에서 폐 질환 및 유방암을 진단하는 기술을 개발하고 있다. 국내 기업으로는 유일하게 CB 인사이트의 100대 AI 기업에 선정되어 화제가 된 회사다. 설립 1년 만에 카카오 투자 전문 계열사인 케이큐브벤처스로부터 투자를 유치한 후 총 58억 원의 투자를 유치했다. 2015년에는 권위 있는 의료영상 기술 학회 'MICCAI 2016'에서 IBM, 마이크로소프트 등 굴지의 기업들을 제치고 유방암 판독 대회에서 1위를 차지해 기술력을 인정받기도 했다.

인공지능 스타트업들이 주도하는 의료 기술은 주요 질환의 진단 정확도를 높임과 동시에 효율적인 치료 방법을 개발하는 데 기여할 것으로 보인다. 또한 언급하지는 않았지만 신약 개발, 원격 진료, 유전자 지도 분석, 수술 로봇 등 인공지능 기술이 적용되는 의료 서비스의 영역은 획기적으로 확대되고 있다.

인공지능 변호사 - 로테크 바람을 주도하는 스타트업들

리처드 서스킨드는 《4차 산업혁명 시대, 전문직의 미래》에서, 인터넷의 발달로 전문 서비스의 접근성이 점차 높아질 것이라 예측했다. 쇼핑몰에서 물건을 구입하듯 의사, 교사, 회계사, 법률가의 지식

서비스에 쉽게 접근할 수 있다는 것이다. 최근 대표적인 전문 직종인 법률 서비스 분야에서도 인공지능의 중요성을 인식하기 시작하면서 로테크(Law Tech)라 불릴 만한 흐름이 나타나고 있다. 법학 교수나 변호사 등 법률 전문가가 인공지능 전문가와 협력해 법률 서비스의 혁신을 주도하고 있는 것이다.

'두낫페이'라는 챗봇 사례는 인공지능 기반 법률 서비스의 가능성을 보여주는 흥미로운 사례다. 19세의 스탠퍼드 대학생이었던 조슈아 브라우더가 개발한 이 챗봇은 런던과 뉴욕에서 발부된 주차 위반 딱지에 이의 제기를 원하는 사람들에게 법률 조언을 제공한다. 최초의 인공지능 변호사라 불리는 이 챗봇은 변호사와 대화하듯 편리한 방식으로 범칙금을 줄여주거나 면제받을 수 있는 자문을 제공한다. 서비스 제공 20개월 동안 약 25만 건의 상담을 수행했고 16만 건에서 승소했다. 약 64%의 성공률로 경감된 범칙금과 변호사 비용이 40억 원에 이른다고 한다. 이 로봇은 최근 보험금 지급 청구 등 새로운 영역으로 법률 자문 서비스를 확대하고 있다.

IBM의 왓슨을 바탕으로 개발된 로스는 토론토 대학의 한 수업에서 학생들이 개발한 인공지능으로, 2016년 미국의 대형 로펌 베이커앤호스테틀러에 채용되었다. 로스는 소송 담당 변호사가 동료와 대화하듯 질문할 수 있으며, 관련된 법률 문서를 해석해 핵심적인 조항이나 관련 사례 등을 답변한다.

이러한 인공지능 법률 서비스는 법률 자문이 필요한 기업에 큰 도움을 줄 것이다. 기업 간 금전 거래, 인력 채용 및 해고, 계약서 작성 및 이행 등 모든 중요한 기업 활동은 법률의 지배를 받기 때문에 전문가의 자문이 꼭 필요하다. 까다로운 법률 문제에 대해 변호사와 대화하듯 자문해주는 인공지능이 있다면 무척 유용할 것이다.

국제 로펌인 폴리앤라드너와 앨런앤오버리 등은 자체 개발한 모바일 앱으로, 기업의 금융 거래가 부패방지법과 같은 법률에 저촉되는지를 자문해준다. 또 다른 로펌 리틀러멘델슨도 인사 관련 법률 자문을 해주는 모바일 앱을 개발해 관할 구역별 피고용인들의 고용 계약을 분석할 수 있다. 마진매트릭스의 인공지능은 지역별 법률 내용을 코드화한 후 필요한 법률 문서를 자동으로 작성해준다. 이 기능을 이용하면 3시간 소요되는 법률 문서 작성을 3분 만에 완료할 수 있다. 링클레이터의 베리파이는 금융 소송에서 국가별 관할 관청에 등록된 금융기관의 명칭을 일일이 확인하는 일(보통 주니어 변호사들이 하루 종일 하는 일)을 12분 만에 완료한다고 한다.

이러한 인공지능 법률 서비스들은 고객의 편리성 향상과 더불어 로펌의 생산성도 획기적으로 향상시키고 있다. 최근에는 축적된 법률 사례를 분석해 판결을 예측하는 서비스까지 등장하고 있다. 미국의 로펌 쿨리가 채용한 인공지능은 3천만 건이 넘는 문서에서 특정 소송 관련 단어의 클러스터를 분석해 고객의 승소 가능성을 예측한다. 2006년 스탠퍼드 대학의 마크 렘리 교수가 설립한 렉스머시나 역시 자연어 처리 기술을 바탕으로 공개된 판례들을 분석해 판사의 판결을 예측할 수 있다. 2013년 시카고에서 설립된 렉스프레딕트도 대법원 판례를 학습하는 인공지능 모델을 개발했으며 이 판결 예측 모델의 정확도는 경험 많은 법률 전문가의 예측 능력에 필적한다고 한다. 2014년 마이애미에서 설립된 프리모니션의 인공지능은 잘 공표되지 않았던 지방법원과 연방 순회재판소의 판례까지 포함해 세상에서 가장 많은 판례 데이터를 학습했다고 자랑한다. 이 회사의 인공지능은 초당 5만 장의 법률 문서를 학습한다. 이를 통해 판사에 따라 로펌과 변호사의 승률이 어떻게 변하는지를 예측할 수 있어서, 소송 내용 및 담당 판사의 성향에 따라 어떤 로펌의 누구에게 의뢰해야 승률을 높일 수 있는지를 소송 청구인에게 알려준다.

인공지능과 산업용 로봇

취리히 대학 공대 교수인 라파엘로 안드레아는 2003년 키바시스템을 설립해 물류 운반용 자율주행 로봇을 개발한다. 가정용 로봇 청소기와 비슷하게 생긴 이 로봇은 선반 밑에서 회전하며 선반을 들어 올린 후 스스로 이동한다. 약 3천 파운드(1,360kg) 무게의 선반을 들어 올릴 수 있으며, 초당 1.3미터의 속도로 움직인다. 이 로봇의 도입으로 제품 입출고가 자동화되어 지게차가 불필요해졌고 공간 활용도 최적화되었다. 아마존은 2012년 이 시스템을 약 8천억 원에 인수했고, 지금은 전 세계의 아마존 창고에서 3만 대가 넘는 로봇이 일하고 있다. 아마존은 이 투자를 통해 운영 비용을 약 20% 절감했고, 향후 지속적으로 도입이 확대된다면 최대 2조 5천억 원을 절감할 것으로 예측하고 있다.

키바시스템의 또 다른 고객이었던 콰이어트로지스틱스는 2014년 자체적으로 물류 로봇 개발을 추진하기 위해 로커스로보틱스를 스핀오프하며 약 80억 원의 투자를 유치한다. 스스로 움직이는 키바의 로봇과 달리 이 물류 로봇은 조작용 태블릿을 장착하고 있고, 작업자를 따라다니며 보조하는 방식으로 작업 효율을 높이고 있다. 보스턴다이내믹스는 1992년 MIT에서 스핀오프한 회사로, 미국 국방성의 지원으로 군사용 로봇을 생산한다. 이 회사가 개발한 4족 로봇은 말이 달리듯 빠른 속도로 달리며, 빙판 위에서 미끄러지더라도 금세 중심을 잡을 수 있다. 사람이 발로 차거나 밀어도 잠시 비틀거리다 다시 중심을 잡고 일어나는 등 놀라운 운동 지능을 보여준다. 개발된 로봇들은 대부분 군사적 목적을 가지고 있다고 하는데, 실제로 이 로봇들이 대량생산되어 군사 작전에 투입된다면 강력한 힘을 발휘할 것이다.

인공지능과 노동의 종말?

지금까지 인류는 기계를 만들어 인간의 노동을 대신하고자 해왔다. 이를 통해 인간을 노동에서 해방시키고 삶의 질을 개선하고자 한 것이다. 그러나 다른 한편으로 노동은 대부분의 사회 계층이 삶을 유지하는 유일한 경제적 수단이기도 하다. 실제로 기술은 지속적으로 특정 노동 계층의 몰락을 수반해왔다. 목화 따는 기계의 발명으로 초래된 노예 제도의 종말, 산업혁명 시기에 일었던 러다이트 운동, 자동화 기계로 인한 블루칼라의 종말, 정보 기술과 프로세스 혁신을 통한 중간관리자 계층의 몰락 등이 대표적인 사례다. 이제 인공지능은 더 넓은 영역에서 노동 계층의 종말을 예고하고 있다. 이들에게 인공지능은 노동의 해방이 아닌 생존의 문제가 될 수 있는 것이다.

2013년 옥스퍼드 대학은 700여 개의 직종에 대해 20년 내에 인공지능에 의한 대체 가능성을 연구했다. 약 47%의 직종에서 높은 대체 위험성이 예측되었는데, 임금과 교육 수준이 낮은 계층의 직종이 많이 포함되었다. 이 결과는 인공지능이 고용 취약 계층의 일자리부터 빼앗게 될 것이라는 점을 시사한다. 하지만 연구 결과에는 인공지능과 무관해 보이는 택시 운전자, 공장 노동자, 저널리스트, 텔레마케터, 회계사, 의사, 심지어는 칵테일 웨이터 같은 직종도 위협받게 될 것이라는 전망도 포함되어 있다.

실제로 앞서 살펴본 로테크 열풍은 영국 내 법률 서비스 영역에서만 20년 내에 약 11만 개의 일자리를 소멸시킬 것으로 예측된다. 이미 법률 비서(secretaries)를 포함해 약 3만 1천 개의 단순 정보 처리 직종이 사라졌고, 추가로 약 39%의 직종이 인공지능으로 대체될 수 있다고 한다. 특히 향후 십수 년 이내에 1년 차 변호사들이 하는 업무나 법률 보조원들(paralegal)의 역할은 거의 필요 없어질 것으로 예상하고 있다.

인공지능에 의한 노동의 종말을 어떻게 받아들여야 할까? 근본적으로 노동의 가치에 대한 새로운 평가 기준과 이에 대한 사회적 합의가 필요할 것이다. 인류가 지금보다 적은 노동으로 더 많은 부를 창출할 수 있다면, 개인의 노동 가치를 재평가하고 창출된 부를 합리적으로 분배하는 사회적 합의가 필요할 것이다. 또한 인공지능이 많은 부분에서 인간의 노동을 줄여준다면, 가전제품이 여성을 가사노동에서 해방시키고 사회적 지위를 높일 수 있었던 것처럼, 인간의 노동을 보다 가치 있는 곳에 투입할 수 있는 기회를 만들어야 한다. 인공지능은 당분간은 사회 지능, 창의성, 감각적 능력이 필요한 직업을 대체하지 못할 것이다. 또한 적은 노동으로 많은 부가 창출된다면 잉여 노동을 공동체의 문제를 해결하거나 사회적 가치를 창출하는 데 투입되게 할 수도 있다. 근본적으로 노동이 생계 유지를 위한 수단이 아닌, 한 인간으로서 삶의 가치를 실현하는 바탕이 될 수 있도록 해야 한다.

또 하나 노동의 변화와 함께 고려해야 할 것은 바로 인공지능 기술의 남용을 방지하는 것이다. MIT 미디어랩의 연구자들이 제기한 도덕적 기계(Morale machine) 문제는 인공지능에 대한 막연한 기대를 경고하고 있다.

승객 다수를 태운 자율주행 버스가 예상치 못한 무단횡단 행인을 만났을 때 어떻게 판단하게 해야 할까? 인공지능이 한 명의 행인을 희생시키는 대신 다수의 승객을 구하도록 선택한다면 이것은 도덕적으로 올바른 것일까? 도덕적 기계 문제는 인공지능의 활용이 인간을 가치 판단과 도덕적 책임의 문제에서 벗어나게 해줄 수 없음을 의미한다. 인공지능을 개발할 때 결과를 예측할 수 있고, 잘못된 동작의 원인을 설명할 수 있어야 하며, 무엇보다 인공지능의 활용으로 인한 결과의 책임 소재를 분명히 하는 원칙이 필요하다.

STARTUP
REVOLUTION

2부

열매
도전, 모험

6

농업이 바뀐다,
어그테크 혁명

"수백 명의 굶주린 이들을 먹일 수 없다면,
단 한 사람의 굶주린 이에게라도 먹을 것을 주어라."
테레사 수녀

흔히 농업은 하늘과 땅의 도움 없이 성공하기 어렵다고 한다. 토질, 일조량, 강우량과 병충해 등 통제할 수 없는 환경 요인에 의해 성패가 좌우되기 때문이다. 다른 산업에서 인류가 끊임없는 과학 기술의 혁신으로 생산성을 높여온 것과는 대조되는 모습이다. 그런데 최근 정보 기술과 바이오 기술을 접목해 농업을 혁신하려는 도전이 나타나고 있다. 바로 어그테크 스타트업들이다. 어그테크란 농업(Agriculture)과 기술(Technology)의 합성어로, 최근 이 분야의 스타트업에 많은 투자자들이 주목하고 있다. 농업 분야에서 과연 어떤 일이 일어나고 있고, 미래의 농업은 어떤 모습일까?

몬샌토, 데이터 기반의 과학적 농업에 투자하다

2013년 세계 최대의 종자 회사 몬샌토는 한 스타트업에 1조 원을 투자한다. 이 투자는 어그테크 분야에서 2017년까지 가장 큰 규모로 기록되었다. 바로 데이터 기반의 과학적 농업을 추구하는 클라이밋코퍼레이션이라는 스타트업이다. 클라이밋코퍼레이션의 전신은 구글 출신의 데이비드 프리드버그와 시라지 칼리크가 2006년에 설립한 웨더빌이다. 두 창업자는 예상치 못한 날씨 변화로 피해를 입는 비즈니스에 주목했다. 스키장, 골프장, 리조트, 야외 이벤트 회사, 대형 농장 등이 대표적인 예다. 이들은 빅데이터 분석으로 국지적 날씨를 정확하게 예측할 수 있다면 관련 보험 상품을 개발해 날씨에 민감한 비즈니스에 팔 수 있을 것이라 생각했다.

이후 웨더빌은 기후 변화에 가장 민감한 산업이 바로 농업이라는 사실을 발견한다. 보험 상품의 주 고객이 대형 농장이었기 때문이다. 이에 웨더빌은 매일 2.5제곱마일의 세부 구간별 날씨와 1천 500가지 토양 상태 측정 정보를 수집해 폭우, 홍수, 냉해, 가뭄, 고열, 서리 등 다양한 기후 위험에 대한 보험 상품을 개발한다. 이 보험 상품에 활용된 데이터는 미국 도서관이 보유한 정보의 5배가 넘는다고 한다.

분석 데이터의 종류가 늘어나면서, 회사는 데이터 분석을 통해 생산성을 높이는 재배 방법을 찾아낼 수 있음을 알게 되었다. 토양 성분과 특성, 작물의 생육 특성, 농경지 위치별 기후 등에 따라 작물의 수확량과 품질이 크게 달라지는데, 대부분의 농장은 이러한 정보들을 활용하지 못하고 있었다. 이 점에 착안해 클라이밋코퍼레이션은 데이터를 획득할 수 있는 다양한 센서를 개발하고 수집된 데이터를 분석해 최적의 재배 방식을 제안하는 모바일 앱 서비스를 제공하기 시작했다. 에이커당 월 15달러로 저렴하게 이용할 수 있는 이 서비스는 토양 센서 및 기후 정보를 바탕으로 작물 지도를 제공해 구획별로 최적의 농작물과 종자를 제안한다. 또한 현재 부족한 영양분과 가장 적합한 비료를 알려주며, 병충해 센서를 통해 병충해 발생 빈도와 시기도 예측한다. 특히 유통업자들이 작황을 높이기 위해 질소 비료를 과다하게 사용하라고 권하는 것과 달리, 비료 사용을 최소화하는 경작 기법을 제시함으로써 생산 비용을 낮추는 동시에 환경 문제를 개선하는 데도 도움을 주고 있다.

정밀 농업을 주도하는 스타트업

이처럼 센서와 데이터 분석 기술을 활용해 농업 생산성을 높이는 것을 '정밀 농업(precision agriculture)'이라고 한다. 정밀 농업은 1980년대 지속 가능한 농업의 일환으로 필지별 토양 조건에 따라 화학 물질의 투입량을 정밀하게 관리하자는 취지로 시작되었다. 이후 토양 특성(수분, 양분, 토성 등)과 작물 특성(건강도, 병해충 피해 등)이 농경지에 따라 다른 점을 고려한 맞춤형 농업을 통해 작물의 수확량과 품질을 높이려는 시도로 이어진다. 가령 정밀 농업은 '변량 시비'를 가능하게 한다. 변량 시비란, 대규모 농지에 균일하게 비료를 투여했던 것과 달리 토양의 특성과 작물의 종류에 따라 필지별로 투입하는 비료의 종류와 양을 다르게 하는 것이다. 이를 통해 비료 사용을 줄이면서도 작황을 높이는 것이 가능해진다. 예를 들어 클라이밋코퍼레이션 서비스를 이용하는 미국의 한 옥수수 농가는 토양 센서로 측정된 데이터에 따른 변량 시비로 화학 비료 사용량을 25% 이상 절감할 수 있었다.

정밀 농업의 출발은 작황 관련 데이터를 측정하는 기술로, 최근 다양한 센서들이 개발되고 있다. 센서로 획득된 데이터는 온라인에 축적되어 생산성과 관련된 다양한 분석에 활용된다. 2013년에 설립된 에딘이 개발한 소일 아이큐는 땅에 꽂는 3인치 크기의 센서로, 상부에 장착된 태양광 패널로 동작한다. 이 센서는 통신망에 연결되어 실시간으로 획득한 토양 정보를 클라우드에 저장하고 스마트폰으로 전송할 수 있다. 이 정보를 분석해 경작지에 따라 종자를 심는 시기와 최적의 수확 시기, 비료 살포량 등을 제안한다. 또한 다른 농지에서 획득된 데이터를 포함한 빅데이터 분석을 통해 필요한 시기에 가장 적합한 종자를 구매해 농부에게 배송해주는 기능도 제공한다.

이 외에도 토양의 비옥도 및 성분을 분석하는 토양 양분 센서를 비롯해 유기물, pH, 전기전도도, 수분, 관개수 수위 및 유량, 작물의 단백질 및 질소 함량, 수분 스트레스 등 다양한 정보를 감지하는 센서들이 개발되고 있다.

정밀 농업을 위해서는 각종 센서에서 획득된 정보를 표기할 정밀한 경작 지도가 필요하다. 특히 규모가 큰 농장일수록 경작지의 상황을 한눈에 파악할 수 있는 지도 활용이 필수다. 2000년대 중반 아프가니스탄전쟁에 참전했다가 전역한 로버트 모리스는 농부인 친구에게 한 가지 고민을 듣게 되었다. 농장이 워낙 넓다 보니 작물의 성장 상태를 파악하는 데 시간이 많이 든다는 것이었다. 이 말을 듣고 모리스는 카메라가 달린 드론을 떠올렸다. 그는 군에서 드론 부대를 이끌었던 군용 드론 전문가였기 때문이다. 하지만 정밀한 사진을 획득하기 위해서는 부피와 무게가 큰 고성능 카메라가 필요하기 때문에 고가의 드론을 사용해야만 했다. 소규모 농장에서는 엄두를 낼 수 없었다. 대형 농장주들은 대부분 비료 살포를 위해 소형 항공기를 활용하고 있어서 드론을 이용할 필요가 없었다.

경제성을 고려하면서도 고해상도 이미지를 제공할 수 있는 방법을 모색하던 중 모리스는 우버와 같은 비즈니스 모델을 떠올리게 된다. 경비행기를 소유한 회사나 개인들과 계약을 맺어 항공사진을 제공받는 크라우드 소싱 모델이 그것이다. 모리스는 2013년 테라비온을 설립했다.

테라비온은 개인 파일럿, 비행학교, 전세기 회사 등과 계약을 맺고 매주 수백 대의 비행기를 고객 농장에 띄워 정밀한 항공사진을 획득한다. 일반 사진 외에도 적외선 사진, 열 사진, 정규식생지수(Normalized Difference Vegetation Index) 등 작물의 성장 상태를 분석할 수 있는 다양한 영상을 제공한다. 획득한 정밀 사진은 클라우드 서버에 축적되어 온라인으로 확인할 수 있다. 테라비온의 서비스는 경제적이면서도 기존 위성사진보다 훨씬 다양하고 정밀한 사진을 제공한다. 경작 기간 동안 총 12회의 비행을 통해 영상을 획득하는 데 비용은 에이커당 약 4달러에 불과했다. 크라우드 소싱의 강력한 장점이다. 그렇기 때문에 자체적으로 항공사진을 획득할 수 없는 소규모 농장주들에게 큰 주목을 받고 있다. 또한 수집된 항공사진을 이미지 처리 기술로 분석하고 이 결과를 공유하는 클라우드 플랫폼을 구축함으로써 항공사진 기반의 새로운 서비스를 모색하고 있다. 테라비온은 와이컴비네이터의 투자를 받았고 2017년에는 총 100억 원의 시리즈A 펀딩을 성공적으로 마쳤다.

어그테크 스타트업, 고질적인 농산물 유통 구조를 혁신하다

어그테크 기술에 기반을 둔 과학적 영농은 생산성을 높여 농장의 수익성을 극대화할 뿐 아니라 물과 비료의 투입을 억제함으로써 지속 가능한 농업을 실현하는 데 기여할 것으로 기대된다. 그러나 향상된 생산성을 소비자가 체감하기 위해서는 또 다른 문제가 해결되어야 한다. 바로 농업 분야의 고질적 문제로 인식되어온 유통이다.

사실 유통은 일반 공산품에서도 중요하다. 소매사업자의 대형화와 유통 제품의 다양화로 재고 비용 절감이 소매산업의 중요한 과제가 되었다. 이에 소매사업자들은 생산자와 긴밀한 정보 교환을 통해 유통 단계를 축소하는 탈중개화(disintermediation)를 지속해왔다. 한편 자동재고보충(continuous replenishment)이나 CPFR(Collaborative Planning Forecasting and Replenishment) 같은 재고 관리 방식을 통해 소매사업자는 실시간 재고와 수요 정보를 제공하고 생산자는 별도의 주문 이행 절차 없이 제품을 납품한다. 가령 이마트가 라면의 지점별 실시간 재고와 판매 현황을 농심에 제공하면, 농심은 이마트가 주문하기도 전에 미리 라면의 생산 및 납품 계획을 수립하는 것이다.

그런데 농산물의 유통에는 이러한 방식이 잘 적용되고 있지 않다. 농산물 유통은 크게 도매시장, 대형 유통 업체, 직거래로 나누어진다. 농산물 유통의 절반을 담당하는 도매시장은 경직된 거래 제도, 비효율적인 물류 체계, 중도매인의 영세성 및 낙후된 물류 시설 등의 문제를 가지고 있다. 대형 유통 업체와 식품 가공 업체에서는 공정성의 문제가 발생한다. 이들은 대형 물류센터를 통해 농산물을 대량으로 유통할 수 있지만 우월적 지위를 이용한 가격 인하 압력이나 높은 물류센터 이용료 부과 등의 문제를 일으키고 있다. 가장 효율적인 직거래는 아직 4% 정도에 그치고 있는 실정이다.

외국도 생산과 유통의 대형화로 인한 문제가 심각하다. 한 통계에 의하면, 미국 내 12%의 대형 농장이 농산물 공급의 88%를 차지하고 있다. 축산물은 더 심각해서 4대 대형 축산 업체가 공급과 유통의 80%를 차지하고 있다. 이처럼 생산과 유통이 대형화되면서, 수요가 많지 않은 특산물을 생산하거나 친환경 기법을 추구하는 소규모 농장은 경제적인 유통 경로를 확보하기 어려운 실정이다. 또한 농산물 가격이 급변하는 문제나, 소매가는 치솟는데 농가는 도산하는 문제 등은 모두 기형적 유통 구조에서 비롯된 것이다. 최근 이와 같이 농산물의 비효율적인 유통 구조를 혁신하는 스타트업들이 등장하고 있다.

로컬 푸드 운동의 재탄생

사람들은 마트에서 식자재를 구매할 때, 원산지가 어디인지, 언제 생산된 것인지를 확인하고 될 수 있으면 가까운 산지에서 조달된 신선한 제품을 구매하려 한다. 그러나 레스토랑에서 음식을 먹을 때는 언제, 어디서 생산된 재료로 음식을 만들었는지 확인할 방법이 없다. 고작 국내산인지 아닌지 알 수 있는 정도다. 신선한 지역 농산물에 대한 욕구로 한때 로컬 푸드 운동이 유행한 적이 있다. 지역의 작은 농장에서 생산된 신선한 재료로 음식을 만들어 먹자는 운동이다. 하지만 음식점 입장에서는 원하는 식자재를 소규모 농장에서 안정적으로 조달하기가 쉽지 않다. 결국 안정적 공급이 가능한 대규모 유통 업체에 의지하게 되고, 유통 업체 역시 안정적인 공급과 물류 비용 절감 등을 위해 대규모 농장과 공급 계약을 할 수밖에 없다.

2011년 오하이오주에서 설립된 아조티의 창업자 데이비드 라날로는 지역 특산물을 생산하는 소규모 농장주들이 판로 개척에 어려움을 겪고 있는 상황을 알게 된다. 무슨 작물을 재배해야 할지 잘 모르고, 유행하는 작물을 재배했다가 경쟁이 심해져 좋은 가격을 받지 못하는 경우를 자주 목격한 것이다. 그러다 보니 소규모 농장주들은 안정된 수요가 있는 콩이나 옥수수로 전환하거나 경작지를 놀리는 경우가 비일비재했다. 라날로는 로컬 푸드 수요자와 생산자를 연결하는 모바일 유통 플랫폼을 통해 문제를 해결할 수 있다고 생각했다.

지역 농장주들은 아조티의 플랫폼에 접속해, 자신이 생산하는 농산품의 수요자에 대한 정보를 일목요연하게 파악할 수 있다. 예를 들어 농부는 자신이 생산한 채소가 어느 도시에서, 언제, 얼마나 판매되고 있는지를 실시간으로 파악한다. 앞서 설명한 이마트와 농심의 협력 구조와 비슷하다. 이 시스템을 이용하는 한 농부는 자신이 생산하는 식자재를 필요로 하는 수요처를 100곳 이상 발견하고 이들과 지속적인 공급 관계를 유지할 수 있었다. 이를 통해 수요량에 맞는 정확한 생산량과 수요 발생 시점을 예측할 수 있게 된 것이다.

구매자들 역시 플랫폼을 통해 자신이 필요한 식자재를 생산하는 지역 농장의 위치, 가격, 제품 특성 등에 대한 정보를 쉽게 획득할 수 있다. 또한 아조티는 식품 회사와 지역 농장을 연결하는 구매 조달 플랫폼으로서 주문, 지급 요청, 배송, 결과 보고 등 관련 업무까지 지원한다.

비슷한 서비스를 제공하는 스타트업 로컬라인은 여러 지점을 가진 레스토랑 체인이 농장과 소통할 수 있는 메시징 서비스를 제공한다. 이를 통해 지역 분점에서도 본사와 동일한 품질의 식자재를 조달할 수 있도록 돕는다. 한 레스토랑 체인은 로컬라인을 통해 전

지점의 식자재 조달 시간을 연평균 150시간 정도 단축할 수 있었다고 한다. 이 외에도 지역 농장과 소비자를 직결하는 유통 플랫폼들이 늘어나고 있다. 프롬더파머, 릴레이푸드 등의 스타트업들은 각각 거점 지역의 소규모 농장들을 플랫폼에 끌어들여 수요자와 연결함으로써 공급자와 수요자 모두에게 안정적인 유통 환경을 제공하고 있다.

농장에서 식탁으로 - 농산물 배달 서비스

최근 물류 분야는 라스트마일(Last mile) 배송 열풍이 불고 있는데, 그 중심에는 농산물 배송이 있다. 2012년 설립된 인스타카트는 이용자가 스마트폰으로 홀푸드나 코스트코 등에서 물건을 골라 주문하면 제휴점에서 대신 물건을 구매해 집까지 배달해준다. 아마존 직원이었던 아푸르바 메타는 아마존과 같은 방식으로 신선식품을 집까지 배송하는 서비스를 구상했다. 하지만 인스타카트를 창업하기까지 20번이 넘는 실패를 경험했다. 이 과정에서 농산물 배송은 신선도가 중요하기 때문에, 창고가 필요 없는 당일 배송 비즈니스 모델이 적합하다는 결론에 이르게 된다.

1996년 대규모 투자를 유치하며 주목받았던 식료품 배송 업체 웹밴의 실패도 교훈이 되었다. 인스타카트는 창고와 트럭을 소유하지 않는 크라우드 소싱 방식으로 고객, 배달원, 매장을 연결해 당일 배송 서비스를 구축했다. 창고와 트럭 관리에 돈을 쓰는 대신 배달원과 소매점 관리에 집중해, 유사 서비스인 아마존 프레시와 구글

익스프레스보다 더 다양한 식자재를 확보할 수 있었다.

한국에서도 비슷한 서비스들이 등장하고 있다. 2015년 대기업 홍보실 직원이었던 조성우는 1인 가구와 맞벌이 가구의 증가로 배달 시장이 확대될 것으로 판단하고 정기 배달 쇼핑 서비스인 덤앤더머스를 설립한다. 이후 친환경 및 유기농 농산물의 수요 증가에 주목해, 농장에서 생산된 고품질 농산물을 직접 배달해주는 팜투도어 서비스를 출시한다. 이 서비스를 통해 양배추, 파프리카, 버섯, 고추, 셀러리 등 친환경 채소류와 사과, 배. 토마토 등의 과일류, 유기농 백미, 현미, 잡곡류 등 100여 종의 농산물을 엄선해 가장 신선하고 품질이 좋은 산지의 제품을 배달한다.

농산물은 아니지만 배달을 하지 않는 유명 식당의 음식을 배달하는 서비스도 등장했다. 2011년 포항공대 졸업 후 컨설팅 회사에 다니던 임은선은 자체 배달을 하지 않는 유명 맛집이나 프랜차이즈 음식을 배달해주는 모바일 앱 '푸드 플라이'를 개발한다. 앱을 통해 주문을 넣으면 130여 명의 소속 배달원들이 음식점을 찾아가 음식을 받은 뒤 전달한다. 이 서비스는 기존의 배달 앱이 온라인 플랫폼만 운영하는 것과는 차별화된다. 이 외에도 백화점 식품관을 온라인으로 옮기는 것을 캐치프레이즈로 오전 7시 전 음식을 배송하는 '샛별배송' 서비스를 제공하는 마켓컬리, 유기농 신선식품을 주문 확인 후 수확해서 배송하는 헬로네이처 등이 주목받고 있다.

한편 국내 최대 배달 플랫폼 배달의 민족을 개발한 우아한 형제는 2015년 덤앤더머스를 100억 원에 인수하고 '배민프레시'라는 새로운 서비스를 시작한다. 또한 배달이 어려운 고급 레스토랑 및 디저트 전문점과 제휴해 음식을 배달해주는 배민 라이더스를 2017년 출시했다. 더불어 이마트, 롯데마트, 홈플러스 등 기존의 대형 유통 업체와 쿠팡, 티몬 등 모바일 커머스 회사들도 신선한 식자재 및 음식물 배달 서비스에 진입하고 있다. 스타트업이 개척한 시장에 본격적인 거물들이 진입하고 있는 것이다. 향후 이 분야의 경쟁 구도가 어떻게 변하게 될지 흥미롭다.

유통 과정에서 폐기되는 식자재나 버려지는 음식을 최소화하는 시도도 이루어지고 있다. 한 조사에 따르면, 생산된 음식의 30%가 버려지고 있으며, 유통 과정에서의 손상으로 폐기되는 식자재 등으로 발생하는 비용이 400조 원에 이른다. 이러한 문제를 해결하기 위해 상품성이 떨어지는 식자재를 유통하는 모바일 서비스, 음식 폐기물을 업사이클해 비료를 생산하는 서비스, 수확 후 유통 과정에서 농산물의 신선도를 유지시키기 위한 콜드체인 솔루션 및 각종 보험 서비스 등이 주목받고 있다.

농산물 유통 분야에 스타트업들이 진입하면서 식자재와 음식의 생산에서 소비에 이르는 농산물 유통 구조가 변화하고 있다. 이러한 유통 구조의 혁신으로 소비자는 다양한 식자재와 음식을 신선한 상태로 편리하게 구매할 수 있으며, 생산자는 판로를 개척하고 유통 비용을 최소화해 농산품의 품질과 다양성을 높이는 데 집중할 수 있다. 산지에서 식탁까지 이르는 농산품의 생산과 유통의 전 과정이 혁신되고 있는 것이다.

도시 농업의 등장

농산물 유통의 문제는 근본적으로 생산 입지의 제약에서 비롯된다. 공산품과 달리 농산품의 생산지는 유통에 유리한 곳에 입지하기가 어렵다. 사실 이 문제의 가장 간단한 해답은 소비자가 직접 집이나 근처 농장에서 식자재를 재배해 먹는 것이다. 로컬 푸드의 취지는 농산지를 소비 지역 근처로 옮겨 유통 비용을 절약하는 것이라 할 수 있지만, 토지 확보나 작물의 생육 조건 등 쉽지 않은 문제가 있다.

이러한 문제들을 해결할 수 있다면 어떻게 될까? 영화 「설국열차」와 「마션」에 나오는 장면처럼 햇빛도 들지 않는 기차에서 과일을 재배하고 화성에서 감자를 키우는 것이 가능하다면 말이다. 만약 이런 것이 가능하다면 고질적인 농산물 유통 문제를 한 번에 해결할 수 있을 것이다. 도시에 커다란 농장을 지어 도시 소비자에게 그날 생산된 신선한 농산품을 바로 공급할 수 있고, 수요지와 인접한 지역에 거대한 식물 공장을 지어 유통 비용을 최소화할 수 있을 것이다. 집 안에서 방 하나를 나만의 농장으로 만들어 내가 먹고 싶은 식재료들을 바로 재배해 먹는 날이 올 수도 있을 것이다.

도심 한가운데 우뚝 솟은 아파트형 수직 농장

한국은 출산율 저하로 인한 인구 감소를 걱정하고 있는 상황이지만 전 세계 인구는 지속적으로 상승할 것으로 예측된다. 통계청 자료에 따르면, 세계 인구는 2030년 84억 명으로 증가하며 2060년에는 약 100억 명에 이를 것이다. 지속적으로 증가하는 인구를 먹여 살리려면 농작물의 재배 면적도 비슷하게 늘어나야 할 것이다. 그런데 미항공우주국(NASA) 조사에 따르면, 작물 재배가 가능한 토지의 80%는 이미 농경지로 사용 중이다. 한마디로 먹여 살려야 할 인구는 계속 늘어나는데 식량을 재배할 토지는 부족하다는 것이다.

1999년 미국의 미생물학자인 딕슨 데스포미어 교수는 식량 문제의 해결책으로 수직 농장(Vertical Farming)이라는 대안을 제시한다. 데스포미어 교수가 처음 떠올린 아이디어는 옥상정원(rooftop gardens)을 이용하는 것이었다. 뉴욕의 고층 건물 옥상에 약 5헥타르의 농장을 만들어 맨해튼 시민 200만 명이 먹을 수 있는 농산물 생산을 시도했다. 하지만 그 면적으로는 필요한 농작물의 2%밖에 생산할 수 없다는 결론을 얻는다. 그래서 착안된 아이디어는 건물의 각 층을 농장으로 하는 거대한 '농장 빌딩'을 만드는 것이었다. 건물의 각 층에 물과 비료를 투입할 수 있는 시설을 갖추고, 작물마다 다양한 센서를 부착해 생육 상태를 모니터링한다. 토양이 필요 없는 수경재배 방식을 도입하고, LED 조명을 이용해 24시간 채광을 하며, 온도 조절, 환기, 습도 조절 등이 가능하게 해 작물을 위한 최적의 환경을 인공적으로 구축할 수 있다고 생각했다. 필요한 에너지는 태양광이나 풍력 등 신재생 에너지를 이용하는 방식을 채용했다. 사실 이러한 수직 농장의 아이디어는 20세기 초부터 잡지나 공상과학 소설 등에 심심찮게 등장했는데, 데스포미어 교수가 현대기술을 이용해 이것이 실현 가능함을 제시한 것이다.

최근 개발되고 있는 수직 농장은 최첨단 고효율 에너지 기술과 결합해, 실내에서도 다양한 고부가가치의 농산물을 대량생산할 수 있다. 빛, 온·습도, 이산화탄소 농도 및 배양액 등의 환경을 인위적으로 조절해 농작물을 계획 생산하며, 계절 및 장소와 관계없이 자동화를 통한 공장식 생산이 가능하다. 2008년 설립된 고담그린은 2011년 세계 최초로 뉴욕 브루클린 그린 포인트에 약 1만 5천 제곱피트의 상업용 옥상 농장을 만들어 각종 샐러드 채소, 바질, 토마토 등을 생산했다. 설립 1년 만에 농산물 100톤을 판매할 수 있었다. 이후 미국의 유기농 유통 체인 홀푸드와 협력해 2만 제곱미터의 옥상 농장을 브루클린 고와너스에 만들었고 이후 시카고, 퀸즈 등의 지역으로 확대하고 있다. 2008년 고담그린의 옥상 농장이 등장한 이후 2016년 100개가 넘는 수직 농장 및 옥상 농장이 만들어졌다.

에어로팜은 도심에 아파트 형태의 수직 농장을 세계 최대 규모로 운영 중이다. 에어로팜은 7만 제곱피트가 넘는 낡은 제철 공장을 인수해 이를 세계에서 가장 큰 아파트형 수직 농장으로 변화시켰다. 이 농장의 생산성은 일반 재배보다 30배, 온실 재배보다 6배나 높다고 한다. 이 회사는 공중재배법(Aeroponic)을 활용하고 있다. 이 재배 방식은 특정한 파장의 LED 빛을 쬐고 다양한 양분을 포함한 스프레이를 작물에 뿌려 더 달달한 맛이 나는 상추나 매콤한 맛이 강한 물냉이(watercress) 등을 재배할 수 있다.

2011년에 설립된 프라이트팜은 낡은 컨테이너 박스를 업사이클링해 상추, 브로콜리, 허브 등을 재배할 수 있는 컨테이너 농장을 판매하고 있다. 이를 통해 겨울이 긴 캐나다 온타리오와 무더운 텍사스에서도 신선한 작물을 생산하는 것이 가능해졌다. 프라이트팜은 컨테이너 농장의 운영 기술과 인프라를 제공하고, 그 대신 데이터를 확보해 생산성 개선에 활용하고 있다.

베이징에 본사를 둔 스타트업 알레스카라이프도 이와 비슷하게 수명이 다한 화물 컨테이너를 개조해 도시형 농장 사업을 운영 중이다. 어디서든 소규모 상업용 농장을 구현할 수 있는 턴키형 컨테이너 농장 솔루션인 EDN(Every Day Nutrition)과, 새싹·어린잎 채소만 생산할 수 있게 한 콤팩트형 생산 시스템인 EDN 프레시, 그리고 클라우드 네트워크 연동 센서 박스 및 앱 서비스인 EDN 스프라우트 등을 제공하고 있다. 특히 컨테이너형 EDN은 동시에 1천 600개의 양상추, 셀러리 등 잎채소 모종을 재배할 수 있도록 설계되었으며, 잎채소를 완전히 생산하는 데 평균 12~18주가 소요된다. EDN 내부에는 LED 인공 채광, 모니터링 센서, 자동화 시스템, 온도 제어 시스템뿐만 아니라 다 자란 채소의 상품화를 위한 냉장 시스템까지 갖추고 있다. 수경재배 방식은 기존 재배 방식에서 사용하는 물의 5%, 토지의 1%, 전력의 30%만을 사용하며 100% 무농약 재배다. 알레스카라이프는 도시형 농장 솔루션을 크기·장소·목적별로 다양화했으며 사용자가 원하는 방식으로 맞춤화할 수 있다고 한다.

한국에서도 인성테크, 카스트엔지니어링, ㈜미래원 등의 기업이 식물 공장을 제작·설치해 잎채소, 수경 인삼 등을 생산하고 있다. 인성테크는 국내에서 식물 공장을 가장 먼저 운영한 선두 주자다.

고품질 LED 광원을 사용하고 생활에서 이산화탄소를 포집해 식물 재배에 활용하고 있다. 국내 연구소, 학교, 대형 마트, 아파트 등에 도심형 식물 공장을 설치했고, '몽골 내 푸른 식물 공장' 프로젝트로 몽골에도 진출했으며, 남극 세종 기지에서도 식물 공장을 운영하고 있다.

어그테크 트렌드와 스타트업의 기회

한국의 농업은 낙후된 산업으로 인식되어 그동안 정부 지원에 의존해왔다. 그 결과 한국의 농업 분야에서는 이렇다 할 경쟁력 있는 회사가 나타나지 않고 있다. 토종 농산물의 종자는 몬샌토나 일본의 종자 회사에 빼앗기고 있다. 자동차, 반도체, 조선 산업의 강국이지만 경쟁력 있는 농기계 회사는 전무하다. 농산물 유통 또한 많은 문제를 가지고 있다. 더욱이 외국 자본에 의해 외국 농산물들이 지속적으로 밀려오고 있다. 이러한 국내 농업의 현안은 스타트업들이 주목할 만한 틈새시장이다.

크게 세 가지 기회를 생각해볼 수 있다. 첫째, 정밀 농업의 확대에도 불구하고 아직 농업 생산성은 향상될 여지가 많다. 센서 데이터 기반의 정밀 농업이 더욱 고도화될 것이고, 극단적인 시나리오로 드론과 자율주행 농기계들이 스마트폰으로 조작되는, 완전히 자동화된 무인 농장을 생각해볼 수 있다. 이러한 스마트 농장은 궁극적으로 디지털화와 자동화를 통해 농업 노동력을 대체할 것이다. 한편으로 어필테크놀로지와 프라이트팜 같은 기업처럼 오랫동안 신선도를 유지하는 종자를 개발하거나 특수한 기후 환경을 조성하는 기술이 확대될 것이다. 이는 식물의 재배를 환경 제약에서 근본적으로 해방시키는 방식으로 농업 생산성을 획기적으로 높일 것이다.

둘째, 생산의 탈중심화(decentralization) 경향이 두드러질 것이다. 저비용 고효율의 차세대 농장이 수요지 곳곳에 분산 위치하고 모바일 유통을 통해 다양한 품종의 빠른 재배와 공급이 나타날 것으로 기대된다. 이러한 차세대 농장은 도시 인력의 고용을 창출할 기회도 제공할 것이다. 또한 탈중심화는 농장 간 네트워크 구축과 데이터 축적을 위한 플랫폼의 등장을 촉진할 것이다. 2014년 설립된 파머스비즈니스네트워크는 3천 400개의 농장을 연결해 생산 및 판매정보를 공유하는 농장주들의 소셜 네트워크다. 이 회사는 구글벤처스 등으로부터 최근까지 총 850억 원의 투자를 받았다. 이 서비스를 이용하면 종자의 지역별 작황, 경작 방법, 비료 가격 변동, 마케팅과 판매처 등 농장 운영과 관련된 다양한 정보를 공유하고 분석에 활용할 수 있다. 또한 경작 방식 벤치마킹, 공동 판로 개척, 비료나 종자의 공동 구매도 가능하다.

마지막으로, 농업은 푸드테크나 헬스케어 산업과의 상호작용이 활발해질 것이다. 농업의 궁극적인 목표는 식재료를 제공하는 것이다. 푸드테크와 농업의 연결을 통해 우리의 식생활이 크게 달라질 수 있다. 좁게는 음식 문화가 바뀔 것이고 극단적으로는 새로운 형태의 음식이 개발될 수 있다. 2011년 설립되어 260억 원의 투자를 유치한 임파서블푸드의 햄버거는 100% 식물성 재료로 만들어졌지만 맛은 일반 햄버거와 구별이 힘들다. 또 영화「설국열차」에 나왔던 곤충 단백질, 식물로 만든 우유와 치즈, 콩으로 만든 달걀 같은 제품을 개발하는 많은 스타트업들이 등장하고 있다.

2013년, 당시 24세였던 롭 라인하르트는 30일 동안 자신이 개발한 드링크 믹스만 섭취한 후 자신의 상반신 사진을 온라인에 게시했다. 이 드링크 믹스는 성인에게 필요한 모든 영양 성분을 포함한 대체식품(meal replacement)이었다. 그는 이 시연을 통해 대체식품만으로도 건강을 유지할 수 있음을 보여주었다. 우려의 목소리도 있었지만 롭은 킥스타터에서 30억 원을 모금했으며 이후 로사랩을 설립해 약 200억 원의 투자를 받는다. 대체식품으로 유명해진 소일런트라는 제품의 탄생 스토리다. 이처럼 푸드 스타트업들이 개발하고 있는 다양한 대체식품들은 오랫동안 이어져온 인류의 식문화에 새로운 변화를 가져올 것이다.

7

기술과 금융의 만남,
핀테크

"작은 구멍 하나가 큰 배를 침몰시키는 것이다."
에프라임 도모라츠키

「응답하라 1988」이라는 드라마에서 주인공의 아버지는 한일은행에 다닌다. 청년 독자들에게는 낯선 이름이겠지만, 한일은행을 비롯해 상업은행, 제일은행, 조흥은행, 서울은행 등은 실제로 존재했던 한국의 대표적인 은행이었다. 1997년 IMF 금융위기 이전 20여 개에 달하던 은행들은 현재 3분의 1 이하로 줄어들었고, 지금까지도 경쟁력을 높이기 위한 대응으로 부산하다. 심지어 기존 영업점의 80%를 줄이기로 한 은행까지 나타나면서 회사와 직원의 갈등도 언론에 보도되고 있다. 반면에 2017년 새롭게 등장한 케이뱅크, 카카오은행 같은 인터넷 은행은 기존 은행들을 위협하고 있고, 설립된 지 몇 년밖에 안 된 토스, 피플펀드 같은 스타트업들이 기존에 경험하지 못한 속도로 성장하고 있다. 암호화폐의 거래액이 코스닥 거래액을 넘어서기도 하면서, 기업 공개(IPO)가 아닌 암호화폐 발행과 공개(ICO, Initial Coin Offering)로 신흥 부자들이 생기고 있다. 은행을 중심으로 안정성을 최고의 가치로 삼았던 금융 산업에 대체 무슨 일이 일어나고 있는 것일까?

핀테크란 무엇인가

아마존, 이베이 등 전자상거래가 급증하던 1998년 페이팔이라는 새로운 서비스가 등장한다. 당시는 계좌 이체가 아주 불편했고 신용카드가 없는 사람도 많은 시절이었다. 설령 자금 이체가 쉽게 되더라도 해킹의 위협이나 신용카드 수수료, 복잡한 환불 절차 등의 문제로 전자상거래 성장에 큰 걸림돌이 되었다. 이러한 문제 해결을 위해서 페이팔은 신용카드 또는 은행 계좌 없이 이메일만으로도 결제할 수 있게 했다. 페이팔 서비스는 곧 강력한 충성 고객이자 열렬한 팬을 보유하게 되었다. 전자상거래 판매 비중이 높은 이베이의 파워셀러 그룹이 페이팔 서비스의 첫 번째 팬이었고, 페이팔 팬이 된 파워셀러들에게서 물건을 구매하며 페이팔 서비스를 경험한 소비자들이 연쇄적인 팬이 되었다. 마침내 2002년 온라인 쇼핑몰 이베이는 창업한 지 4년밖에 되지 않은 페이팔을 15억 달러(1조 5천억 원)에 인수한다.

페이팔의 성공 신화는 10년 후 시작되는 핀테크 혁신의 예고편이라 할 수 있다. 실제로 일론 머스크, 피터 틸 등 페이팔의 주요 창업자들을 '페이팔 마피아'로 부르기도 하는데, 자신들의 성공 경험에 기반해 멘토이자 투자자로서 실리콘밸리 후배 스타트업의 비즈니스 모델에 큰 영향력을 끼치게 되었기 때문이다.

페이팔은 잘 모른다고 하더라도 네이버페이 혹은 카카오페이는 적어도 한 번쯤 들어보았을 것이다. 핀테크를 어렵게 생각할 필요는 없다. 그들이 바로 핀테크 기업 중 하나다. 핀테크라는 단어는 금융(Finance)과 기술(Technology)의 합성어로 IT 기반 금융 서비스 또는 혁신적 비금융 기업이 신기술을 활용해 금융 서비스를 직접 제공하는 것을 의미한다. 즉, 핀테크 기업은 IT 기술을 활용해 기존 금융 서비스와는 다른 획기적인 서비스를 제공하는 기업이다.

예를 들어 전자상거래를 아마존과 양분한 중국의 알리바바는 핀테크 분야에서도 선도적인 리더 가운데 하나다. 알리바바는 자사의 플랫폼에서 일어난 상거래 실적을 실시간으로 분석해서 개인 사업자의 신용을 빠르게 평가할 수 있다. 이 신용 정보는 합리적인 대출 이자를 산정하는 근거가 된다. 알리바바 입장에서는 대출을 통해 이자 수익을 올릴 수도 있지만, 더 중요한 점은 자사의 플랫폼을 사용하는 고객을 아마존 같은 경쟁 기업에 뺏기지 않고 묶어두는 효과가 있다는 것이다. 영세한 개인 사업자가 알리바바와의 거래를 통해 평소에 신용도를 높여두면 급한 사업 자금을 쉽게 마련할 수 있기 때문이다.

핀테크 산업의 주역으로 자리매김하고 있는 또 다른 분야는 송금뿐만 아니라 결제, 대출 등을 포함한 개인 대 개인(P2P, Peer to Peer) 자금 이동 중개다. 창업 10년 이내에 기업 가치가 1조 원이 넘는 기업을 '유니콘'이라고 하는데, 미국의 렌딩클럽이 대표적인 P2P 대출 중개 분야의 유니콘이다. 2007년 창업한 렌딩클럽은 은행 등 기존 금융기관이 제공할 수 없는 개인 간 대출 서비스를 내놓으면서 시장의 큰 호응을 얻었다. 창업 후 7년 만인 2014년에는 미국 나스닥에 상장되며, 투자자들로부터 10조 원의 회사 가치를 인정받기도 했다. 핀테크 분야에서 P2P 서비스는 매우 다양한 사례들이 있지만, 공통점은 렌딩클럽과 같은 스타트업들이 핀테크 영역을 개척하고 금융 산업을 파괴적으로 혁신하고 있다는 점이다.

여기서 한 가지 의문이 생긴다. 왜 은행이나 증권사 같은 기존 금융사가 아닌 IT 관련 기업들이 핀테크라는 금융 혁신을 주도하게 되었을까? 여기에는 역사적 배경이 있다. 2000년대 초반까지 인터넷 등 새로운 IT 기술로 10년간 경기 호황이 이어지면서, 미국은 버블을 막기 위한 긴축 정책을 검토하고 있었다. 그러나 2001년 발생한 '9 · 11 테러'로 미국의 경기가 급속하게 위축되고, 원래 계획과는 달리 경기 부양을 위한 초저금리 정책을 펼치게 된다. 저금리 정책에서는 저축의 이자 수익이 적으므로 소비가 촉진되어 경제 성장을 유도할 수 있기 때문이다. 또한 낮은 이자는 대출 수요를 자극하며, 때문에 대출을 활용한 부동산 구매와 투자가 활성화된다.

그런데 문제가 생기기 시작한다. 정부의 경제 성장 정책과 수익 극대화를 추구하는 투자기관의 탐욕이 만나면서, 개인 파산의 위험성을 전혀 고려하지 않고 신용도가 낮은 사람에게도 대출과 투자를 권했기 때문이다. 영업이 잘 이뤄진다면 투자은행에는 대출 이자, 투자 상품의 수수료, 투자 자산에 대한 신규 수요 발생이라는 3종 세트의 수익이 발생한다. 「빅쇼트」라는 영화는 2007년 '서브프라임' 글로벌 금융위기가 발생한 과정과 결과를 잘 묘사하고 있다. 미국 정부가 저금리 정책을 2004년 드디어 종료하자, 저소득층 대출자들은 점차 파산하게 되고, 결국은 세계 최고의 투자은행이었던 리먼브라더스, 베어스턴스 등도 해체된다. 세계 최고의 자동차 회사였던 GM도 정부의 구제금융으로 간신히 살아남는다. 직장에서의 해고 위험성과 대출 상환 요구가 동시에 일어나는, 평범한 일반인은 감당하기 어려운 사건이 일어난 것이다. 많은 서민과 중산층이 집에서 쫓겨나고, 투자 원금도 거의 남지 않는 펀드가 속출하는 등 실제로 커다란 사회문제가 되었다.

이 과정에서 사람들이 깨닫는다. '정책을 만든 사람과 금융 전문가들은 개인의 피해를 보상하지 않는구나', '오히려 문제를 만들고 키워온 금융 기업들에 대한 구제금융만 있구나'라는 사회적 공감대가 확산되기 시작한 것이다. 2011년 뉴욕에서 시작된 '월가를 점거하라(Occupy Wall Street)' 시위가 사회 운동이었다면, 2008년 사토시 나카모토라는 프로그래머가 개발한 비트코인은 중앙은행의 정책 또는 금융기관의 중개 없이 개인 간 금융 거래를 가능하게 해보자는 시도였다.

한편 금융기관들도 기존 방식으로는 위기를 극복하고 성장할 수 없다는 점을 깨닫는다. 우선 인력 감축을 위해 시스템을 적극적으로 전산화하기 시작한다. 때마침 대중화되기 시작한 스마트폰, 소셜 네트워크, 빅데이터 등은 새로운 방식의 금융 서비스를 개발하기 위한 좋은 인프라가 되었다. 다만 현실을 똑같이 바라보더라도 대응하는 관점이 다르면 결과도 다르게 된다. 보수적인 기존 금융 기관들은 IT 기술을 도입해 비용과 수익을 개선하는 정도에서 마무리한 반면, IT 기업들은 이커머스 산업 등을 만들어온 경험을 바탕으로 기존에 없었던 새로운 금융 서비스 기술과 비즈니스 모델을 개발하고 시장 테스트에 나선다. 핀테크가 시작된 것이다. 이것이 은행이 아닌 비금융 IT 기업에서 핀테크의 혁신이 시작된 이유다. 핀테크 혁신은 플랫폼 비즈니스 모델이 지닌 '쏠림'이라는 속성이 적용되면서 금융 산업뿐 아니라 평범한 개인의 금융 경험을 바꾸어 나가고 있다.

핀테크 스타트업이 바꾸는 현실화된 미래

이커머스 기반의 알리바바 사례, 개인 간 금융 서비스 사례에서 보듯이 핀테크 분야는 다양한 융합 비즈니스 모델로 넘쳐난다. 또한 금융업이라는 기존 산업 분류 자체가 완전히 흔들릴 가능성도 보인다. 핀테크를 잘 이해하기 위해서 ① 지불 결제 ② 송금 ③ 암호화폐 ④ 보안 ⑤ 크라우드 펀딩 ⑥ 개인 간 대출 중개(P2P) 서비스 등 6개 분야에서 핀테크 스타트업들이 어떻게 세상을 바꾸고 있는지 살펴보자.

지불 결제

'현금 없는 사회'라는 신문 기사를 읽어본 적이 있는가? 현금 없는 사회가 정말로 가능할까? 아시아의 실리콘밸리로 일컬어지는 중국 선전시에서는 현금을 사용하기가 더 어렵다고 한다. 선전은 대중교통뿐 아니라 편의점, 배달 음식, 자판기까지 모든 상거래에서 모바일 결제를 더 편하게 이용할 수 있어서, 환전해두었던 현금 500위안(한국 돈 8만 원 상당)을 6개월 동안 다 쓰지 못했다는 주재원의 실제 사례도 있다. 모바일 결제 비율을 90%까지 올리겠다는 중국 정부의 목표가 공허하게 들리지 않는 이유다. 스웨덴 등 많은 정부에서 현금 없는 사회를 목표로 핀테크 인프라를 구축하고 있다.

왜 정부가 현금 없는 사회를 주도하고 있을까? 가장 단순한 이유로는 화폐 발행 및 관리 비용의 감소를 들 수 있다. 한국은행은 10원짜리 동전을 만들기 위해 38원을 쓴다고 한다. 10원 동전의 사용이 줄어들수록 동전 제조 비용 38원을 아낄 수 있다. 하지만 더 중요한 이유는 현금으로 거래되는 음성 자금을 줄일 수 있다는 것이다. 현금 사용을 줄이면 불법 정치 자금 유통뿐 아니라 세금을 줄이기 위한 매출 누락도 어려워진다.

또 다른 이유는 기존 기업의 생산성이 향상되고, 새로운 기업과 산업이 나타나서 경제 성장을 기대할 수 있다는 점이다. 예를 들어 현금 계산대의 줄이 빠르게 줄어드는 것으로 끝나는 것이 아니라, 고객의 소비 성향을 파악해 효율적인 마케팅을 제공하는 스타트업과 산업이 등장할 수 있다. 모바일 지불 결제 서비스를 활용한다면 주로 구매하는 모바일 쇼핑 품목은 무엇인지, 어떤 게임 아이템을 구매하는지, 대리운전 서비스를 이용해서 어디로 이동하는지에 대한 정보를 쌓을 수 있다. 이렇게 쌓인 데이터로 고객을 세분화할 수 있다. 반복적으로 기저귀와 분유를 구매한 '홍길동'을 육아에 관심 많은 아이 아빠라고 분류할 수 있다면, 효율적인 마케팅과 영업의 출발점이 된다. 아이를 위한 도서, 의류, 보험 상품을 '홍길동'에게 직접 판매하거나, '홍길동'과 같은 사람들의 정보를 묶어서 광고료를 받을 수도 있다. 매월 결제 금액이 많고 연체 없이 오랜 기간을 사용하고 있다면 개인 신용이 좋은 사람으로 평가할 수도 있다. 앞서 언급한 중국 알리바바의 사례처럼 말이다. 알리바바의 신용점수는 비자 신청 시 EU에서 활용될 만큼 공신력을 얻고 있다. 한국에서는 네이버페이, 카카오페이 등의 사용자가 많아지면서, 매번 공인인증서를 사용하는 기존의 결제 경험은 어느덧 불편하고 낡은 것이 되어버렸다. 즉, 전통적인 카드사들이 네이버페이, 카카오페이를 통해서 고객을 만나는 비율이 높아질 수록, 고객과의 접점을 확보하고 있는 네이버페이, 카카오페이가 언젠가는 전통적인 카드사들보다 강한 힘을 갖게 될 것이라고 상상할 수도 있을 것이다.

새롭게 등장하는 지불 결제 방법이 많아짐에 따라, 각각의 지불 결제 서비스를 중개하는 스타트업도 속속 등장하고 있다. 중국인이 많이 사용하는 위챗페이를 한국에서 사용하기는 어렵다. 중국인 관광객이 겪을 수 있는 이와 같은 불편함을 해소하기 위해, 티엔디엔이라는 스타트업은 국내에서 가맹점을 많이 확보한 토스 시스템에서 위챗페이가 결제되도록 중개 서비스를 제공하고 있다. 중국 관광객이 환전하지 않고도 중국에서 결제하던 사용자 경험 그대로 한국에서 결제할 수 있게 된 것이다. 티엔디엔은 점점 다양해지는 지불 결제 서비스들 속에서, 고객에게 가장 익숙한 사용자 결제 경험을 제공하는 중개 서비스로 주목받고 있다.

송금

송금 서비스 분야의 핀테크 기업은 국내와 해외로 송금하는 서비스 제공 회사로 구분된다. 국내 송금 서비스로 대표적인 스타트업은 토스를 운영하는 비바리퍼블리카를 꼽을 수 있다. 기존 은행 앱과는 달리 토스 앱은 상대방 계좌번호, 공인인증서, 은행의 보안카드 없이 송금이 가능하다. 스마트폰에 저장된 상대방의 전화번호와 지문 인식만으로 송금을 할 수 있기 때문이다. 출시 2년 만에 국내 송금 시장 점유율 95%를 확보한 데는 송금 서비스 시장에 대한 차별화된 접근 방식이 주효했다. 직장인들이 점심값 같은 소액을 n분의 1로 나눠 낼 때, 토스 앱에서 총액을 입력하고 연락처에서 동료 이름을 선택하면 개인별 부담 액수가 나오는데 이것을 카카오톡으로 보내면 토스 앱으로 송금할 수 있게 했다. 큰 마케팅 비용 없이 토스가 목표로 했던 직장인 고객 사이에 빠르게 입소문이 나면서 송금 시장을 선점할 수 있었다. 실례로 2018년 토스의 월 송금액은 1조 5천억 원 규모이며, 누적 가입자는 1년 만에 2배가 증가한 800만 명에 이르고 있다.

아직 이름도 생소한 스타트업인 비바리퍼블리카가 거둔 성과는 금융 산업에서 중요한 전환이 이뤄지고 있음을 의미한다. 송금(이체) 서비스를 중심으로 은행들은 고객과의 접점을 확보하고 예적금 및 대출, 보험, 펀드 등의 금융 상품을 판매할 수 있었다. 그런데 순식간에 미래의 핵심 고객, 즉 젊은 직장인 상당 부분을 신생 스타트업에 빼앗기게 된 것이다. 당장 마땅한 대안이 없기에 토스와 제휴를 맺으며 다른 은행과의 경쟁에서 앞서려 하지만, 기존 은행 간의 경쟁이 심해질수록 토스가 미래의 금융 포털로 성장할 가능성이 커지고 있다. 확보한 고객 접점을 기반으로 신용조회와 관리, 직장인 소액 대출, 체크카드 결제, 펀드 판매 등으로 토스의 서비스를 확대하고 있기 때문이다. 성장에 대한 기대감은 회사에 대한 투자로 이어지고 있다. 토스 서비스를 출시한 지 3년 만에 세콰이어, 페이팔, 싱가포르 투자청 등으로부터 투자받은 누적 투자 금액은 1천 300억 원 규모에 이른다.

반면 아직 해외 송금 분야는 스타트업에 장벽이 높은 분야다. 한국의 해외 송금 시장 규모는 약 7조 원으로, 작은 규모는 아니다. 환전 수수료를 포함할 경우 국내 은행들의 해외 송금 수수료율은 환전 금액의 6% 수준에 이른다. 해외 은행들의 수수료율은 8%에 육박하며, 글로벌 해외 송금 시장 규모는 650조 원에 이르고 있다. 이처럼 해외 송금 수수료가 국내 은행 간 온라인 계좌이체 수수료보다 비싼 것은 바로 중개 은행의 존재 때문이다. 세계 모든 국가의 은행들은 서로 전신환을 직접 교환하는 환거래 은행이 아니기 때문에, 송금 은행과 수취 은행 사이를 이어주는 중개 은행이 필요하다. 그래서 해외로 송금하는 경우 중개 수수료라는 비용이 발생한다. 은행 간 국제 협약인 스위프트(SWIFT) 방식을 활용하다 보니 중개 수수료가 발생할 뿐 아니라 송금 기간도 2~3일 소요된다. 거기에 국내 은행과 해외 은행에 각각 지불해야 하는 수수료가 추가된다. 고객 입장에서 불편하고 비싼 비용이지만, 대안이 없었다.

하지만 앞서 설명했던 P2P 금융 기법이 발전하면서 새로운 스타트업이 생겨나고 있고 기존 은행들과 함께 새로운 송금 방식을 개발하고 있다. 핀테크 스타트업이 주목한 방식은 달러가 필요한 한국 사람과 원화가 필요한 미국 사람을 직접 매칭하는 것이다. 또 다른 방식은 국제적으로 통용되는 페이팔, 유니온페이, 비트코인 같은 가상화폐를 사용해 송금하는 방식이다. 스위프트 방식과 달리 중개 은행과 번거로운 서류 작업 없이도 온라인으로 직접 송금이 가능하다 보니, 비용과 수수료를 대폭 줄일 수 있다.

해외 송금 서비스를 제공하는 스타트업이 직면한 문제는 다른 핀테크 분야와 마찬가지로 법적인 부분이다. 예를 들어서 국내에서 해외로 송금할 경우 건당 2천 달러를 초과하면 거래를 담당하는 외국환 은행을 지정해야 한다. 1만 달러를 초과하면 국세청에 통보되고, 연간 누계가 5만 달러를 초과하면 별도의 신고를 해야 한다. 기술적으로 자유롭게 해외 송금할 수 있는 기반은 이미 마련되었으나, 현실의 법 체계는 이를 뒷받침하지 못하고 있다. 법 제도가 개선되기 전까지는 해외 송금 서비스를 제공하는 핀테크 스타트업이 기존 은행과 협업해야 하는 이유이기도 하다.

암호화폐

비트코인은 가상화폐인 사이버 머니와 유사하다. 'OK캐쉬백 포인트'와 같이 화폐를 대체해 물건을 살 수도 있고 다른 사람에게 보낼 수도 있다. 그러나 암호화폐는 다른 가상화폐와는 달리 발행 주체가 없다. 일반적인 다른 가상화폐는 발행 주체 또는 관리기관이 존재하며, 실제 화폐와의 교환 가치를 정한다. 예를 들어, 자동차 제조사인 H 회사는 자회사 신용카드 포인트 몰에서 1만 포인트로 1천 원짜리 콜라를 교환할 수 있게 했다. 10포인트가 1원의 가치를 갖는다. 그런데 계열사의 자동차를 구매할 때는 100만 포인트로 100만 원을 할인받을 수 있다. 다른 물품을 구매할 때보다 10배의 가치를 더 부가해 계열사의 자동차 판매를 유도한다. 중요한 점은 발행자에 의해 포인트의 가치가 인위적으로 바뀐다는 사실이다.

암호화폐 개발자들은 실물 화폐도 비슷하다고 생각했다. 2007년 금융위기 원인에는 금융 정책을 담당하는 정부의 책임도 있었다. 경제위기를 극복한다는 명분으로 중앙은행이 과거보다 몇 배나 많은 화폐를 발행하고 있는데, 결국 통화 정책에 의해 중산층과 서민이 다시 피해를 볼 수 있다고 생각했다. 그래서 중앙의 통제 없이 개개인의 참여로 잘 작동하는 인터넷과 닮은 화폐 시스템을 개발했는데 이것이 바로 비트코인이다.

비트코인은 자신의 컴퓨터를 사용해 누구나 발행할 수 있지만,

실제로는 그렇게 수월하지 않다. 어려운 소인수 분해 수학 암호를 풀어야 그 보상으로 비트코인을 받게 되는데, 일반 PC로 5년 정도 걸려야 한 문제를 풀 수 있다고 한다. 사토시 나카모토라는 익명의 프로그래머가 2009년 비트코인을 처음 만들었고, 시스템상 2천 100만 비트코인까지 발행될 수 있다. 비트코인 초기 지지자들은 중앙은행이 임의로 발행할 수 있는 종이 실물 화폐보다 발행 총량이 시스템으로 정해진 비트코인이 화폐로서 교환 가치를 갖게 될 것으로 기대했다. 매장량의 한계가 있는 금(gold)이 오랜 기간 교환 가치를 보유해왔던 것처럼 말이다. 실제로 제한된 자원의 희소성 측면과 수학 암호를 푸는 행위를 통해 비트코인을 획득한다는 측면에서 금을 채굴하는 것과 유사하다. 그래서 비트코인을 발행하는 과정을 '비트코인을 마이닝(mining)한다'라고 표현하기도 한다.

기존 화폐와는 달리 관리 주체가 없다는 점에서 비트코인은 혁명적인 철학의 산물이다. 게다가 블록체인 암호화 기술을 바탕으로 유용성과 안전성을 입증하며 화폐로서의 영역을 확대해나가고 있다. 비트코인 시스템은 P2P 기술에 기반하고 있으며, 원칙적으로 중개인의 거래 비용이 들어가지 않는다. 즉, 계좌이체, 환전, 카드 결제 등의 서비스를 이용하면서, 은행과 카드사에 지급했던 수수료를 내지 않아도 된다. 이는 글로벌 플랫폼 비즈니스 확장에도 도움을 준다. 아마존에서의 물품 구매, 리니지 게임 아이템 구매, 위챗에서 유학 자금 송금 등이 모두 간단하고 안전하게 처리될 수 있기 때문이다. 그래서 리니지 게임으로 유명한 넥슨이 4년 차 스타트업에 불과한 암호화폐 거래소 코빗을 1천 400억 원 가치로 평가하면서 65%의 지분을 인수한 사실은 놀라운 일이 아니다. 기존 산업의 관점에서는 전년도 매출액이 7억 원에 불과하고 영업손실 또한 7억 원 발생한 조그만 회사지만, 인수자 입장에서는 온라인 게임에 위변조 우려가 없는 암호화폐를 도입할 수 있으며, 게임이 아닌 실제 세계의 이커머스 및 금융 플랫폼으로 확장할 수도 있기 때문이다. 이미 옐로모바일과 카카오 등 자금력을 갖춘 기업들은 새롭게 등장한 암호화폐 거래소들을 코빗과 비슷한 가치로 평가하며 인수하거나 투자하고 있다.

비트코인 등 기존 암호화폐를 취급하는 암호화폐 거래소와 달리 일부 스타트업들은 사업 확장을 위한 필요한 자금 조달의 목적으로 새로운 암호화폐를 발행하기도 한다. 기존 대규모 자금 조달 방법은 회사 주식을 대가로 벤처캐피털의 투자를 유치하고, 기업 공개(IPO)를 하는 것이었다. 반면 암호화폐 공개(ICO)를 하는 스타트업은 새로운 암호화폐를 개발하고 초기에 쉽게 채굴한 암호화폐를 대량으로 공개 매각한다. 그 결과 회사는 대규모 자금 조달을 하면서, 동시에 새로운 암호화폐가 화폐로서 기능할 수 있는 유통 물량이 시장에 공급된다.

글로벌 모바일 메신저 업체인 텔레그램의 암호화폐 그램은 '왜 기업이 암호화폐의 개발과 공개를 하는가?'에 대한 좋은 사례다. 텔레그램은 메신저의 보안성과 성능을 강화하고 소액 결제 및 송금 서비스를 다양하게 활용할 수 있는 장점이 있어서 텔레그램 메신저를 블록체인 기술을 접목한 독자적인 플랫폼으로 확장하고자 했다. 텔레그램은 새로운 암호화폐이면서 동시에 블록체인 기술인 그램을 개발해 기관투자자에 일부 공개해 1조 원에 가까운 8억 5천만 달러의 사업 자금을 성공적으로 조달할 수 있었다. 전문가들은 개인들에게까지 완전히 공개되면 지분 희석 없이 텔레그램이 조달할 수 있는 최대 자금 규모가 20억 달러에 이를 것으로 예상한다. 투자자는 텔레그램의 메신저 서비스를 바탕으로 그램을 잘 활용할 것이며, 비트코인처럼 가치가 상승할 것으로 믿기 때문에 텔레그램의 ICO에 참여한다. 그들은 암호화폐 완전 공개 이후에는 채굴(mining)에도 참여할 것이고, 사용자가 많아질수록 그램의 가치가 더 상승할 거라고 기대할 것이다. 텔레그램의 사례는 많은 스타트업들이 새롭게 암호화폐를 만들어내는 이유를 보여준다.

그러나 지금은 암호화폐에 대한 가능성과 우려가 혼재되어 보인다. 실물 화폐보다 안정성이 높을 것으로 생각했던 교환 가치는 비트코인이 투기 상품으로 변질되면서 사라졌다. 공식 발행된 암호화폐가 1,000종이 넘어서면서, 이론적으로 무한대로 찍어낼 수 있는 실물 화폐와의 차별성도 사라졌다. 원칙적으로 P2P 거래에서 중개 비용이 발생되지 않지만, 암호화폐 거래소는 상당한 규모의 중개 수수료로 수익을 내고 있다. 이러한 현실은 비트코인 초기 개발자들이 꿈꾸었던 이상과는 상당히 다른 모습이다. 그러나 한편으로는 블록체인 기술과 결합한 암호화폐가 결제, 해외 송금, 보안 등에 활용되면서 이커머스, 금융, 게임, 헬스케어, 물류 등 전 산업 분야로의 폭발력이 커지고 있다. 현실에서 암호화폐가 자리를 잡기까지 여러 혼란과 부침이 있겠지만, 온라인 공간의 금(gold)이 된 암호화폐와 블록체인 기술은 핀테크 산업의 핵심 기술임이 분명하다.

보안

금융 산업에서 ICT 기술의 적용은 비용을 절감했을 뿐 아니라 편리성도 크게 높였다. 그러나 온라인 거래일수록 금융 거래가 안전하다는 전제가 있어야 한다. 소매치기가 훔칠 수 있는 돈은 제한적이지만, 온라인 거래에서는 나도 모르는 사이에 모든 자산을 잃을 수 있기 때문이다. 사실 편리성과 안전성은 창과 방패처럼 상대적이다. 인터넷 초창기에는 8자리 이내의 숫자로만 비밀번호를 만들었지만, 점차 숫자, 영문, 특수문자를 조합한 16자리 비밀번호를 입력해야 했던 이유이기도 하다.

그동안 한국의 금융기관들은 보안 문제에 대해서 기술적 효용을 다해가고 있는 액티브엑스 기술과 공인인증서에 의존해왔다. 그런데 공인인증서가 해킹되어 돈이 인출될 경우 국내 많은 사례에서 은행은 책임을 면하고 있다. 이는 고객의 입장에서 이해하기 어려운 부분이다. 예를 들어 심야 12시부터 새벽 5시까지 5분 간격으로 29만 원씩 이체 거래가 발생하고 있다면, 고객의 돈을 잘 보관할 책임이 있는 은행은 이상한 거래를 확인하는 것이 상식적이다. 이체를 중단하거나 지연시키고 예금주 본인을 확인하는 시스템을 금융기관이 갖춰야 하는 이유이기도 하다.

핀테크 기술을 사용하게 된다면 어떠한 해결책을 찾을 수 있을까? 휴대폰을 사용하는 것 자체가 강력한 1차 보안 장벽이다. 정보통신법에 의해 실명이 확인된 개인과 휴대전화 번호는 1:1로 대응된다. 다른 사람 명의로 사용되는 일명 대포폰이 불법인 이유가 여기에 있다. 한편 스마트폰의 사용 데이터를 분석해 고객을 세분화하는 기술은 마케팅에서 널리 사용되고 있다. 여기에 스마트폰 성능이 높아지면서 편리하고 안전한 보안 기술이 등장하고 있다. 대표적인 것이 지문 인식, 홍채 인식, 음성 인식 같은 개인 생체 정보를 활용하는 방안이다.

또 다른 대체 보안 기술은 FDS(Fraud Detection System)와 블록체인이다. FDS는 '이상 금융 거래 탐지 시스템'이라고 일컬어진다. 고객별로 일정한 금융 거래 패턴을 파악하고 있다가, 평소와 다른 패턴의 금융 거래가 일어나면 금융 거래를 중단하고 검증 절차를 강화한다. 예를 들어 마트 위주로 결제되던 전업주부의 신용카드로 새벽에 고액의 유흥비가 결제되려고 한다면, 승인 전에 사전 등록된 휴대전화로 거래 내역을 확인하는 것이다. 많은 비용이 요구되는 FDS 구축과 운영은 주로 대기업 중심으로 사용되고 있다.

한편 블록체인 기술은 암호화폐 비트코인과 역사를 함께하고 있다. 비트코인은 발행 기관과 운영 기관이 별도로 없기 때문에 위변조를 방지할 기술이 필요했다. 그래서 전 세계 컴퓨터에 약 10분 단위로 비트코인 거래 내역 묶음을 업데이트하는 기술을 개발했는데, 거래 내역 묶음(block)이 사슬처럼 쌓인다고 해서 블록체인이라는 명칭을 사용한다. 블록체인은 기존 보안 기술의 개념을 바꾸었다. 기존 금융 보안 기술은 금융 거래 내역이 모여 있는 중앙 서버 관리에 온 힘을 기울였기 때문에, 해커는 중앙 서버만 해킹하면 되었다. 반면 블록체인 기술이 적용되면, 해커는 10분 안에 전 세계 컴퓨터에 접속해 동시에 암호화된 데이터를 바꿔놓아야 한다. 영화에 등장하는 양자 컴퓨터가 상용화되기 전까지는 사실상 불가능한 일이다.

이러한 장점 때문에 블록체인 기술을 활용한 보안 솔루션 스타트업들이 등장한다. 지금은 대표적인 보안 솔루션 업체로 성장한 블로코가 2014년 설립될 때만 해도, 블록체인 기술의 상용화는 오랜 시간이 걸릴 것으로 예상했다. 그러나 공인인증서 폐지 논의가 활발해지면서, 블록체인 기술을 갖고 있는 블로코는 보안 솔루션 제공 업체로 급격히 부상한다. 설립된 지 3년이 되지 않은 스타트업이 국내 주요 은행과 카드사의 보안을 담당하게 된 것이다. 모바일 환경에 부합하는 가볍고 강력한 보안 기술에 대한 시장의 요구에, 준비가 되어 있지 않은 대기업들이 블록체인 스타트업에 의존한 대표적인 사례이기도 하다. 보안 기술은 결제, 송금, 대출 등 금융 기록뿐만 아니라, 신원 확인, 문서의 위변조 방지, 공증, 소유권 증명 등 비금융 기록 분야에도 적용된다. 금융 산업에서 쌓인 기술 노하우와 시장의 신뢰는 물류, IoT, 전자투표 등 핀테크 외의 다른 산업 분야로 보안 솔루션 스타트업들이 진출하는 데 강력한 힘을 보태고 있다.

크라우드 펀딩

파일 공유 프로그램으로 실리콘밸리의 대표적인 기업으로 성장한 드롭박스도 처음에는 자금 부족으로 개발 자체가 불투명했던 적이 있었다. 투자자들은 드롭박스의 새로운 서비스가 통할지 확신할 수 없었던 것이다. 드롭박스의 창업자 드류 휴스턴은 서비스가 출시되면 어떻게 사용될지 딕닷컴에 동영상을 올렸다. 제품이 개발되기 전이었으므로 업로드된 작동 화면은 실제가 아닌 편집된 화면이었다. 며칠 만에 수십만 명이 동영상을 보고 7만 5천 명이 베타 사용자로 등록한다. 정식 출시 전에 시장의 반응을 확인했다는 점이 주목할 만하다. 드롭박스 사례는 투자와 개발이 이뤄지기 전에 고객을 확인한다는 점에서 크라우드 펀딩의 선구매 효과를 잘 보여준다. 크라우드 펀딩은 군중을 의미하는 'crowd'와 자금 조달을 의미하는 'funding'의 합성어다. 자금이 필요한 개인, 단체, 기업 등이 인터넷 플랫폼을 통해서 프로젝트 또는 시제품을 공개하고 다수로부터 투자를 받는 방식이다.

크라우드 펀딩을 하는 이유는 3가지로 나누어 살펴볼 수 있다. 첫째는 자금 조달 기능이다. 기존에는 투자를 받기 위해 벤처캐피털 또는 엔젤투자자를 설득해야 한다. 이 과정은 대부분 회사의 성장성, 수익성을 전제로 지분을 요구하기 때문에, 기부 형태 또는 선물을 제공하는 형태로는 자금을 조달하기 어렵다는 단점이 있다. 크라우드 펀딩은 기부형, 대출형, 증권형, 보상 제공형의 4가지 형태로 분류하고 있어서, 기부형 또는 보상 제공형을 통한 투자도 가능하다. 또한 법인 회사가 아니더라도 예비 창업자 개인 또는 비영리 단체도 비교적 간편하게 투자를 받을 수 있다. 뮤지컬을 준비하는 기획자가 펀딩 참여자에게 공연 티켓을 나눠주는 행위 등이 해당된다.

두 번째는 자신의 제품과 프로젝트를 알릴 수 있는 저비용의 마케팅 도구다. 마케팅을 위해서는 비싼 광고료를 지불해야 하지만, 크라우드 펀딩을 잘 활용하면 출시되기 전부터 이슈를 만들면서 수익도 창출할 수 있다. 예를 들어 포털 사이트 다음의 스토리 펀딩에 들어가면 여러 종류의 펀딩을 볼 수 있다.

세 번째는 고객 개발 기능이다. 외국의 대표적인 크라우드 펀딩 플랫폼인 킥스타터, 인디고고에는 '이러이러한 양산 제품을 만들려면 초기 자금이 필요하니 펀딩해달라. 펀딩이 성공하고 제품을 양산하면 제일 먼저 사용할 수 있다'라는 투자 제안 동영상이 많이 올라온다. 세상에 없었던, 그래서 시장성을 측정하기 어려웠던 혁신적인 제품들이 크라우드 펀딩을 통해서 시장성을 입증하고 초기 투자를 받았다.

크라우드 펀딩의 효과와 중요성을 인지해, 국내에서도 2015년 크라우드 펀딩 법안이 통과되었다. 핵심은 지분 투자가 가능한 증권형 크라우드 펀딩을 허용한다는 점인데, 스타트업의 자금 조달이 쉽도록 절차와 규제를 간소화한 점이 특징이다. 대신 투자자를 보호하기 위해서 1인당 투자 한도를 제한하고, 대주주는 1년간 지분을 매각하지 못하게 했다. 창업자 대부분이 엔젤투자자를 만나기도, 시장성을 설명하기도 어렵다는 점에서 크라우드 펀딩은 스타트업 자금 조달을 위한 혁신적인 제도임에는 분명하다. 국내에서도 와디즈, 오픈트레이드 같은 크라우드 펀딩 플랫폼이 점차 자리를 잡아가고 있다. 크라우드 펀딩 플랫폼이 세상을 바꾸어나가는 스타트업들에 커다란 힘이 되고, 그 힘이 다시 크라우드 펀딩을 키우는 선순환이 한국에서도 일어날 것으로 보인다.

개인 대출 중개 서비스

대출을 받아야 할 상황이 생겼을 때 처음 떠오르는 곳은 은행일 것이다. 대출 여부를 알아보기 위해서 은행을 찾아가면, 대출자가 대출 상환이 가능한지를 확인하기 위해 안정적인 직장을 다니고 있는지, 수입은 얼마나 되는지 질문을 받게 된다. 은행 입장에서 좋은 조건을 만족시키는 사람이 아니라고 판단된다면, 부동산 같은 담보물 또는 돈을 대신 갚아줄 수 있는 보증인을 요구하기도 한다.

일반적으로 은행이라고 부르는 제1금융권은 동일한 조건에서는 가장 낮은 이자의 대출을 받을 수 있다. 이것이 가능한 것은 연체나 부실채권 우려가 매우 낮은 사람에게만 신용대출을 해주기 때문이다. 때문에 사회 초년생, 대학생, 오랜 기간 외국에서 생활한 유학생, 소득 증빙이 불리한 자영업자들처럼 금융 기록이 없거나 신용도가 낮은 사람은 이자가 높은 제2금융권인 저축은행이나 사채로 일컬어지는 대부업계를 이용할 수밖에 없다. 상대적인 약자들이 더 높은 금융 비용을 부담해야 하는 구조인 것이다. 이러한 과정은 개인의 문제로 끝나지 않는다. 정상적인 이자라면 충분히 감당할 수 있었을 중산층이 소비를 줄여서 잠재적인 경제 성장률을 낮춘다든가, 고금리의 이자를 부담하지 못하고 빈곤층으로 전락한다든가 하는 구조적 사회문제를 만든다.

정부가 세금을 사용해 정책적으로 대출 금리를 낮추는 방법 외에 대안은 없을까? 핀테크 산업의 중요한 부분인 개인 대출 중개 스타트업들은 가장 자본주의적인 방식으로 금융 취약 계층의 이자 부담을 낮추었다.

개인 대출 중개 스타트업은 자금이 필요한 대출자와 보다 높은 투자수익을 올리고 싶어 하는 채권자를 직접 연결해주고 2% 수준의 중개 수수료를 받는 비즈니스 모델을 갖고 있다. 은행의 신용대출을 받지 못하는 신용등급 4등급 이하의 대출자가 보통 이용하는 제2금융권 대출 금리는 연 15~20% 수준이다. 개인 대출 중개 스타트업은 이들에게 10% 수준의 대출 상품을 제공할 수 있다. 이것이 지속 가능한 비즈니스 모델이 되는 것은 은행 금리보다 높은, 연 8%의 투자수익을 기대하는 개인들을 대출자와 직접 연결하기 때문이다. 물론 돈을 빌려주는 채권자는 대출자에게 돈을 떼일 수도 있다는 위험이 있기 때문에, 개인 대출 중개 스타트업은 스마트한 여러 장치를 만들어두고 있다.

국내 대표적인 핀테크 스타트업으로 손꼽히는 피플펀드는 개인 간 대출 거래에 제1금융권을 활용하고 있다. 피플펀드를 통해 투자자와 대출자의 거래 계약이 이뤄지면, 투자자들의 돈은 피플펀드와 미리 협약된 제1금융권 은행에 입금된다. 은행은 투자자들의 담보가 있기 때문에 저리로 계약된 금액을 대출할 수 있다. 결과적으로 대출자는 기존에 충족할 수 없었던 은행의 대출 조건을 충족하면서 가장 좋은 조건의 대출을 받을 수 있다. 대출자가 약속된 상환을 하지 못할 경우에는 은행의 부실채권 회수 프로세스가 작동하기 때문에 투자자는 개인 간 대출 거래에서 오는 위험을 낮추게 된다. 은행도 자신의 자원을 사용하지 않고 대출이 가능한 자금 조달과 대출 상품 거래가 동시에 이뤄지기 때문에, 은행 시스템 이용료 정도의 작은 마진에도 이 거래에 참여할 수 있다.

두 번째로 소개할 개인 대출 중개 스타트업 펀다는 원래 POS 시스템을 만드는 기업이었다. 자영업자들과의 미팅을 반복하면서, 실제 매출이 늘어남에도 불구하고 신용도를 반영할 길이 없어 높은 이자를 부담하는 문제를 보게 된다. 자영업자들이 사전에 동의만 한다면 자신들의 POS 시스템으로 가장 빠르고 정확하게 매출을 파악할 수 있다는 점을 펀다의 창업자들은 깨달았다. 매출은 자영업자의 신용도를 평가할 수 있는 가장 강력한 방법임에도 불구하고, 그동안 기존 대출 기관들은 매출을 투명하게 측정할 방법을 찾지 못한 것이다. 펀다의 서비스는 자영업자의 POS 시스템과 연동되어 신용평가에 의한 중금리 대출을 가능하게 했다. 이를 통해 지난 6개월간 사업장의 실제 매출액을 근거로 대출액과 대출 금리를 합리적으로 결정할 수 있게 했다. 자영업자의 신용 평가를 제대로 못하는 은행이나 대부업계와 다른 경쟁력을 가지게 된 것이다.

또 다른 스타트업 렌딧은 100개의 대출 건과 100명의 투자자를 묶는 방식으로, 부실채권이 한두 건 발생하더라도 투자자가 수익을 낼 수 있도록 위험을 관리하고 있다. 이렇듯 개인 간 대출 중개 서비스를 제공하는 핀테크 스타트업은 실제 신용도에 근접하는 새로운 방법을 개발해 자신의 사업 기회를 확대하고, 금융 취약 계층의 개인들에게 더 나은 선택지를 제공하고 있다.

최근에는 신용 대출 모델이 아닌 부동산 프로젝트에 기반한 모델이 새롭게 등장하는 등 개인 간 대출 중개 서비스에 대한 논란이 커지고 있는 것도 사실이다. 하지만 기억해야 할 부분이 있다. 기존의 중앙화되고 거대화된 금융기관들이 초래한 '서브프라임'이라는 위기에서 '상대적 약자인 개인이 어떤 대안을 만들어낼 것인가'라는 사회적 공감대가 핀테크의 주요 성장 배경 중 하나라는 점이다. 앞서 언급했던 블록체인 기술에 기반한 비트코인, 나스닥에 상장되며 10조 원의 시가총액을 기록한 렌딩클럽의 기술과 서비스가 '서브프라임' 금융위기 직후에 시작되고 성장하기 시작한 것은 결코 우연이 아니다. 핀테크 스타트업의 작은 아이디어들이 금융 산업 전체를 변화시키고 있는 것은 그만한 사회문제와 기술 변화를 시장이 수용한 결과다.

현재 우리 사회의 소득 격차의 문제, 누적되는 가계 부채의 문제가 쉽게 해결될 수 없다면, 개인 간 대출 중개 서비스는 부침을 반복하면서도 금융 산업의 중심으로 나아갈 것으로 보인다.

8

밀물과도 같은 변화, 헬스케어

"얻기 어려운 것은 시기요, 놓치기 쉬운 것은 기회다."
조광조

2013년 할리우드 배우 안젤리나 졸리의 유방 절제 수술이 큰 화제가 되었다. 졸리는 어머니와 이모를 모두 유방암으로 잃었는데, 유전자 검사 결과 유방암에 걸릴 확률이 87%로 나타나자, 유방암에 걸릴 것을 우려해 건강한 유방을 절제했기 때문이다. 졸리가 받은 검사는 브라카(BRCA) 유전자 검사였다. 전체 유방암 중에서 5~10% 정도는 유전적 원인으로 발병하며, 유전적 원인 중 50~60%가 바로 브라카 유전자의 돌연변이에 의해서 발생한다고 알려져 있다. 유전자 검사로 암을 예방할 수 있다니, 얼마나 영화 같은 이야기인가. 하지만 이 이야기는 흥미와 동시에 많은 논란을 낳았다. 유방암의 90%는 비유전적 요인에 의해서 발생하는데, 단지 몇 퍼센트의 가능성만으로 건강한 유방을 절제하는 것이 적절한

가 하는 이슈가 불거진 것이다.

유전자 검사에서 새로운 기회를 통찰한 것은 미국 실리콘밸리의 23앤미라는 스타트업이었다. 2006년, 구글의 창업자 세르게이 브린의 아내인 앤 워짓스키는 23앤미를 창업한다. 이 회사는 개인 유전 정보 분석에 대한 대중적인 서비스를 출시하면서 일약 세계적으로 주목받는 기업이 되었다. 서비스 모델은 비교적 단순하다. 23앤미에 99달러를 내고 서비스를 신청하면 분석 키트를 보내주는데 여기에 침을 뱉어서 우편으로 회신하면 된다. 그러면 신청자는 약 6주 후에 대략 120개 질병의 예상 위험도, 20여 개 약물의 민감도, 50여 개의 유전적 특징, 모계와 부계의 뿌리를 찾아주는 조상 분석 등 200개 이상의 항목에 대한 분석 리포트를 받는다.

그런데 미국의 의료 승인 기구인 FDA는 2013년 11월, 이 회사의 서비스를 중단시킨다. 이러한 서비스가 의사의 진단 없이 이루어졌다는 점을 문제 삼은 것이다. 23앤미도 개인에게 제공하는 비즈니스 모델이 진단의 영역으로 비치는 점을 우려했다. 그래서 유명 인사들이 모여 '셀럽들의 침 뱉기 파티'를 하고, 분석 항목에 대머리가 될 확률이나 네안데르탈인과의 DNA 유사성 등을 넣어, 재미로 보는 심리 테스트와 같은 것이라고 주장하기도 했다. 하지만 FDA는 의료진을 거치지 않고 소비자에게 판매하는 직접 판매 (DTC, Direct-to-Consumer) 서비스 판매 금지 명령을 내렸다. 안젤리나 졸리의 유방 절제 수술이 이슈화되던 바로 그해의 일이다.

헬스케어 산업의 한 부분을 차지하는 유전자 분석 기술은 IT 기술에 의존하고 있으나, 어떤 의미에서는 IT 기술보다 훨씬 빠르게 발전해왔다. 이해를 돕기 위해서 인류 역사상 가장 빠른 기술의 진보를 이룬 사례로 손꼽히는 반도체 집적 기술과 유전자 분석 기술의 발전 속도를 비교해보자. 인텔의 공동 설립자인 고든 무어는 1965년 반도체 집적회로의 성능이 24개월마다 2배로 증가한다고 예측했다. 실제로 1971년 발표된 인텔4004 프로세서는 트랜지스터 2,300개를 집적하고 740KHz 속도로 작동했으나, 2017년 인텔 코어i7-7700K 프로세서는 트랜지스터 17억 개를 집적하고 4.2GHz 속도로 작동되고 있다. 46년 동안 트랜지스터 수는 74만 배, 속도는 5천 700배 향상된 것이다.

한편 미국 보건부는 사람의 30억 개 DNA 염기 서열을 분석하는 글로벌 공동 프로젝트(게놈 프로젝트)를 1990년 시작해 2003년 종료한다. 총 13년이 소요되고 27억 달러의 비용이 쓰였다고 한다. 그 이후 유전자 분석 기술은 기하급수적으로 발전한다. 심지어 2011년 스티브 잡스가 자신의 췌장암 치료법을 찾기 위해 지불한 비용은 10만 달러에 불과했다. 또 2017년 일루미나라는 회사는 불과 100달러의 비용으로 90분 이내에 개인 유전자 분석이 가능한 기기를 출시한다. 단순히 비교하기에는 무리가 있지만, 2003년 이후 14년 동안 2천 700만 배의 기술 발전이 이뤄졌다고 추정할 수 있다.

이처럼 반도체보다 훨씬 더 빠른 속도로 유전자 분석 기술이 발전했다는데, 왜 우리는 그것을 실감하지 못할까? 기술의 완성도가 더 높아져야 하고, 규제를 넘어서는 혁신적인 비즈니스 모델이 필요하기 때문이다. 그래서 다양한 헬스케어 스타트업들의 사례를 살펴볼 필요가 있다. 그들이 주목하는 기술의 완성도와 비즈니스 모델의 혁신성이 어떻게 세상을 바꾸는지 통찰한다면, 지금보다 건강한 생활을 보편적으로 누리는 데 도움을 받을 뿐 아니라 가장 뜨겁게 성장하는 시장도 엿볼 수 있을 것이다.

날로 커지는 개인 유전자 분석 서비스

개인 유전자 분석 서비스가 어떻게 발전하고 있는지 먼저 살펴보자. 2015년 국내 최고의 스타트업들이 모인다는 한 콘퍼런스에서 처음 접한 제노플랜이라는 스타트업은 큰 기대뿐 아니라 한계를 느끼게 했다. 이 기업이 선보인 기술은 침을 통해 유전자 분석을 하는 서비스로, 이미 23앤미가 제공했고 미국에서 2013년 말 FDA에 의해 금지되었기 때문이다. 실제로 그 이후 23앤미와 유사한 서비스를 제공하던 실리콘밸리의 많은 스타트업들은 모두 폐업하거나 다른 회사 연구 개발 부서에 인수 합병된 상황이었다. 하지만 제노플랜의 실상은 그들과 달랐다. 침으로 유전자 분석을 하는 기술만 유사했고, 이들이 제공하는 차별적 서비스는 다이어트 관리 프로그램이었다. 23앤미가 제공했던 분석 항목과는 달랐다.

제노플랜의 비즈니스 모델은 일차적으로 기존 다이어트 시장을 목표로 하고 있었다. 규모가 충분하고 이미 오래된 시장, 그래서 다양한 제품과 서비스가 존재하고 차별화가 어려운 시장이었다. 그러나 개인 유전자 분석에 의한 맞춤형 다이어트 관리 프로그램은 건강기능식품 제조사, 피트니스 관련 기관, 심지어 병원, 보건소 등과의 협업을 통해 차별화된 가치를 제공할 수 있었다. 기존 체질별 다이어트 한약, 운동 처방 등을 대체하거나 보완할 수 있는 새로운 도구가 생긴 것이다.

실리콘밸리의 수많은 스타트업을 포함한 생명공학 엔지니어들은 개인 유전자 분석 기술이 질병 예측에 도움을 줄 것으로 생각했고, 비즈니스 모델도 질병 예측에 초점을 맞추었다. 그러나 이 모델들은 개인들이 질병에 대한 진단, 처방 등 의료 행위로 오인할 수 있는 요소가 있었고, 기술적으로도 유전자 외에 다양한 발병 요인이 있기 때문에 FDA는 의료인에 의한 해석이 필요하다고 판단했다.

그러나 다이어트와 관련된 제품과 서비스는 오래전부터 의료인이 개입하지 않고 독립적으로 성장해온 시장이다. 일례로 허리둘레와 체중은 건강 관리에 중요한 요소지만 의료법에 저촉되지 않는다. 콜럼버스의 달걀과도 같이, 다이어트 시장을 통해서 제노플랜은 개인 유전자 분석 서비스가 시장에 진입할 수 있는 전략적 거점을 찾아낸 것이다.

여기서 23앤미로 돌아가 보자. 또 다른 반전이 있다. FDA의 개인 직접 판매(DTC) 금지 이후 유사한 기술과 비즈니스 모델을 갖춘 경쟁사들이 사라져갈 때, 23앤미는 업계 1위 기업으로서 글로벌 제약사와 대형 병원 들을 대상으로 공동 연구 등 B2B 서비스를 제공하며 살아남는다. 2013년 11월에 보유하고 있었던 개인 유전 정보 60만 건은 3년 만에 2배로 증가했고, 2015년 말 1천억 원이 넘는 후속 투자를 유치하며 기업 가치가 1조 원이 넘는 유니콘으로 재도약한다. 또한 2015년 2월에는 유전자와 발병 원인이 직접적인 상관관계가 있다고 판단되는 블룸 증후군(bloom syndrome)이라는 질환에 대해 개인 직접 판매 서비스가 가능하다는 FDA의 승인을 받는다. 유전 정보에 대한 연구 개발이 거듭될수록 유전자와 질환 발병의 상관관계가 명확하게 드러날 것이며, 개인에게 직접 판매되는 유전자 분석 서비스로 예측 가능한 질병은 점점 더 증가할 것이다. 23앤미는 개인 유전 정보가 250만 건 정도 쌓이면 신약 개발뿐 아니라 임상에서 약물 민감성 등을 판단할 수 있는 사례별 통계적 유의성이 나올 거라고 판단한다. 개인 유전 정보가 의료 데이터로 본격적으로 활용될 시기가 점점 다가오고 있다는 의미다.

국내 기업인 제노플랜도 2016년 1월 소프트뱅크벤처스, 삼성벤처투자 등으로부터 50억 원의 투자를 유치한다. 투자 당시 기업 가치는 알려지지 않았으나, 통상 동일 투자 라운드당 지분 10%를 획득하며, 5년 이내 기업 가치 10배 성장을 기대한다고 가정하면, 투자자들이 바라본 제노플랜의 향후 가치는 5천억 원이라고 예상해볼 수 있다. 노련한 투자자들이 창업한 지 2년이 채 되지 않은 스타트업에 이처럼 주목한 이유는 무엇일까? 아마도 23앤미가 이루지 못한 한계를 넘어서는 가능성을 보았기 때문일 것이다. 점점 가시화되고 있는 개인 유전자 분석 서비스에서 23앤미는 한 가지 약점을 갖고 있다. 북미와 유럽 지역을 중심으로 개인 유전 정보를 수집하고 있는 반면, 가파르게 성장하고 있는 아시아권에서 취약하다는 점이다. 그래서 투자자들은 제노플랜이 맞춤형 다이어트 프로그램 수익 모델 외에 아시아권 유전 정보를 안정적으로 쌓을 수 있다는 점을 주목했다. 이미 유니콘 기업이 된 23앤미를 고려할 때, 제노플랜의 투자자들은 합리적인 의사결정을 한 셈이다.

인공지능이 여는 헬스케어 시장

2016년 이세돌과 알파고의 대결은 우리에게 큰 충격을 주었다. 막연하게 생각했던 4차 산업혁명과 맞물려 인공지능이 인간을 얼마나 빠르게 대체할 수 있을지, 미래에 사라질 직업은 무엇일지에 대한 궁금증과 더불어 관련 기사들이 쏟아져 나왔다. 이때 종종 등장한 직업군이 의사였다. 때마침 2016년 가을 국내 몇몇 대학병원이 암 치료를 위해 인공지능을 도입하면서 의문은 더 커져갔다. 불완전한 인공지능이 가장 높은 완성도를 요구하는 의료 현장에 어떻게 도입될 수 있는지, 어느 정도의 정확성을 갖추고 있는지 사람들은 궁금해했다.

삼성 이건희 회장이 암 치료를 받을 정도로 권위가 있는 앤더슨 암센터는 의사들에게 최적의 치료법을 추천하기 위해 2013년 IBM '왓슨'을 이용하기로 한다. 이미 2011년 유명 TV 퀴즈 쇼에서 인간 챔피언 2명을 압도적으로 제치고 우승한 바 있는데, 2014년 미국 임상 암학회에서 공개된 왓슨의 정확도는 매우 놀라웠다. 왓슨이 추천한 백혈병 치료법이 부정확한 경우는 거의 2.9%에 불과했기 때문이다. 이후 인공지능 처방에 대한 환자들의 신뢰도는 높아져갔다. 2017년 1월 〈조선일보〉 기사에 따르면, 왓슨을 도입한 국내 한 종합병원에서 의사와 왓슨의 처방이 엇갈리면 암 환자 대부분이 왓슨의 처방을 선호했다.

암 치료법에 대한 왓슨의 정확도는 임상병원과 보험업계에서 활용하려고 나설 정도로 전문가 집단의 신뢰를 얻고 있다. 실제로 2013년 왓슨은 민간 의료보험 시장에도 진출했다. 의사가 제시하는 치료법과 왓슨이 추천하는 치료법의 차이가 큰 경우 보험사의 담당자가 세밀하게 추가 검토함으로써 업무의 효율성을 높인 것이다.

이것이 가능한 것은 왓슨이 방대한 데이터를 학습했기 때문이다. 2016년 왓슨은 이미 300종 이상의 의학 학술지, 200권 이상의 의학 교과서, 1천 500만 페이지의 의료 정보를 학습한 것으로 알려졌다. 현대의 근거 중심 의학에서는 의사의 단순한 경험보다는 데이터를 중시하며, 임상과 연구를 통한 빈도와 분포를 결정하게 된다. 연구에 힘쓰는 의사라도 매일같이 쏟아져 나오는 학술 자료들을 모두 볼 수 없기 때문에, 방대한 데이터를 분류하고 학습하는 데 최적화된 왓슨의 치료법 제안을 의사가 활용하게 된 것이다.

그럼에도 불구하고 IBM은 '왓슨은 의사를 대체하지 않으며, 의사의 역할을 강화하는 것이 왓슨의 역할이다'라고 반복적으로 이야기한다. 이렇게 이야기하는 데는 이유가 있다. 왓슨의 가장 큰 강점은 최신 연구 결과를 치료법 선택에 빠르게 반영할 수 있도록 도움을 준다는 점이다. 반면에 잘 알려지지 않은 단점은 빠르고 폭넓게 학습하는 데이터의 품질(quality)이 엄격하게 통제되지 않아서 FDA 허가를 받기 어렵다는 점이다. 헬스케어 분야는 생명과 건강을 관리하기 때문에 신약, 의료기기 등을 개발할 때 엄격하게 통제되고 규정된 환경 속에서 생성된 데이터만 인증에 사용한다. 왓슨을 빠르고 폭넓게 학습시키기 위해서는, 또 알고리즘을 지속적으로 향상시키기 위해서는 기존 FDA의 경직된 관리 체계를 벗어나야 한다.

이 부분이 인공지능 왓슨이 안고 있는 딜레마이며, 당분간 왓슨이 의사를 대체해 진단하거나 치료법을 결정할 수 없는 이유다. 의사에게 추천할 수 있는 몇 종류의 치료법이나 조심해야 할 점을 우선순위로 제안하고, 의사가 추천법을 선택해 클릭하면 그와 관련된 근거 자료들을 제공하는 형태로 운영되는 것이 현재 시점의 인공지능 왓슨의 민낯이다.

레이저로 신체를 스캔하고 로봇이 수술하는 장면을 기대했다면 인공지능 왓슨에 대해 크게 실망할 수도 있다. 그러나 일부 분야에서는 또 다른 인공지능이 놀라운 결과물을 만들어내고 있다. 왓슨처럼 스타는 아니지만, 이미지 검색 엔진이 진화한 형태의 인공지능이 여러 기업에서 활약 중이다.

일례로 앞에서 소개한 스타트업 뷰노는 아이들의 성장 발달 및 성조숙증 진단에 인공지능 서비스를 제공한다. 원리는 비교적 단순하다. 성장판 검사를 하려면 엑스레이 촬영 사진으로 골 연령을 판독해야 한다. 의사들은 표준화된 골 연령 사진첩을 참조해 환자들의 골 연령을 판독하는데, 이미지 검색 엔진에 기반한 인공지능이 이 과정에 도움을 제공하는 것이다. 뷰노는 서울 아산병원의 엑스레이 사진 2만 장에 대해 딥러닝을 수행했다. 그 결과 진단의 정확도 면에서 숙련된 영상의학과 교수가 63%인 반면, 뷰노의 인공지능은 69%를 기록했다. 임상 경험이 부족한 영상의학과 2년 차 전공의와는 더욱 드라마틱한 차이를 보여준다. 의사 단독으로 판단하면 180분이 소요되고 정확도가 49%였는데, 인공지능의 도움을 받으면 판독 시간 108분에 정확도가 57%로 향상되었다. 의사를 육성하기 위한 사회적 비용, 그럼에도 불구하고 숙련된 의사의 부족, 긴 대기 시간과 짧은 진료 시간이 만성화된 종합병원 등 의료 체계의 문제를 혁신할 수 있는 대안이 영상의학과에서 시작되고 있는 것이다.

최근 헬스케어 분야에서 연이어 등장하고 있는 의료 영상 해석 인공지능들은 갑자기 나타난 혁신적인 기술이 아니다. 지난 20년 이상 이커머스와 광고 시장에서 활용되어온 완성도 높은 검색 엔진 기술을 활용하고 있다. 이미지 검색 엔진이 음성 기반 검색 엔진에 밀려나 사라지는 것이 아니라, 헬스케어 분야에서 완성도를 높여 등장하고 있는 것이다.

왓슨과 뷰노의 사례는 헬스케어 산업을 바라보는 중요한 통찰을 제공한다. 건강과 생명을 다루는 헬스케어 분야는 다른 산업에 비해 높은 기술적 완성도와 안정성을 요구하기 때문에, 이미 충분히 검증되고 숙성된 IT 기술들이 디지털 헬스케어 제품과 서비스로 옷을 갈아입고 등장한다는 점이다.

게임을 통한 치료 서비스

중고생 학부모들의 가장 큰 걱정은 '어떻게 하면 자녀들의 컴퓨터 게임 시간을 줄이는가?'다. 그렇다면 게임을 치료용으로 개발할 수는 없을까? 아직 본격화되지 않았지만, 이 질문에 대한 의미 있는 이벤트가 있다. 2017년 9월 FDA는 피어테라퓨틱스가 개발한 약물 중독 치료 앱인 리셋을 환자 치료 용도로 판매 허가했다. FDA가 별도의 기기 없이 앱만으로 구성된 시스템을 질병 치료 목적으로 허가한 것은 이것이 처음이다. 모바일 앱으로 인지 행동 치료에 사용되는 리셋은 약물 사용 장애 치료를 목적으로 병원에서 외래 환자에게 처방이 가능해졌다. FDA에 의하면, 12주의 임상시험 결과, 리셋을 사용한 알코올, 코카인, 각성제 등 약물 사용 장애 환자의 금욕 준수율이 40%로, 사용하지 않은 환자의 17%에 비해 통계적으로 유의미하게 높았다.

기존 의료 기기와는 달리 모바일 앱으로만 구성되었다는 점에서 리셋 앱을 디지털 신약으로 표현하기도 한다. 〈MIT 테크놀로지 리뷰〉에 따르면, 실리콘밸리에서는 디지털 신약이 기존 약을 대체하며 화학 합성 의약품, 바이오 의약품을 이을 제3의 물결을 시작할 거라고 기대하고 있다. 디지털 신약이라는 단어는 자극적이지만, 독자적인 산업 분야를 차지할 만큼 숙성된 PC, 모바일 게임 기술에 기반하며 헬스케어에 접목될 가능성을 열었다는 점에서 그 중요성을 간과할 수 없다. 더구나 PC와 모바일 게임 산업에서 전통적으로 국가 경쟁력을 보유한 한국에는 새로운 고부가가치 산업이 될 수도 있다.

이러한 측면에서 재활 치료에 게임 기능을 덧붙이는 아이디어를 상업화한 네오펙트의 사례는 주목할 만하다. 재활 치료의 실패 요인은 반복적인 동작에 따른 지루함, 치료 효과를 가시적으로 확인하지 못하는 데 따른 실망감, 의료진이 내주는 과제를 제대로 수행하지 못하는 비효율성 등이 있다. 이런 실패 요인을 극복하기 위해 기존 유럽과 미국 업체들은 로봇을 활용한 디지털 재활 기기라는 대안을 내놓았다. 그러나 비싼 가격과 커다란 크기 때문에 일부 대형 병원에서만 적용 가능했다. 하지만 네오펙트의 첫 제품인 라파엘스마트글러브는 개인이 쉽게 접근할 수 있는 가격과 UX를 갖추고 있으며, 치료 효과를 게임 점수와 리포트로 바로 확인할 수 있게 했다. 재활 치료를 위한 특수 목적의 장갑을 끼고 닌텐도 게임을 한다는 비유가 적절할 것이다. 치료 과정에서 수집된 데이터는 알고리즘을 개선하고, 인공지능은 의료진과의 협업하에 홈케어를 위한 훈련 프로그램을 추천한다. 네오펙트의 이러한 시도는 국립재활원 등 국내 주요 병원뿐 아니라 스탠퍼드와 코넬 등 미국 대학병원에서 실제 사용되며 좋은 평가를 받았고, 2017년과 2018년 연속으로 CES 혁신상을 받았다.

한편 룩시드랩스는 사지 마비 환자의 눈동자(안구) 움직임을 추적해 보호자의 스마트폰에 메시지를 보내는 서비스를 제공하는 것으로 시작된 스타트업이다. 현재는 가상현실 기기에 안구 트래킹 카메라와 뇌파 센서를 부착해 감정 분석 도구를 제공하는 서비스로 사업 영역을 확대하고 있다. 개발 중인 제품에 대한 소비자 반응을 측정하기 위해 지금까지 포커스 그룹 인터뷰 같은 설문지에 의존했다면, 이제는 시선을 따라가며 감정이 어떻게 변화하는지 나타내는 실시간 생체 데이터를 활용할 수 있게 된 것이다. 가상현실 영역에서 논의되는 게임 개발에 접목할 수 있을 뿐 아니라, 새롭게 등장한 '디지털 신약'에 사용될 경우 엄청난 파급력을 기대할 수 있다. 룩시드랩스의 사례는 IT 기술이 헬스케어에 접목되고, 발전된 헬스케어 기술이 다른 산업에 다시 적용될 수 있다는 점을 보여준다.

앞서 언급한 바와 같이 헬스케어 제품은 완성도 높은 기술을 활용해야 하는 특성 때문에 다른 산업 분야보다 기술 혁신이 더디게 적용되는 경향이 있다. 그런데 다른 측면에서는 높은 부가가치를 만들어내는 헬스케어 산업이 성장이 저조해진 산업의 부가가치를 높이는 역할을 하기도 한다. 이는 헬스케어 산업을 바라보는 또 하나의 관전 포인트이기도 하다.

소셜 네트워크와 공공 의료

우리가 미처 인지하지 못하는 사이에 작은 모바일 플랫폼에 사람들이 모이기 시작하더니, 다른 사람들에게 말하지 못했던 고통을 나누고 서로에게 도움이 되는 자신의 직접적인 경험을 나누기 시작했다. 더 이상 새로울 것이 없는 익명의 소셜 네트워크 서비스가 주목받는 것은 여기에 모인 이용자들이 병을 앓고 있는 환자나 보호자들이기 때문이다. 어느덧 60만 명 넘게 모인 이 플랫폼의 이름은 2004년 설립된 스타트업 '페이션츠라이크미'다. 개인정보 노출 부담 없이 익명으로 자신의 질병 정보와 치료 정보를 공유하기 때문에 '환자들의 페이스북'으로 불리기도 한다. 초기 회원은 만성 질환자가 많았으나, 점차 정신질환을 앓는 환자와 보호자가 증가하는 추세다.

페이션츠라이크미가 크게 성장한 이유는 기존 의료 생태계의 한계에서 비롯된다. 소셜 네트워크가 등장하기 전에는 전문가에 의해 일방적으로 정보가 전달된 반면, 이제는 소셜 네트워크를 통해 환자 중심의 의료, 참여 의료를 구현하고 현실에서 일어나는 데이터를 실시간으로 수집할 수 있게 됨으로써 새로운 치료법 개발과 공공 의료를 위한 새로운 기반이 마련되었다. 실제로 '리튬이 루게릭병의 진행을 늦출 수 있다'라는 2008년 논문에 대해 환자 129명과 보호자들이 페이션츠라이크미에서 치료 경험을 1년간 공유했고, 추적 결과 리튬 치료법이 효과가 없음을 논문으로 재반박한 사례는 참여 의료의 효과를 그대로 보여줬다.

페이션츠라이크미의 수익 모델은 일차적으로 광고 수입이다. 그러나 더 중요한 의미를 지니는 수익 모델이 있다. 바로 특정 치료법과 약에 대해 익명의 환자들이 실제로 경험하고 직접 작성한 데이터를 제약사와 보험사 등에 판매하는 것이다. 인허가 과정의 임상시험은 보통 예상할 수 있는 효능과 부작용을 중심으로 데이터를 측정하기 때문에, 전혀 예상하지 못했던 효능과 부작용을 파악하기 어렵다. 예를 들어 심장병 약으로 개발되던 비아그라가 임상시험 과정에서 발기부전에 효과가 있음을 알게 된 것은 매우 드문 일이다. 그래서 제약사 등은 제품 출시 이후에도 별도의 조직과 비용을 들여서 별도의 효능 또는 부작용을 모니터링한다. 제약사 입장에서는 페이션츠라이크미에서 실제 데이터를 구입하는 것이 훨씬 효율적이다. 가령 '오랜 기간 특정 약을 복용한 환자들이 일상생활에서는 큰 변화가 없었으나, 과격한 운동을 할 때 급격하게 호흡이 가빠졌다. 핏빗을 통해 실시간 데이터를 공유하니 나만의 문제가 아니더라' 등과 같은 데이터를 이전에는 노이즈(noise)로 간주했다면, 이제는 FDA에서 인허가 자료로 검토하는 수준까지 온 것이다.

헬스케어 분야에서 환자들의 커뮤니케이션 참여는 비즈니스 모델에 따라 공공 의료에도 크게 기여할 수 있다. 모바일닥터의 '열나요' 앱은 창업자인 의사의 응급실 경험에서 시작되었다. 늦은 밤 아이가 열이 나면 당황한 부모가 응급실로 데려오는데, 80%는 해열제만 받고 퇴원하는 상황이 반복되더라는 것이다. 그래서 부모가 아이 체온을 열나요 앱에 기록하면, 의사가 만든 체온 모니터링 알고리즘이 적절한 정보를 제공하는 서비스다. 그런데 이 앱의 사용자 수가 늘어나면서 실시간으로 전국 단위의 발병 상황을 파악할 수 있게 되었다. 모바일닥터는 열나요 앱 데이터를 활용해 2016년 11월 전국 독감 유행 추이 실제 리포트를 만들어 유튜브에 올리기도 했다. 전국 보건소에서 데이터를 취합한다면 아마도 이와 유사한 리포트를 만들 수 있을지도 모른다. 하지만 질병의 확산을 막기위해 적시에 정보를 공급하는 방법으로 어느 쪽이 효율적인지는 너무나 분명하다.

블록체인을 활용한 헬스케어 서비스 혁신

페이션츠라이크미의 수익 모델 하나가 익명의 개인정보를 판매하는 것임을 앞서 밝혔다. 그보다 앞서 23앤미도 익명의 개인 유전 정보를 활용해 연구 개발 사업을 한다는 얘기도 했다. 만약 개인정보가 기업의 수익 원천이 된다면 '내 개인정보를 제공하는 보상을 받을 수는 없을까?'라는 의문이 생긴다. 바로 나의 헬스케어 정보를 제공한다면 나도 그 수익을 받고 싶다는 욕구가 생기는 것이다. 단순한 생각이지만 이 아이디어에는 꽤 많은 생각거리가 들어가 있다.

가장 큰 의문은 헬스케어 정보를 소유하고 관리하는 주체가 누구냐는 것이다. 예를 들어 내가 질병 치료를 위해 종합병원에서 혈액 검사를 받고 MRI 촬영을 했다고 하자. 혈액 검사 결과와 MRI 사진은 환자 개인의 것인 동시에 진료를 행한 의료인이 소속된 병원의 것이 된다. 법적으로 개인 진료 정보는 매우 민감해서 두 당사자 외에는 소유할 수 없다. 그래서 환자 개인이 진료 정보를 소유, 관리할 방법이 현실적으로 없었다. 개인 진료 정보는 의료기관이 사용하는 서버와 고가의 프로그램에 의해 저장되고 출력되었기 때문이다. 다양한 이유로 의료기관 사이에서도 자료 교환이 어렵다. 결과적으로 환자는 병원이 바뀔 때마다 고가의 검사를 다시 받아야 하는 것이 현실이다.

블록체인 기술은 탈중앙화를 전제로 만들어진 암호 기술이다. 그 동안 개인이 건강 기록 정보를 요구할 때마다, 의료기관은 개인 진료 정보를 의료기관 서버에 보관하는 것이 안전하다는 논리를 내세웠다. 하지만 블록체인 기술에 의한 금융 거래가 일반화되는 시점에서, 이제 의료기관의 이러한 논리는 궁색해 보인다. 다양한 디지털 헬스케어 제품과 서비스가 블록체인 보안 기술을 매개로 의사들의 진료에 활용되고, 의사들의 처방이 일상생활 습관에 도움을 줄 수 있다면 보다 효율적인 건강 증진 도구가 될 것이다.

이러한 아이디어에 기반해 블록체인 기술을 활용한 스타트업들이 최근 우후죽순 등장하고 있다. 새로운 암호화폐도 발행한다고 한다. 나의 헬스케어 정보를 넘기고 암호화폐를 받으면 부자가 될까? 헬스케어 산업의 관점에서 중요한 부분은 암호화폐로 돈을 버는 것이 아니라, 개별 디지털 헬스케어 기기 및 건강 관련 행동, 치료 데이터를 암호화해서 플랫폼에 모을 수 있는 기술 기반이 마련되었다는 것이다.

지금까지 유전자 분석 서비스, 인공지능, 게임, 소셜 네트워크, 블록체인 등 다양한 특징을 지닌 헬스케어 스타트업들을 살펴보았다. 인류의 건강을 증진한다는 위대한 명분에서 더 나아가, 급격한 고령화로 인해 한없이 증가하는 사회적 비용을 낮추고, 누구나 건강하게 살 수 있는 권리를 확산하기 위해서는 기술 혁신과 더불어 비즈니스 모델의 혁신을 이뤄야 한다. 한편으로는 정체된 기존 산업에 높은 부가가치를 더하고 새로운 일자리를 만들어낼 수도 있다.
앞으로 펼쳐질 그들의 본격적인 활약이 더욱 기대되는 이유다.

9

현실화된 미래의 자동차

"그들에게 무엇을 원하는지 물어봤다면,
더 빠른 말을 달라고 했을 것이다."

헨리 포드

사물인터넷의 일부가 되는 자동차, 커넥티드카

직장인 A씨가 사무를 보는 동안 그의 차는 우버의 자율주행 택시로 활약하며 돈을 번다. 고객과의 점심 약속에 늦지 않게 회사로 복귀하면서 픽업 장소와 식당 메뉴에 대한 정보를 문자 메시지로 알리는 것도 잊지 않는다. 퇴근길에는 학원에 들러 아이들을 픽업한다. 예상 도착 시간에 맞추어 아이의 휴대폰으로 픽업 시간과 장소를 알려준다. 집에 가는 중에 아내가 급히 외출한다는 문자를 받고는 주변의 드라이브스루 맛집으로 A씨를 안내하고 음식 주문과 결제를 수행한다. A씨가 잠든 새벽, 그의 차는 타이어 공기압 이상을 감지하고 정비 회사에 긴급 서비스를 호출한다.

이 스토리는 필자가 지어낸 것이 아니라 '운전 경험에 대한 완전히 새로운 상상'이라는 모토로 설립된 실리콘밸리 스타트업 클라우드카의 2011년 홍보 영상 내용이다. 이 회사는 자연어 처리, 기계학습, 음성 인식 등 최신 정보 기술을 차량에 접목해 이러한 운전 경험이 머지않았음을 보여주었다. 회사는 2018년까지 약 300억 원의 투자를 받았는데, 최근 150억 원을 투자한 재규어는 이 회사의 소프트웨어 툴킷을 이용해 실제로 자사의 전기차 I-페이스에 차량용 결제 시스템을 구축했다. 또한 클라우드카는 정보와 엔터테인먼트의 융합인 인포테인먼트 서비스를 위해 애플, 스포티파이, 트립어드바이저, 판도라 등과 같은 온라인 서비스 회사들과 협력하고 있다. 이처럼 인터넷을 통해 주변 차량, 각종 사물 및 인터넷 서비스와 연결이 가능한 커넥티드카(connected car)는 과연 어떤 새로운 운전 경험을 제공하게 될까?

지금까지의 자동차 혁신은 크게 두 줄기로 나눌 수 있다. 내연기관이 전기모터로 바뀌면서 나타난 자동차의 전동화(electrification)와, 자동차에 사물인터넷이 결합되며 나타난 연결성(connectivity) 확장이다. 전동화의 종착지인 순수 전기차의 경우 인프라 구축 등 본격적인 시장 확대까지는 회임 기간이 필요한 듯 보인다. 반면 상대적으로 커넥티드카 분야는 현실화된 변화가 임박한 듯하다. 한 조사에 따르면, 2020년까지 커넥티드카가 2억 5천만 대로 늘어날 것이라고 한다. 전 세계 자동차가 10억 대에 못 미친다고 하니 4대 중 1대는 커넥티드카가 될 것이라는 예측이다. 스타트업 설립과 투자도 활발하다. 2018년 설립된 관련 스타트업만도 1천 700개가 넘고 1조 원이 넘는 투자가 있었다. 매일 새로운 커넥티드카 스타트업이 등장하는 것이다. 우리는 이미 인터넷이 컴퓨터-휴대폰-사물로 연결성을 확장하면서 이룩한 엄청난 파급 효과를 경험했다. 이제 자동차까지 합류한다면 우리 삶에 어떠한 변화를 가져올지 기대된다.

100달러로 커넥티드카를 경험하다

아마존에서 90달러에 판매하고 있는 주비키라는 제품을 구매해보자. 1996년 이후 출시된 차량 대부분은 차량 진단 및 점검을 위한 OBD(On-Board Diagnostic) 포트를 가지고 있는데, 주비키를 여기에 장착하면 자동차가 간단하게 커넥티드카로 변신한다. 그리고 월 10달러짜리 서비스에 가입하면 스마트폰 앱으로 자동차의 위치 추적은 물론 공회전, 연료 상태, 엔진 상태, 속도 변화, 급정거 및 급출발 등 다양한 차량 정보를 수집·해석해 운전자의 운전 습관을 분석할 수 있다. 자녀가 운전을 시작했다면 부모는 이 시스템을 통해자녀의 운전 습관에 대해 조언할 수 있을 것이다. 이것을 만든 회사는 2012년 설립된 스타트업 주비로, 최근까지 약 260억 원의 투자를 유치했다.

2014년 설립된 빈리도 이와 비슷한 200달러짜리 차량용 어댑티드 킷을 판매하고 있다. 이 제품을 장착하면 마이빈리 앱으로 다양한 차량 운행 정보를 조회할 수 있을 뿐 아니라, 4G LTE 통신이 가능한 스마트폰용 와이파이 핫스팟을 제공해 앱 생태계에서 개발된

40개가 넘는 앱을 이용할 수 있다. 빈리는 2016년 인디고고에서 크라우드 펀딩을 통해 약 22만 달러를 조달했고, 최근까지 삼성전자를 포함해 약 65억 원의 투자를 유치했다.

2012년 설립된 실리콘밸리 스타트업 모지오 역시 개방형 커넥티드카 플랫폼을 개발하고 있다. 이 회사의 키트는 연료 사용량, 배터리 전압, 엔진 온도 및 상태, 차량 속도 등 계기판에 보이는 모든 정보를 포함한 다양한 차량 계측 정보를 수집·분석한다. 또한 차량의 위치, 속도·가속도 등 운행에 관한 측정치와 주변의 지형지물, 도로 상태, 교통 환경 등 차량 외부의 상황 정보까지 분석할 수 있다. 모지오는 아마존과 긴밀하게 협력하고 있는데 조만간 인공지능 알렉사와 함께 운전자에게 새로운 경험을 제공할 것으로 기대된다.

이 외에도 2012년 설립된 대시는 39달러짜리 제품으로 많은 판매고를 올리고 있으며, 2014년 설립된 실리콘밸리 스타트업 카바이, 2008년 설립된 오토톡 등도 비슷한 시스템을 개발하고 있다.

오랫동안 진행되어온 차량 전동화가 각종 센서 기술 및 정보 처리 기술과 만나면서 다양한 차량 상태 및 운행 정보를 이처럼 손쉽게 획득할 수 있게 되었다. 한 조사에 따르면, 이와 같은 장치를 통해 커넥티드카에서 시간당 최대 25기가의 데이터를 획득할 수 있고 이를 클라우드로 전송해 저장하게 된다. 정교한 데이터 저장 및 관리 플랫폼이 중요해진 것이다. 무엇보다 데이터 플랫폼을 장악하면 자동차를 중심으로 연결되는 많은 기기 및 서비스 제공 회사들 사이에서 주도적 위치를 점유할 수 있다.

2015년 설립된 이스라엘 스타트업 오토노모의 커넥티드카 플랫폼은 차량 제조사, 인터넷 서비스 회사, 앱 개발 회사가 차량에서 생성된 데이터를 교환할 수 있는 플랫폼으로, 설립 3년 만에 세계 최대의 자동차 부품 회사인 델파이그룹을 포함한 주요 투자자로부터 약 400억 원의 투자를 유치했다. 보험 회사, 정유 회사, 에너지 관련 회사, 차량 정비 회사, 인포테인먼트, 전자상거래 회사, 도시 및 공공기관 등 이러한 데이터 플랫폼을 필요로 하는 분야에서 활용 가치가 상당할 것이다.

자동차에서 많은 실시간 정보가 수집되면서 운전자와 차량 간 정보 인터페이스도 그에 맞게 진화하고 있다. 2013년 샌프란시스코에서 설립된 나브디의 HUD를 이용하면 앞선 제품들이 수집한 차량 상태 및 운행 정보를 스마트폰 화면이 아닌 차량의 전방 유리창에 투영해 볼 수 있다. 가속 센서, 중력 센서, GPS 센서 등에서 획득된 다양한 차량 정보 및 운행 정보가 운전 상황에 따라 유리창에 자동으로 투영된다. 운전자는 운전대에 장착된 인터페이스나 동작 인식 기능을 활용해 화면을 조작할 수 있으며, GPS 매핑, 문자 메시지, 전화, 음악 선택, 인포테인먼트 시스템 등을 구동할 수 있다. 나브디는 2018년까지 약 260억 원의 펀딩에 성공했으며, 베스트바이 등에서 이미 시판되고 있다.

차량에서 수집된 정보가 외부로 전송되거나, 반대로 외부에서 수신된 정보로 차량을 제어할 수 있게 되면 자연스럽게 데이터 보안이 중요해질 것이다. 실제로 차량 내 전자제어장치(ECU, Electronic

Control Unit)의 통신망을 해킹하면 외부에서 에어백, 주차 센서, 브레이크 시스템, ECU 등을 제어할 수 있다. 해커가 아무도 모르게 운전자를 위험에 빠뜨릴 수도 있다는 의미다.

2013년 설립된 이스라엘 스타트업 아르구스는 이러한 문제를 방지하는 사이버 보안 솔루션을 제공한다. 이스라엘에 연구소를 두고 세계 곳곳에 사무소를 확장하고 있는 이 회사의 솔루션은 범퍼 간 충돌 방지, 해킹 방지, ECU 보호 및 차량과 연결된 기기를 통한 침입 방지 등 차량 보안 관련 핵심 기술을 개발하고 있다. 이 회사의 기술력을 인정한 독일의 자동차 제조 회사 콘티넨탈AG는 2017년 이 회사를 인수하는데, 정확한 인수 금액은 알려지지 않았지만 약 4천억 원의 가치를 평가받은 것으로 추정된다. 이 외에도 이스라엘 스타트업 카람바와 업스트림 시큐리티, 현대차 출신 창업자가 설립한 한국의 페스카로 등 차량의 사이버 보안 시장도 뜨겁게 달아오르고 있다.

자율주행으로 바뀌는 운송 산업

커넥티드카의 등장까지 오랜 시간 동안 차량의 전동화가 진행되면서 자동 제어가 용이하게 되었다. ECU는 실시간으로 배기가스 센서 데이터를 분석해 최적의 연소 조건을 찾아내고 적절하게 자동 변속을 한다. 바퀴에 부착된 센서 분석에 의해 초당 수십 회 작동하는 전자제어 브레이크(ABS)와, 상황에 따라 네 바퀴에 적절한 힘을 배분하는 사륜구동도 모두 전동화를 통한 자동 제어의 실현으로 볼 수 있다. 동력원과 조향 장치의 전동화가 자동화의 시발점이 되었다면, 최근 레이더 센서, 이미지 센서, 데이터 처리 기술의 향상은 외부 데이터 취득과 빠른 해석을 가능하게 함으로써 자율주행처럼 한층 더 고도화된 자동 제어를 가능하게 하고 있다.

게임용 그래픽 카드 제조사로 알고 있던 엔비디아나, 인텔이 18조 원을 들여 인수한 모빌아이가 자동차 산업의 핵심 기업으로 불리는 이유다. 자율주행에 필요한 이미지 센서와 그래픽 데이터 처리 기술에서 세계 최고 경쟁력을 갖춘 기업들로, 자동차의 완전 자동화에 핵심적인 기술을 보유하고 있기 때문이다.

차선 이탈 경보 같은 운전자 보조 시스템에서 완전 자율주행까지 이어진 차량 제어의 자동화는 단순히 운전자의 편리성 제고를 넘어서는 큰 의미를 가진다. 우선 차량 제어의 자동화는 교통 안전에 크게 기여할 것이다. 안전벨트와 에어백이 사고 후 손상을 최소화하는 목적의 장치라면, 자율주행 기술은 사고를 예방하는 기술이기 때문이다. 미국 고속도로안전보험협회가 안전성 평가 기준에 더미 인형의 충돌 후 손상 정도와 함께 차량의 충돌 회피 성능을 포함하고 있는 것도 같은 이유다. 즉, 안전한 자동차로 꼽히는 자동차는 자율주행 기술의 완성도가 높은 차라는 의미가 된다.

세계적으로 연간 교통사고 사망자가 120만 명에 이른다. 커넥티드카가 외부 사물들과 연결되어 보다 안전한 운행 환경을 제공한다면 교통사고 사망자 수를 획기적으로 줄일 수 있다. 우선 졸음, 음주, 나태, 착오, 신호 위반 등 인간의 잘못된 행동이나 부주의로 인한 사고가 사라질 것이다. 나아가 인간이 피할 수 없는 구조적 문제로 발생하는 사고까지 피할 수 있다. 가령 터널 안이나 골목길에서 시야가 확보되지 않는 경우에도 커넥티드카는 외부 환경 및 주변 차량과의 통신을 통해 위험을 사전에 감지해 사고를 예방할 수 있다. 또한 차량 상태를 24시간 모니터링할 수 있고 원격 진단과 실시간 정비가 가능해지기 때문에 차량 관리의 편의성이 증가되는 것은 물론 차량을 더 안전한 상태로 유지할 수 있다.

1997년 설립된 에어비쿼티의 자동차 원격 진단 및 정비 관리 솔루션을 이용하면 차량 결함으로 인한 사고를 미연에 방지할 수 있다. 이 회사는 솔루션 개발을 위해 약 800억 원의 펀딩을 받았고 보쉬, 포드, 닛산 등 주요 자동차 제조 회사를 포함 65개국에 제품을 판매하고 있다.

안전 제고와 더불어 자율주행 기술이 가진 또 하나의 강력한 장점은 운행 최적화와 그에 따른 비용 절감이다. 커넥티드카의 자율주행은 기존 내비게이션보다 훨씬 더 정확하고 빠르게 최적의 경로를 탐색할 수 있다. 실시간 교통 정보에 접속하고 다른 차량들과의 통신을 통해 운행 경로를 최적화해 정체를 피하고 유류 비용을 절감할 수 있는 것이다. 이러한 장점은 많은 영업용 차량을 운영하는 운송 사업자들에게 엄청난 비용 절감의 기회를 제공한다.

화물트럭 시장의 강자인 볼보는 2016년 운전자 한 명이 대형 트레일러 여러 대를 운전하게 하는 데 성공했다. 선두 차량에만 운전자를 탑승시키고, 기차처럼 줄지어 뒤따르는 차량들은 선두 차량의 정보를 실시간으로 받아 완전 자율주행을 한다. 군집주행(Platooning)이라 불리는 이 기술은 한 명의 운전자가 여러 대의 차량을 운행하는 기술로, 연료 절감 및 운송 효율성을 획기적으로 증대할 수 있다.

볼보가 시연한 이 기술은 2011년 설립된 실리콘밸리 스타트업 펠로톤의 기술을 적용한 것이다. 펠로톤은 설립 이후 약 800억 원의 투자를 유치했는데 볼보를 포함해 인텔, 록히드마틴, UPS 등이 투자에 참여했다. 조만간 한 명의 배송 기사가 수십 대의 배송 트럭을 몰고 다니는 모습을 볼 수도 있을지 모르겠다.

2017년 한 언론사가 올해의 스타트업으로 선정한 콘보이는 화물차의 운송 및 배치 운영 시스템을 개발해 와이컴비네이터 등으로부터 약 800억 원의 투자를 유치했다. 투자자 중에 온라인 여행 업체 익스피디아, 기업용 정보 시스템 개발 회사인 세일즈포스가 포함된 점은 흥미롭다. 콘보이가 제공하는 모바일 앱은 운행 중인 화물차 다수에서 전송되는 실시간 GPS 데이터를 고유의 운행 최적화 알고리즘과 예측 모델에 적용해 배차 및 운행 경로를 최적화하는 등 운송 비용을 최소화한다.

2013년 설립된 실리콘밸리 스타트업 오토마일 역시 기업용 운송 차량 관리 시스템을 통해 마일리지 기록, 지출 기록, 차량 검사 기록, 운전자 인증, 경로 분석 최적화 등 운송 차량의 운영 최적화를 위한 서비스를 제공한다. 이 회사 역시 세일즈포스 등 B2B 기업들로부터 120억 원의 투자를 유치한다. 이 시스템은 OBD에 장착되는 GPS 트래킹 및 차량 모니터링 소프트웨어를 통해 트레일러, ATV, 보트 등 영업용 및 특수 운송 장비에 적용된다. 시스템은 운송 비용 절감을 통한 사업자의 편익과 더불어 운송 비용의 투명성을 높임으로써 운송 서비스 고객에게도 매력적으로 보일 것이다. 가령 커넥티드카를 이용한 운송 서비스는 운송 회사의 보험료 절감을 실현할 수 있다.

BMW의 투자를 유치한 스타트업 젠드라이브의 솔루션은 운송 회사와 보험 회사를 대상으로 하는 서비스로, 화물 차량 운전자의 행동 분석 솔루션을 통해 운전자에게는 안전에 대한 피드백을 제공하고, 운송 회사와 보험사에는 합리적인 보험료 책정을 가능하게 한다.

가끔씩 접하는 자율주행 차의 사고 소식이나 소비자의 심리적 불안 등 자율주행 기술의 신뢰성에 의문을 제기하는 사람들도 있지만, 자율주행 기술의 완성도는 기술적 측면에서 지속적으로 높아질 가능성이 크다. 대학 동료들로 구성된 스타트업 드라이브닷에이아이는 기존과는 다른 방식의 자율주행 엔진을 개발해 2018년까지 약 500억 원의 투자를 유치했다. 이 회사의 자율주행 기술은 커넥티드카가 다양한 원천으로부터 데이터를 습득할 수 있다는 장점에 주목한 것이다. 기존 자율주행 엔진이 사전에 프로그램된 규칙에 의존하는 방식이라면, 이 회사의 자율주행 엔진은 다양한 원천의 데이터를 딥러닝을 통해 학습해 대응 능력과 성능을 자율적으로 향상시킨다. 딥러닝 기반 자율주행은 정의된 규칙에 의존하지 않기 때문에, 운행 거리에 따라 성능이 높아진다. 또 운전자의 능력 및 습관, 도로 상태와 교통 상황 등 변화무쌍한 환경에 잘 적응할 수 있다. 이 시스템은 기존 차량에 장착할 수 있어, 대규모 운송 업체들에 매력적인 솔루션으로 인식되고 있다.

날아다니는 자동차

2001년 설립된 영국 기업 팔브이는 2018년 세계 최초의 상업용 '나는 차'인 팔브이 리버티를 제네바 모터쇼에서 선보였다. 자동차와 헬리콥터를 섞어놓은 듯한 이 제품은 수직 이착륙이 가능한, 그 야말로 날아다니는 자동차다. 최대 시속 180km로 날 수 있으며, 이미 유럽과 미국의 연방항공국의 인증을 받아 수년 내 상용화가 가능하다고 한다.

슬로바키아의 벤처 기업 에어로모빌 역시 최대 700km 비행이 가능한 플라잉카를 개발하고 있다. 이 외에도 타라푸지아, 이볼보, 이항 등의 회사들이 경쟁하고 있다. 이제 출퇴근 시간에 도로에 가득한 자동차 행렬 위를 날아서 갈 수 있는 시대가 올지도 모르겠다.

차량 공유 플랫폼 우버도 전기로 구동하는 플라잉 택시 '우버에어'의 프로토타입을 선보이고 시범 운영을 위한 도시를 검토 중이다. 앞선 제품들이 아직은 화석연료를 이용하는 유인 비행기에 가까운 반면, 우버는 자율주행이 가능한 전기차를 모델로 하고 있다. 이러한 운송 서비스의 혁명은 개인 운전자들뿐 아니라 물리적 이동이 필요한 거의 모든 산업에 엄청난 변화를 가져올 것이 분명하다.

이제 집 앞에서 우버를 부르면 비행기가 날아오고, 주문한 제품이 비행기로 배송되는 시대가 머지않은 것 같다.

꿈틀대는 자동차 산업의 지형

커넥티드카는 데이터 처리에 강점을 가진 IT 기업이 자동차 산업에 진입할 수 있는 새로운 기회가 된다. 인텔은 2009년 자율주행 스타트업 윈드라이버를 인수한 데 이어 노키아 출신 지도 서비스 회사 히어 의 지분을 15% 인수했으며, 볼보와 함께 앞서 언급한 펠로톤 투자에도 참여했다. 2016년 인텔이 모빌아이 인수에 동원한 18조 원은 당시 모빌아이 연매출의 40배에 달하는 금액이다. 삼성전자도 2016년 프리미엄 인포테인먼트 시장점유율 1위인 하만을 9조 원에 인수했는데, 이는 국내 기업의 해외 인수 합병 사상 최대 규모다. 2015년 GM의 전기차 쉐보레 볼트의 핵심 부품은 LG가 모두 개발해, 쉐비 볼트가 아니라 'LG 볼트'라는 말이 나오기도 했다.

특히 전기차 분야는 최근 중국 스타트업과 IT 공룡들이 협력해 자동차 산업의 지형을 흔들고 있다. 세계 자동차 시장의 약 30%에 달하는 내수 기반을 이용해 중국은 전기차 스타트업이 가장 활발한 국가가 되었다. 2016년, 아직은 생소한 중국 기업 비야디가 전기차 판매량 세계 1위 기업에 등극했다. 중국 IT 공룡의 든든한 지원

히어는 노키아가 개발한 지도 솔루션으로 2015년 아우디, 벤츠, BMW를 소유한 다임러에 3조 원에 매각되었다.

을 받는 기업들도 늘어나고 있다. 2014년 상하이에서 설립된 니오와 WM 모터스는 텐센트와 바이두 등으로부터 각각 2조 2천억 원과 1조 8천억 원의 투자를 받았다. 테슬라 클론이라 불리는 또 다른 스타트업 시아펑모터스는 알리바바와 폭스콘 등에서 약 1조 원의 펀딩을 받았으며, 독일과 중국 기업가가 공동 설립한 바이튼도 약 2천 500억 원의 투자를 받았다.

텐센트, 알리바바, 바이두 같은 중국의 인터넷 공룡들이 전기차 스타트업 투자에 적극적으로 나서고 있는데, 전기차의 인포테인먼트 서비스는 이들의 주요한 서비스 플랫폼이 될 것이기 때문이다. 미국에는 3D 프린팅 기반 프로토타입 개발과 독특한 판매 모델을 구축한 패러데이퓨처와 럭셔리 브랜드로 포지셔닝하고 있는 루시드모터 등이 주목받고 있으며, 스웨덴의 유니티, 스위스의 작은 디자인 회사 클래식팩토리, 크로아티아 스타트업 리막오토모빌 등도 전기차 시장에 뛰어들고 있다.

IT 기업과 전기차 스타트업의 공격적 행보에 대응하기 위해 기존 자동차 제조사들과 주요 부품 업체들 역시 기술력을 가진 스타트업 육성과 투자에 힘을 쏟고 있다. 2015년 보쉬는 독일의 자율주행 인공지능 개발 회사 아다스워크를 인수했고, 델파이그룹도 차량용 레이더 센서를 개발하는 퀴너지와 자율주행 소프트웨어 개발 회사 오토마티카와 전략적 제휴를 맺었다.

앞서 살펴본 것처럼 볼보는 펠로톤에 거액을 투자해 군집주행 및 화물 차량의 자율주행 기술에 투자하고 있으며, GM과 폭스바겐은 인텔이 투자한 모빌아이와 파트너십 관계를 구축하고 있다. 또한 자동차 제조사들은 GM벤처스, BMW스타트업개러지, 볼보벤처스 등 스타트업 육성 프로그램을 운영하거나, 직접 소프트웨어 인력을 확충하려는 시도도 하고 있다. GM은 8천 명이 넘는 소프트웨어 개발자를 신규로 채용했으며, 보쉬는 2016년 한 해에만 1만 4천 명이 넘는 소프트웨어 엔지니어를 고용해 커넥티드카와 관련된 서비스 개발을 추진하고 있다고 한다.

닭이냐 달걀이냐, 충전 인프라의 딜레마

과거 자동차 산업의 주역으로 헨리 포드가 아닌 록펠러를 꼽는 사람들이 있다. 록펠러가 자동차의 대중화를 예측하고 미국 전역에 촘촘하게 주유소를 설립했기 때문에 자동차 산업이 성장할 수 있었다는 것이다. 같은 논리로 전기차의 확산은 충분한 충전 시설 구축에 달려 있다. 배터리 기술이 발전하면서 1회 충전으로 이동할 수 있는 거리가 늘어나고는 있지만, 충전 시설의 부족은 여전히 큰 장애다. 충전 사업자는 전기차가 충분히 보급되지 않으면 사업 타당성을 확보하기 힘들 것이다. 반대로 전기차 제조사는 충전 인프라가 확충되지 않으면 전기차를 판매하기 어려워진다. 닭이 먼저냐, 달걀이 먼저냐의 문제인 것이다. 더 심각한 것은 아직 전기차 충전에 상당한 시간이 소요된다는 점이다. 충전 시간이 계속 짧아지고는 있지만 아직 주유 시간에 비해서는 턱없이 긴 시간이 필요하다.

2007년 설립된 이스라엘 스타트업 베터플레이스는 충전 시간의 문제를 단숨에 해결할 수 있는 비즈니스 모델을 제안했다. 미리 완충한 배터리로 교환해주는 배터리 교환 방식이다. 2008년 텔아비브에 최초의 배터리 교환소를 설치한 후, 2012년까지 이스라엘에 총 21개의 배터리 교환소를 설치했다. 이 회사는 설립 후 3년간 약 7천억 원의 막대한 투자를 유치하며 주목을 받았다.

배터리 교환 방식은 통신사업자가 휴대폰을 할인해주는 것처럼, 배터리와 자동차를 분리된 제품으로 인식하는 모델이다. 고객은 배터리를 구매하는 것이 아니라 월 이용료를 지불하고 교환 서비스를 이용한다. 교환소에서는 고객이 차량에 탑승한 상태에서 전자동 로봇이 완충된 최신형 배터리로 교환해준다. 배터리 노후화나 신형 배터리 출시 등의 이슈에서 자유로워지는 것이다.

큰 기대를 모았던 베터플레이스는 불행히도 2013년 파산하고 만다. 전기차의 더딘 확산이 근본 원인이었지만, 비즈니스 모델의 문제도 있었다. 우선 배터리 교환 시스템 구축에 평균 5억 원이 넘는 비용이 소요되었고, 교환소 부지와 배터리 저장 창고 등 부동산 확보에도 큰 비용이 소요되었다. 또한 당시 충전 기술은 기술표준이 정립되지 않아서 배터리 교환 방식과 호환되지 않는 차량이 많았다. 교환소가 확대되면 자동차 제조사들이 베터플레이스의 교환 시스템에 호환되도록 설계할 것이라 기대했지만 르노를 제외하고는 아무도 따르지 않았던 것이다. 결정적으로 고객 신뢰성 문제가 생겼다. 배터리는 비싼 제품인데 교환소에서 반복 충전된 배터리가 차량에 나쁜 영향을 줄지 모른다는 우려를 해소하지 못했기 때문이다.

 한편, 베터플레이스와 같은 해에 설립된 캘리포니아 스타트업 차지포인트는 주목할 만한 충전 사업 전략으로 최근까지 약 3천억 원의 펀딩을 받았다. 이 회사의 비즈니스 모델은 배터리 교환소를 직접 설치·소유한 베터플레이스와는 다르게, 충전 시설이 설치될 부지의 소유주가 설치 비용을 지불하는 모델이다. 대규모 상업 시설이나 대형 빌딩의 소유주가 주요 대상이다. 무엇보다 이 회사는 서로 다른 충전 방식과 타사 제품을 포용하는 개방형 전략을 펼치고 있다. 차지포인트는 충전소 구축을 위한 하드웨어와 소프트웨어를 제공하지만 충전소를 소유하지 않고 이들을 연결하는 네트워크 플랫폼을 구축해 고객 서비스를 제공하는 데 주력한다. 이 플랫폼을 통해 전기차 이용자는 충전소의 위치 검색, 충전기 상태의 원격 확인, 대기 시간 예측, 과금 등의 서비스를 이용한다. 2017년에는 GE가 보유한 1만여 개의 충전소를 자사의 충전소 네트워크에 포함했다. 해당 충전소를 방문하는 고객에게 충전 서비스를 제공하지만 충전소를 소유하지는 않는다. 설립 100년이 된 GE의 충전소가 설립 10년이 된 스타트업의 운영 네트워크에 의해 관리되는 것이다.

 차지포인트 외에도 2009년 설립된 세마커넥트, 2011년 파산한 에코탈리티를 인수한 후 2018년 약 190억 원의 공모가로 상장한 블링크차징, 2010년 설립되어 DC급속충전소 보급에 주력하고 있는 이비고, 2010년 설립되어 약 300억 원의 펀딩을 받은 캘리포니아 스타트업 볼타 등 충전 서비스 시장의 경쟁도 서서히 달아오르고 있다.

최근 차지포인트, BMW, 이비고, 블링크, 닛산 등의 전기차 관련 사업자들은 단일 사용자 계정으로 각사의 충전소를 이용할 수 있는 협약을 맺었다. ROEV(Roaming for EV Charging)라 명명된 이 연합은 미국 내 공공 충전소의 91%를 점유하고 있는데, 경쟁보다는 협력으로 전기차 시장 확대에 주력하는 모습이다. 거대 에너지 회사들도 스타트업 인수를 통해 충전 서비스 시장이 확대되는 것에 대비하고 있다. 2017년 세계 3대 에너지 회사 중 하나인 로열더치쉘은 자국의 충전소 네트워크 뉴모션을 인수했다. 2009년 설립된 뉴모션은 독일, 벨기에, 노르웨이 등에 약 1만 5천 개의 충전 포인트를 운영하고 있다. 같은 해, 프랑스 에너지 기업 엔지도 2010년 설립되어 20개국에 4만여 개의 충전소를 보유하고 있는 이비박스를 인수했다.

향후 충전 사업은 충전 기기 사업자, 충전 부지 소유자, 네트워크 서비스 운영자가 협력과 경쟁을 지속하는 구조로 흘러갈 것이다. 또한 주유 사업처럼 독립된 부지를 이용하는 것과는 달리 기존 주차 시설을 활용하는 방향이 주류가 될 것이다. 그렇다면 베터플레이스의 배터리 교환 방식은 완전히 사라지게 될까?

고고로, 배터리 교환 모델의 부활

타이완은 세계에서 인구당 스쿠터 소유 비율이 가장 높은 나라다. 50%가 넘는다고 하니 두 명 중 한 명은 스쿠터를 소유한 셈이다. 2011년 설립된 타이완의 고고로는 전기 스쿠터로 자국 시장의 34%를 점유한 스타트업이다. 테슬라의 2015년 미국 내 시장점유율이 2% 정도인 것을 고려하면 고고로의 점유율은 놀랍다. 고고로는 '스쿠터 시장의 아이폰'이라는 별명을 가지고 있다. 별명에서 짐작되듯, 고고로의 성장은 아이폰 같은 감성적 디자인과 튼튼한 성능을 겸비한 데 있다. 이러한 콘셉트는 두 공동 창업자가 각각 마이크로소프트와, 한때 스마트폰 제조사로 주목받았던 HTC 출신이라는 점과 무관하지 않다.

고고로의 독특한 점은 스쿠터 충전을 위해 배터리 교환 모델을 채용했다는 점이다. 스쿠터 이용자는 배터리를 소유하지 않고 교환소인 고스테이션에서 완충된 최신 사양의 배터리로 교환한다. 스쿠터 종류에 관계없이 교환 가능한 표준규격을 채용해 호환성 문제를 해결했다. 배터리는 몇 분 안에 사용자가 직접 장착할 수 있으며 장착 후 스마트폰 앱으로 활성화한다. 고고로의 배터리 교환 모델은 환경운동가 앨 고어 및 프랑스 엔지 등으로부터 약 3천억 원의 펀딩을 받으면서 큰 주목을 받고 있다. 2017년까지 타이완에 약 400개의 교환소를 설치했으며, 이를 통해 남북으로 긴 타이완을 전기 스쿠터로 종단할 수 있게 되었다. 고고로는 현재 독일과 파리 등 유럽의 대도시로 진출을 모색하고 있다.

고고로의 성공 요인은 베터플레이스의 실패를 거울삼아 충전소 구축 비용을 최소화한 점에 있다. 고스테이션은 사실 충전소라기보다는 자판기와 비슷하다. 전기가 연결되는 곳이면 어디든 설치가 가능하며, 설치 비용도 개당 1천만 원이 넘지 않는다. 또한 75%의 주유소를 소유하고 있는 타이완 정부가 충전소 부지 제공 등의 지원을 아끼지 않은 것도 중요한 성공 요인이다.

전기차, 이동식 발전소

휴대폰 사용이 일상화된 요즘, 우리는 장기간 외부에 머물러야 할 경우 보조 배터리를 사용하곤 한다. 보조 배터리는 이동식 전원 혹은 이동식 발전기라고 생각할 수 있다. 그렇다면 전기차에 들어 있는 거대한 배터리도 이동식 전원으로 활용할 수 있을까? 전기차 배터리를 이동식 분산 전원으로 활용하는 기술을 V2G(Vehicle-to-Grid)라고 한다. V2G 기술을 이용하면, 전기차 운전자는 배터리에 남은 전기를 전력망을 통해 역전송할 수 있게 된다. 어렵게 충전한 전기를 왜 다시 방전하는가 생각할지 모르겠지만, 배터리의 잔여 전기를 역전송하는 대가로 요금을 돌려받을 수 있다면 어떨까? 혹은 전기 요금이 시간에 따라 다른 점을 이용해, 요금이 싼 새벽에 충전했다가 요금이 비싼 다른 시간에 전기를 역전송한다면 수익이 생길 수도 있다.

한국전력은 최근 V2G를 활용한 다양한 비즈니스 모델을 구상하고 있다. V2G 서비스에 가입한 전기차 소유주가 충전 시 스마트폰 앱으로 목표 충전량과 차량 이용 일정 등을 알려주면, V2G 서비스는 시간대에 따라 지능적으로 충전과 방전을 수행하며 수익을 올리면서도 차량 이용 시점에 맞게 목표된 충전량을 유지한다. 차량 이용 계획이 변한다면 원격에서도 스마트폰 앱을 이용해 배터리의 잔여 전력을 필요에 따라 한전에 되팔 수 있다.

이 기술은 전기차 운행자에게는 추가 수익을 제공하고, 전력 회사에는 전력 수요가 높은 피크타임에 추가 발전 없이 전력을 확보하는 장점이 있다. 전기차 보급이 크게 늘어난다면, 전기 회사 입장에서는 거대한 이동식 발전소를 확보하게 되는 것이다. 아직 충전 사업조차 초기 단계인 상황이라 V2G 분야에 주목할 만한 스타트업이 등장하지는 않았지만, 전기차 보급이 확대될 경우 이 기술이 어떤 새로운 서비스 모델로 활용될 수 있을지 주목할 만하다.

환경 규제와 자동차 산업의 미래

자동차 산업은 100년 전에도 세상을 바꾼 적이 있다. 급격한 도시화에 따른 우마의 배설물 처리 문제를 해결하며 불과 10여 년 만에 기존의 마차를 대체했다. 교통사고를 막기 위한 신호등, 차도와 인도를 구분하는 도로 체계도 만들어졌다. 석유를 정제하면서 불가피하게 나오는 가솔린을 유용하게 활용할 수 있게 되면서 에너지 산업과 정부 세금 체계에도 큰 영향을 주었다. 자동차를 양산하기 위해 개발된 포드의 컨베이어 시스템은 대량생산, 대량소비를 위한 자본주의의 핵심 시스템으로 발전하면서 대중문화와 철학에 이르기까지 막대한 영향력을 끼쳤다.

100년 가까이 이러한 변화를 이끌어온 내연기관 자동차는 이제 환경 문제의 주범으로 규제의 대상이 되고 있다. 1970년대 오일쇼

크를 계기로 1980년대부터 유럽과 미국에서는 자동차 환경 규제에 대한 논의가 진행되어왔다. 유럽은 현재 '유로6'가 시행되고 있는데, '유로1'이 시행되었던 1992년에 비해 일산화탄소, 질소산화물, 분진(PM) 등의 허용 수치가 90%까지 강화되었다. 미국은 '대기정화법'과 '기업평균연비'를 시행하고 있는데 2025년까지는 리터당 23.2km의 연비 기준을 지켜야 한다. 한국도 2020년까지 판매 차량의 평균 연비 기준을 리터당 24.3km, 온실가스 배출량을 킬로미터당 97g에 맞추도록 규정하고 있다.

주요 국가들은 아예 내연기관 차량 판매를 전면 금지하는 법안을 추진 중이다. 네덜란드와 노르웨이는 2025년부터 내연기관 차량의 판매를 전면 금지했고, 영국과 프랑스는 2040년부터 금지하기로 했다. 기존 판매된 차량에 대해서도 규제가 시작되고 있다. 2020년부터 프랑스 파리는 디젤차의 도심 진입을 금지할 계획이고, 영국은 환경 기준을 충족하지 못하는 차량에 공해세(Pollution Tax)를 부과할 계획이다. 독일의 주요 도시도 2018년부터 '유로6'를 충족하지 못하는 디젤차의 시내 진입을 막기로 했다. 최근 몇 년간 연비와 친환경을 강조한 자동차 광고들이 눈에 띄게 많아진 이유다.

강화된 환경 기준으로 자동차 연비 등이 개선될 것으로 보이기는 하지만, 기존 내연기관 기술은 2020년을 기점으로 강화되는 환경 규제를 만족시킬 수 없다는 것이 자동차 업계의 전반적인 분위기다. 때문에 하이브리드(HEV), 플러그인하이브리드(PHEV), 전기차, 수소연료전지차 등 새로운 동력 체계를 상용화하지 못한다면 자동차 제조사는 문을 닫아야 하는 절박한 상황에 직면해 있다.

향후 10년간 자동차 산업이 크게 변할 것이라는 전망은 막연한 이야기가 아니라 이와 같은 현실적인 규제 시행과 시장 변화에 근거를 두고 있다. 그래서 볼보와 같은 회사들이 2019년 이후 순수 내연기관 차량은 판매하지 않겠다고 선언하는 것이다. 자동차 산업은 국가 경제에 큰 영향을 미쳐왔다. 선진국들은 자국의 자동차 산업을 보호하고 해외 수출을 늘리기 위해 비관세 장벽인 하나인 환경 규제를 오랜 시간에 걸쳐 강화해왔다. 그 결과 순수 디젤 혹은 가솔린 기관은 서서히 사라질 것으로 보이며, 과도기적인 플러그인 하이브리드 방식을 거쳐서 조만간 전기차가 대중화될 것으로 기대된다. 이처럼 현실화되고 있는 자동차 산업의 변화 아래서 기존 기업과 스타트업 들이 어떠한 새로운 변화를 이끌어내게 될지 주목할 만하다.

10

새로운 설계자, 공유경제의 탄생

"세상을 바꾼다는 것은 평범한 사람들이 일상의 문제를 맞아
범상치 않은 방안을 만들어내는 것이다."

카우프만 재단

최근 들어 공유경제라는 용어가 흔하게 쓰이고 있다. '공유'라는 단어가 주는 편안함과 넉넉함이 사람들의 마음에 와 닿아서 그런지도 모르겠다. 공유는 한마디로 나눈다는 의미다. 이런 좋은 뜻을 거부하는 사람은 없을 것이다. 그런데 이 개념을 정확히 알아야 가치를 제대로 살릴 수 있다. 그래야 공유경제의 실상을 정확하게 이해할 수 있다.

공유 지향의 스타트업을 말할 때는 그들이 추진하는 '공유' 개념에 대한 이해가 정확할수록 좋다. 그래야 공유경제 스타트업이 어떤 목적지를 향해 가는지에 대한 안목을 가질 수 있다. 여기서 한 가지 분명히 해야 할 것이 있다. 현재 우버와 에어비앤비 같은 기업들이 만들어가고 있는 공유경제는 유휴 자원의 효율적인 활용에 관

한 것이다. 흔히 오해하는 도덕성에 기초한 부의 공유 개념은 현재 스타트업의 영역이 아니다. 즉, 어릴 적 엄마에게 듣던 '같이 나눠 써야 착하지'라는 도덕성을 전제하는 것이 아니라는 점이다. 현재 번지고 있는 공유경제의 뿌리는 사욕과 이기심이라는 시장 원리를 인정하고 있다. 공유경제에 참여하는 주체의 동기는 한마디로 '욕망'이며, 그들이 원하는 '게임'은 시장 원리다. 여기서 시장 원리란 경쟁에 의해 움직이는 법칙을 말한다. 물론 그들의 마음속에는 남들을 '격려하고 칭찬하는 보람'도 있지만 근원적 욕구는 시장을 개척하고 부를 획득하는 것이다. 이것을 '공유'라는 평등 취향의 단어를 사용하기에, 도덕적 텃밭으로 오해하기도 했다.

공유경제라는 이름 아래 사용 빈도가 낮은 유휴 자원을 나누어 쓰는 스타트업 활동은 점차 커지고 있다. 이미 자동차, 숙박 장소, 남는 방, 행사용 복장, 장난감, 작업 공간 등을 공유하는 방식을 통해 비즈니스를 펼치는 스타트업이 많이 등장했다. 이렇듯 여러 유형의 자원 활용 비즈니스 모델이 등장하다가 우버와 에어비앤비처럼 세계를 호령하는 스타트업을 낳은 것이다. 보통 공유경제라고 칭하지만, 자원의 낭비를 줄여 물질의 효율적 흐름을 추구한다는 의미에서 일부에서는 '순환경제(circular economy)'라는 표현을 쓰기도 한다.

이러한 공유 지향의 스타트업들은 인터넷이 없었다면 불가능한 사업이다. 인터넷 덕분에 유휴 자원을 나누어 효율성을 높일 수 있게 된 것이다. 인터넷 의존도가 높은 사업인데 현재 인터넷을 사용하지 않는 계층이 여전히 전 세계 인구의 30%가 넘는다니, 앞으로 공유경제 시장은 더 커질 것으로 보인다. 공유경제의 시장 규모는 이미 연간 200억 달러를 넘어섰고, 확대 속도도 빨라 들불처럼 번진다는 평을 듣고 있다. 세계적인 컨설팅 회사인 프라이스워터하우스쿠퍼스의 수석 이코노미스트인 존 혹스워스는 이 시장이 2025년까지 3천 350억 달러로 성장할 것으로 예측했다. 예측의 정확성은 잠시 덮어두더라도, 시장 확대의 가능성이 높은 것만은 분명하다.

공유경제 시장은 이처럼 점차 커지고 있지만, 스타트업을 괴롭히는 것은 치열한 경쟁이다. 아마도 낮은 진입장벽 때문일 것이다. 즉, 공유경제에서는 소위 '치킨 게임'이 벌어진다고 알려지는데, 경쟁이 극심해서 앞뒤 안 보고 업체 간 출혈 전쟁으로 변질된다는 말이다. 그래서인지 현재 공유 지향의 스타트업 생태계에서는 여러 스타트업이 한꺼번에 우르르 등장했다가 극소수만 살아남는 경우가 많다. 이는 공유 스타트업을 계획하는 예비 창업자들이 주목해야 할 포인트다. 섣불리 달려들었다간 얼마 버티지 못하고 도태될 수 있다는 생각을 해야 한다.

하지만 공유경제 스타트업의 성취감은 상당히 높다. 가장 중요한 성취감은 아마도 '개인 간 장터'를 개척해서 기존에 없던 가치를 창조한다는 기쁨일 것이다. 이른바 새로운 세상을 연 창시자와 같은 성취감인데, 이런 수준의 성취감을 갖는 것은 그들이 발굴하고 개척한 개인 간 장터 덕분에, 소비자이기만 하던 사람들이 생산자가 될 수 있기 때문이다. 우버만 보더라도 택시 사용자가 그 서비스의 공급자가 되기도 한다. 이렇게 한 사람이 구매자가 될 수도 있고 판매자가 될 수도 있으며, 때로는 동시에 둘 다가 될 수 있다. 간혹 들었던 프로슈머의 시대를 본격적으로 여는 일등 공신이 되는 것이다.

잘 알려진 바대로, 우버와 에에비앤비가 공유경제를 대표하는 스타트업이다. 이들은 작은 스타트업으로 시작했지만 짧은 시간에 거물급 기업으로 성장했고 이제는 자타가 공인하는 세계적인 기업이 되었다. 두 기업은 아직 상장하지도 않았는데 기업 가치가 엄청나다. 2018년 5월 기준으로 우버의 기업 가치는 71조 원을 넘어섰고, 에어비앤비는 33조 원을 넘어섰다. 그들을 유니콘 기업이라고 부르는데, 유니콘은 상장하지 않은 기업 가운데 기업 가치가 1조 이상으로 평가받는 기업을 말한다. 에어비앤비만 해도 건물이나 부동산 등 자산을 거의 보유하고 있지 않은데도, 유명한 호텔 프랜차이즈인 힐튼 혹은 하얏트보다 더 높은 가치를 인정받았다. 우버 역시 자동차를 한 대도 소유하고 있지 않다. 에어비앤비는 실제 호텔업의 개념을 바꿨다. 숙박업이라고 하면 부동산을 취득하거나 빌려 규모 있는 빌딩을 지어 프랜차이즈 호텔을 내거나, 아니면 자체 브랜드의 호텔을 운영하는 것이 호텔업의 규칙이었다. 하지만 에어비앤비는 단 한 개의 방도 소유하고 있지 않지만 숙박업을 할 수 있는 길을 열었다. 새로운 패러다임을 개척했다는 평가 덕분에 높은 기업 가치를 인정받은 것이다. 두 스타트업의 신화적인 성공은 기존의 시장 판도를 어떻게 한순간에 뒤집는지를 잘 보여줬다.

우버와 에어비앤비의 성공 스토리에 기대어 이들 방식을 응용한 후발 스타트업들이 줄지어 탄생했다. 단지 공유할 유휴 자원만 다른 것이다. 이렇게 여러 분야로 확산되면서 공유경제라는 하나의 패러다임이 조성되었다. 우버와 에어비앤비가 발굴한 공유경제 공간은 스타트업 역사상 이렇게 큰 후폭풍을 일으키는 비즈니스 모델이 있을까 싶을 정도로 파괴력이 크다. 앞으로도 한동안 공유 개념을 응용하는 스타트업들이 확산될 것으로 예상된다.

우버와 에어비앤비가 비슷한 시기에 탄생한 것도 흥미로운 사실이다. 우버는 2009년, 에어비앤비는 2008년에 창업했다. 이렇게 비슷한 시기에 엄청난 두 기업이 창업했다는 것은 결코 우연이 아니다. 이들 비즈니스 모델이 때를 만난 것이다. 어떤 비즈니스 모델이든 성공하려면 시대에 너무 앞서 나와도 안 되고 너무 뒤처져 나와도 안 된다. 모든 일에는 다 때가 있다. 두 기업이 '실시간 주문형 택시 서비스'와 여행객을 위한 '숙박 공유 서비스'라는 아이디어를 '적절한 시점'에 내놓았기에 성공한 것이다. 이는 세상이 받아들이는 타이밍이 따로 있음을 말해주는 실증적 증거다.

우버와 에어비앤비의 성공 비결은 무엇일까? 이들의 아이디어가 위대했기 때문은 절대 아니다. 공유경제 개념의 선도자인 뉴욕 대학교의 아룬 순다라라잔 교수는 "공유경제라는 아이디어 자체에는 별로 새로울 것이 없다"라고 말했다. 공유경제의 아이디어 자체는 누구나 떠올릴 수 있는 수준이라는 것이다. 실제로 에어비앤비는 초기에 "쓸데없고 멍청해 보이는 아이디어"라는 평을 듣기도 했다.

투자자들도 관심이 없기는 마찬가지였다. 에어비앤비 창업자 브라이언 체스키와 조 게비아는 투자자들이 면담 중간에 음료수를 반쯤 남긴 채 나가버리는 치욕적인 경험도 여러 차례 겪었다. 그런데 무엇이 이들을 성공으로 이끌었을까? 승부처는 아이디어 자체가 아니라, 아이디어를 떠올린 후 지속적으로 가진 '제품에 대한 통찰'과 '실행에 대한 열정'이었다.

조금 더 구체적으로 살펴보자. 에어비앤비는 사이트에 숙소 정보를 소개할 때 집주인의 개성을 드러내도록 권장했고, 전문 사진 촬영 서비스를 제공하기도 했다. 다른 숙박 사이트에서 볼 수 없는 정성과 통찰을 집어넣은 것이다. 같은 아이디어를 가졌던 업체들은 이런 경쟁에서 도태될 수밖에 없었다. 더 나아가 검색과 메시지 발송, 대금 지불 등 모두 매끄럽고 독립적인 처리가 가능하게 했다. 이런 정도의 세심한 서비스를 장착한 경쟁 업체는 없었다. 그러면서 '남는 방'이라는 공간을 바라보는 관점이 달랐고, 낯선 사람과 만나는 법을 새롭게 정의했던 것이다. 게스트가 원하는 장소를 선별해서 보여주는 '매칭 기술'을 아주 편리하게 제공하는 작업에도 전력을 다했다. 숙박 공유 사이트 사업은 근본적으로 웹사이트 전쟁인데, '그저 좋은 수준'이 아니라 '다시 이용하고 싶고 소문내고 싶을 만큼 좋은 수준'으로 준비했다는 것이다. 여기에 그치지 않았다. 에어비앤비는 현재 400여 명의 엔지니어가 서비스 업그레이드에 투입되고 있다. 이런 노력은 결국 숙박의 대안적 관점을 시장에 선보이는 결과를 낳았다.

카우치서핑, 홈어웨이, VRBO와 같이 이미 비슷한 공간 임대 사이트가 있었지만 유독 에어비앤비만 뜬 이유가 바로 이것이었다. 결정적인 승부처는 아이디어 싸움이 아니었다. 오직 치밀한 실행 능력이 승자와 패자를 구분하고 세상을 바꾸는 동력이 되었다.

공유경제 패러다임을 개척한 우버와 에어비앤비의 창업자들은 창업할 때 이미 공유경제라는 패러다임을 생각했을까? 그렇지 않다. 우버의 창업자 개릿 캠프와 트래비스 칼라닉은 파리 여행에서 택시 잡기에 너무 고생을 해서 아이디어를 떠올렸다고 알려졌다. 그저 차를 빨리 타는 방법을 찾고 싶었을 뿐이었다. 에어비앤비의 창업자 조 게비아와 브라이언 체스키도 자신들의 월세가 오르면서 남는 방을 통해 돈을 벌기를 원했을 뿐이다. 단순한 욕구에서 창업 아이디어가 잉태되었고, 그것이 우연히도 공유경제의 초석이 되었다. 그들도 당초 멋진 목적을 가졌던 것은 아니고, 일반적인 의미의 창업자로서 욕망을 가졌을 뿐이다. 실제로 그들은 '공유경제'라는 말을 꺼낸 적도 없다. 거창하게 '공유경제를 만든다'든가, 혹은 '세상을 바꾼다'는 생각을 했던 것은 아니었다. 오직 자신들이 원하는 사업을 만들었고 또 천신만고 끝에 성공하게 되니, 세상 사람들이 공유경제를 만들었다고 평가하기 시작한 것이다. 이들 사례에서 보듯, 거창한 이상을 갖고 있지 않더라도 때를 만나면 새로운 패러다임도 만들게 된다. 우버와 에어비앤비도 그런 길을 밟아왔다.

실시간 주문형 서비스

우버가 개척한 중요한 수익 모델에 주목할 필요가 있다. 실시간 주문형 서비스라는 것으로, 실상 수많은 모방작을 만들었던 원천이다. 우버의 비즈니스는 주문형 택시 서비스로 표현되는데, 핵심은 최적의 실시간 접근을 허용하는 것이다. 이를 통해서 우버는 사용되지 않는 두 가지 자원을 공유하는 길을 열었다. 첫째, 하루 평균 23시간 서 있는 자동차이고, 둘째, 자동차 주인의 여유 시간이다. 실제로 이 두 자원은 대표적인 유휴 자원이다. 이것을 우버가 주문형 서비스라는 개념으로 효율성을 높인 것이다. 이는 과거 어느 택시 서비스에서도 하지 못했던 일이다. 우버를 이용하면 택시를 기다릴 필요가 없고 지불 절차도 생략된다. 자신이 어디 있는지 말할 필요도 없다. 스마트폰이 그 일을 한다. 택시의 도착 시간을 분 단위까지 알려주며, 택시의 접근 경로도 알 수 있다. 공동 요금제를 활용하면 이용 요금의 최대 4분의 1까지 내려간다. 우버가 만들어 낸 정말로 놀라운 사용자 편리이며 혁신이다.

본래 실시간 주문형 서비스는 소프트웨어에서 시작되었다. 소프트웨어는 이미 구독 방식으로 실시간 주문형 서비스가 정착되었다. 이른바 '소비에서 접근으로'라는 원리가 적용되기 시작하는 것이다. 접근은 거의 실시간에 가까운 속도로 허용되며 이를 통해 필요한 서비스가 바로 제공된다. 자원이 쓰이지 않는 시간, 빈 침실, 주차된 차, 사용되지 않는 사무 공간 등이 있다. 위워크라는 스타트업을 보더라도, 사무 공간의 효율성을 높이고 '소유보다 접근'이라는 원리에 충실히 빈틈을 찾은 유형이다.

우버를 따라 한다는 것은 한마디로 우버가 개척한 '주문형'과 '실시간 서비스'라는 두 개념을 모방해서 사업을 한다는 뜻이다. 실제로 이들을 다양하게 응용하는 사업체가 생기면서, 온디맨드(on-demand) 경제 모델이라는 용어도 등장했으며, 심지어 '모든 산업이 우버화하고 있다'라는 말도 나왔다.

우버의 응용판이란 공유하려는 자원만 다를 뿐 우버의 골격을 그대로 사용하는 비즈니스이기 때문에, 약간의 과장을 넣으면 'X를 위한 우버'라고 표현할 수 있다. 구체적인 사례를 보자. 자동차 자체를 공유 자원으로 하는 집카가 대표적인 우버 응용판이다. 집카는 로빈 체이스가 "딱 운전한 만큼만 요금을 내는 서비스"가 필요하다는 통찰에 의해 2000년에 출범한 스타트업이며, 2013년 렌터카 업체인 에이비스에 5억 달러에 매각한 바 있다. 매각 시점까지 상당한 실적을 냈던 것으로 유명하다.

이와 유사한 사업체로는 동료의 차를 빌려 직접 운전하는 릴레이라이즈도 있다. 여기서 집카와 릴레이라이즈의 차이에 주목해보자. 집카는 신차를 대량으로 구입해 보유하면서 운전자에게 빌려주는 기업 대 개인(B2C) 중개 회사다. 이에 반해 릴레이라이즈는 개인끼리 차를 빌려주고 빌리도록 중개하는 개인 간(P2P) 장터다. 실제 이두 방향, 즉 B2C 중개와 P2P 장터 모델은 현재 우버의 응용판 경로를 따르는 스타트업의 골격이다. 공유경제의 스타트업 상당수가 이두 모델에 속한다고 봐도 과언이 아니다.

아이를 학교와 집으로 실어 나르는 서비스 제공 업체 서들도 있다. 이 회사는 워킹맘을 위해 아이들 방과 후 교통을 안내하고 연결하는 비즈니스 모델을 발굴했다. 또한 농업용 기계를 공유하도록 돕는 스타트업도 있다. 머시너리링크라는 스타트업인데, 지역별로 수확 기간이 다르기도 하고 콤바인 등 농기계를 모두 동일 시간에 사용하지 않기 때문에 공유가 가능하다는 생각에서 시작되었다. 이 회사는 텍사스 북부에서 태평양 연안까지 북아메리카 대륙의 지역별 곡물 수확 기간의 차이를 활용한다. 국토가 좁은 한국에서의 활용도는 조금 낮겠지만, 후속 모방판이 등장할 수 있다. 한편 노동인력 공유 사이트도 등장했다. 바로 피플퍼아워라는 스타트업이다. 온라인으로 노동인력을 중개한다는 것이 핵심 비즈니스 모델이다.

한편 에어비앤비의 응용판도 계속 늘고 있다. 스타트업 원파인스테이는 고급 숙박지를 소개하는 사이트를 운영한다. 럭셔리 에어비앤비라고 표현될 정도로, 응용판을 넘어 모방판에 가깝다. 단지 고급 숙박을 연결한다는 것만 다를 뿐이다. 최근 에어비앤비가 고급 숙박에 대한 프리미엄 서비스를 시작해서 경쟁자가 되었지만, 응용할 만한 분야를 개척한 것은 분명하다. 이뿐만이 아니다. 개인 별장에 특화한 공유 사이트 업체도 있고, 집 교환 사이트 업체도 존재한다. 한편 유니온키친이라는 스타트업은 공동으로 사용하는 조리 공간을 제공하는 것을 비즈니스의 요체로 한다. 단순하게 표현하면, 숙박 공간을 조리 공간으로 응용한 비즈니스다. 음식으로 승부하는 스타트업들도 조리 공간과 정보 공유가 필요하다는 것을 통찰한 요나스 싱어가 워싱턴 DC 도심에서 출범해 상당한 효과를 얻고 있는 것으로 알려졌다. 장난감 공유를 주도한 스타트업 너드블록과 스파크박스도 있다. 장난감이라는 것도 아이가 자라면 유휴 자원이 되고, 또 나누어 사용하면 효율성이 더욱 높아지는 속성을 갖고 있어 공유로서 적합성이 높다.

한편 서비스로서의 옷 개념을 이용한 공유 스타트업도 성공 궤도를 달리고 있다. 스티치픽스라는 스타트업이 대표 사례로, 필요한 의상(옷)을 적시에 사용할 수 있도록 소개하는 비즈니스다. 옷을 소유하는 것이 아니라 접근하는 서비스로 바꾸어놓음으로써, 의복이 공유 자원의 주요 대상으로 부각되었다. 한국에서는 스타트업 '열린옷장'이 같은 범주에 속한다. 미국 렌트더런웨이도 이와 유사하다. 값비싼 옷을 빌려주는 기업으로, 특별한 날에 고급 드레스를 빌려 입으려고 이 스타트업을 찾는 미국 여성이 5백만 명을 넘어섰다고 한다.

꿈은 유니콘, 현실은 바퀴벌레

에어비앤비는 친구들이 말릴 정도로 '터무니없는 아이디어'라는 평가를 극복하고, 결국 여행 문화를 바꾸었다고 할 만큼 영향이 큰 사업체가 되었다. 기업 가치가 1조 원 이상인 유니콘 기업 중 에어비앤비는 최상층인 30조 이상으로 인정받는다. 지금도 에어비앤비 사용자가 빠른 속도로 늘고 있어 성장세가 무섭다. 이미 사용자가 2천만 명을 넘어섰고, 1개월마다 최소 1백만 명이 증가한다.

그런데 에어비앤비와 같은 공유경제의 창시자들도 처음부터 성공한 것은 아니다. 그들도 창업 초기에는 정말로 험난한 세월을 겪었고 버티기 힘들 정도의 빈곤을 겪었다. 생존을 위한 최소한의 수익을 올리기 어려웠고, 앞날이 어두워 그저 한없이 긴 깜깜한 터널을 지나는 듯했다. 통장 잔고가 거의 없는 순간도 여러 번 당했다고 한다. 오죽하면 이들은 "라면 수익률(Ramen Profitability)"이라는 말도 만들어냈다. 이는 집세를 내고 라면으로 끼니를 때울 수 있을 만한 수입이 들어오는 시점을 뜻한다. 에어비앤비 공동 창업자인 조 게비아는 라면 수익률까지 버티라고 말한다. 그 뒤에는 반드시 활주로가 있다는 희망을 동시에 주면서 말이다. 현재 가치 평가 1조 이상의 유니콘 기업도 한때 바퀴벌레 같은 시절을 겪었다는 사실을 기억하자.

에어비앤비의 창업 후 참담한 상황은 오바마 시리얼이라는 에피소드로 유명하다. 2008년 덴버에서 열린 민주당 전당대회에서 숙박 서비스를 통해 돈을 좀 벌려고 했으나 브라이언 체스키와 조 게비아는 실패했다. 그러자 새로운 아이디어를 떠올린다. 에어비앤비를 이용하는 고객들이 아침으로 먹는 시리얼을 판매하기로 한 것이다. 하지만 평범한 시리얼이 아니었다. 포장 박스에 '오바마'와 '캡틴 매케인'이라 적힌 시리얼을 박스당 40달러에 팔았다. 체스키가 "우리는 추락하는 와중에 낙하복을 입고 있는 것과 마찬가지였지요!"라고 했듯이 곤경 속에서 위험을 감수한 궁여지책이었다. 그런데 예상 밖으로 시리얼이 너무도 잘 팔렸다. 무려 2만 달러가 넘는 매출을 올렸고 이 수입으로 신용카드 빚을 갚을 수 있었다. 이것이 바로 '에어비앤비 바퀴벌레 이야기'다.

어려움 속에서 헤매며 미래가 불투명했던 시절, 에어비앤비는 당시 한창 커가던 액셀러레이터 와이컴비네이터에 지원한다. 당시 에어비앤비는 그들에게 인정받지 못했다고 한다. 심사 마지막 날, 미팅을 마치고 나설 때 창업자 브라이언 체스키와 조 게비아는 와이컴비네이터의 대표인 폴 그레이엄에게 자신들의 시리얼 박스를 선물로 주었다. 얼마 전 있었던 민주당 전당대회 기간에 에어비앤비를 이용하는 고객들에게 팔고 남은 것이란 사실도 알려주었다. 살아남기 위해 오바마 시리얼까지 만들어 팔면서 노력했다는 의지를 강력히 전달하고자 했던 것이다. 그 의도는 놀랍게도 폴 그레이엄의 마음을 울렸다. 폴 그레이엄은 시리얼 박스를 본 후 감탄하며 이렇게 외쳤다. "당신들은 생명력이 강해요. 마치 바퀴벌레 같네요!" 와이컴비네이터는 그 생명력에 감탄해 결국 에어비앤비를 육성하기로 결정한다. 그 이후 에어비앤비는 엄청난 속도로 성장했다.

공유경제의 확장에 대해

2013년 〈이코노미스트〉 잡지의 한 표지 기사가 큰 반응을 불러일으켰다. 일상생활 곳곳에 공유할 수 있는 유휴 자원이 널려 있다고 알리는 신호탄이었다. 집을 한가운데 두고, 자전거, 정원, 의류, 장난감, 책, 기계를 비롯한 일상생활 용품 대다수를 공유할 자원으로 지목했다. 이 기사가 지목했던 자원들은 현재 그대로 사실이 되어 모두 공유 대상이 되었다. 이렇게 공유경제의 폭은 커지지만, 그렇다고 해서 성공 신화가 비례적으로 늘어나는 것은 아니다.

우버와 에어비앤비 이후 후발 기업 중에는 이렇다 할 성공 사례가 아직 없다. 옷, 공간, 장난감 등 다양한 자원의 공유에서 비즈니스 모델이 등장했지만 쉽지 않은 모양이다. 공유경제를 낙관적으로 보면서 몇 개의 성공 사례에 취해 있지만, 실제로 공유경제 기업의 대부분은 어두운 터널을 지나고 있다. 심지어 완전히 폐업의 길로 들어선 사례도 늘고 있다. 사무 공간의 공유 장터였던 미국의 루즈큐브스는 수익 역량을 제대로 보여주지 못한 채, 창업 후 몇 년 버티지 못하고 2012년에 폐업했다. 영국의 자동차 공유 서비스 업체인 휩카는 우버와 달리 아무런 힘도 써보지도 못하고 2013년에 폐업했다. 공유경제가 확대되는 추세인 것은 분명하지만, 개별 스타트업의 생존은 구분해서 봐야 한다. 패러다임의 변화로 새로운 기회는 커지고 가능성이 확대되었지만, 경쟁이 치열하기 때문에 개별 스타트업은 생존이 쉽지 않은 상황이다. 이런 현실에서 공유경제 관련 창업자들이 무조건 성공할 수 있다고 생각하는 것은 완전한 오산이다.

공유경제 자체로도 아직 해결해야 할 과제가 많다. 가장 중요한 장애는 기존 질서와의 충돌이고, 사용자들의 신뢰 확보다. 공유경제 기업이 설령 혁신의 상징이 된다 하더라도 기존 관행을 깨기가 쉽지 않다. 그래서 기존 질서와의 충돌이 발생할 수밖에 없다. 예를 들어, 우버의 확장 과정은 도시 당국 사이에 벌어진 전쟁의 역사라도 말해도 과언이 아니다. 우버에 모든 수입을 뺏기게 된 영업용 택시 기사의 분노와 공포가 그렇다. 도시 행정당국은 이들의 요청을 저버릴 수 없어 결국 규제에 나서기도 한다. 우버만 해도 세계 주요 도시 택시 운전자들의 저항이 많았다. 기존 택시 회사 입장에서는 우버가 시장을 파괴하는 침입자였던 것이다. 한국에서도 택시 기사들의 저항이 강해서 우버가 정착하지 못했다.

또한 에어비앤비에 대한 충돌과 저항도 적지 않다. 에어비앤비는 초기부터 이해하기 어려운 대목이 많았다. 여행객들이 과연 다른 가정집에 묵으려고 할지, 또 알지도 못하는 여행객을 집으로 들이려는 사람이 얼마나 될지, 모든 것이 의문투성이였다. 그래서 실제로 많은 사람들이 염려했다. 그러나 창업자들은 무서운 집념과 예리한 통찰로 이러한 의문을 뚫고 비즈니스를 성장시켰다. 그렇다고 당초의 염려가 완전히 해소된 것은 아니다. 집주인과 여행객 사이에 존재하는 불확실한 신뢰에서 문제가 꾸준히 터져 나오고 있다. 한 여행객은 집 전체를 엉망진창으로 만들었다. 최근에는 집주인이 여행객을 성폭행하는 엄청난 사고도 발생했다. 공급자 쪽의 비행도 있고 사용자 쪽의 불성실도 있다. 에어비앤비는 이런 사건들을 개인의 문제로 설정하지만, 이것을 인정하지 않는 사람도 많다. 구조적으로 신뢰를 높이는 대책이 나와야 할 것이며, 이것이 시스템에 안정적으로 적용될 때에야 사람들이 모두 안심할 수 있다. 설령 새로운 여행 문화에 열광하는 층이 많다 하더라도, 여전히 신뢰 문제가 해소되지 않는다면 사업 확대는 한계를 보일 것이다.

지금까지의 공유경제 스타트업에 대한 논의를 정리하자. 우버와 에어비앤비를 위시해서 공유경제는 엄청난 공룡 기업을 낳는 모태로 부각했고 많은 응용판 스타트업이 생겼다. 그러나 성공 신화는 소수에 불과하다. 아마 전체 시장 규모는 커지고 있지만 소수가 독식해서 스타트업에는 어려운 상황인 것으로 판단된다.

공유경제는 다음 두 가지 중요한 의미를 전하고 있다. 우선 "한순간에 시장을 장악할 수 있다"라는 희소식부터 "시작은 쉽지만 한 방에 갈 수 있다"라는 비보까지 동시에 존재한다는 점이다. 스타트업이 만들어갈 드라마가 해피엔딩이 될지 여부는 사용자와 공급자 사이의 신뢰라는 자산이 제대로 축적될 것인지에 달려 있다. 만약 신뢰가 잘 조성된다면 "대세가 된 아이디어는 결코 죽지 않는다"라는 명제를 입증하는 좋은 사례가 되어 시장은 더욱 확대될 것이다.

두 번째 의미는 '새로운 장르를 만드는 힘'에 관한 것이다. 공유경제의 성공 사례는 "새로운 장르를 시작할 수 있어야 선진 기업이 태어난다"라는 경영의 지혜를 제시하고 있다. 우리는 오히려 반대로 생각하곤 했다. 선진 기업이 많이 나와야 새로운 장르의 경영 사상이 만들어질 것이라고 말이다. 그러나 실상은 반대다. 세상에 없던 새로운 '장르'를 만드는 창조적 사유 능력이 있어야 독자적인 생각을 하며, 그것이 자양분이 되어 선진 기업이 등장한다. 이는 선진 기업이 많아지길 소망하는 한국 경제가 과연 새로운 장르를 만들어낼 수 있는지를 우선 고민해야 한다는 경각심과 교훈을 준다.

11

사회적 기업과 소셜벤처

"꿈을 밀고 나가는 힘은 이성이 아니라 희망이며,
두뇌가 아니라 심장이다."
도스토옙스키(러시아 작가)

'사회적 경제'라는 단어만큼 사람들의 마음을 울리는 것도 드물다. 단어 자체가 사회적 약자와 함께한다는 공생의 의미를 풍겨서인지 호감이 높다. 경제활동을 하자면 약육강식이라는 시장 원리를 피할 수 없지만, 그럴 경우 강자가 더 많은 것을 가져가고 사회적 약자는 더욱 빈궁한 처지에 빠진다. 이런 상황에서 사회적 약자와 함께한다는 테마는 공감을 불러일으킨다. 따뜻함이 있기 때문이다. 이렇게 사회적 약자의 어려움을 줄여주는 것이 바로 사회적 경제가 담당하는 영역이다.

사회적 기업은 사회적 목적을 달성하려는 기업을 말한다. 주로 빈부 격차나 환경 오염 같은 사회문제를 해결하거나, 혹은 사회 약자들에게 도움을 주면서 수익을 얻는 노력을 기울이려는 조직이다.

여기서 주목해야 하는 포인트는 기업이 사회적 목적을 이루는 첨병이 되었다는 사실이다. 과거 사회적 목적을 감당하는 역할은 기업의 몫이 아니었다. 대체로 시민단체, 복지단체, NGO, 정부 등이 맡았다. 그런데 이런 중대한 임무를 기업이 맡게 되었다는 것이 놀라운 변화다. 기업이라는 도구를 통해 사회적 목적과 수익 추구, 이 두 상반된 가치가 동시에 실현되게 된 것이다.

그런데 우리 사회적 기업 브랜드에는 독특한 특징이 하나 있다. 바로 '노동 취약자의 고용'에 초점을 맞춰왔다는 것이다. 주로 사회적 약자들을 고용하는 기업이라는 의미를 가져왔다. 이 특징은 정부 주도로 사회적 기업을 정의했기 때문이다. 고용노동부가 인증 제도를 통해 사회적 기업을 정의하고 취약층 고용에 대해 인건비를 지원하면서, 사회적 기업이라는 개념이 복지와 가까워졌다. 이는 기업이긴 하지만 자체 수익 능력이 없더라도 생명을 유지할 수 있는 길이 열린 셈이었다. 수익을 내지 못해도 정부 지원금에 의존할 수 있기 때문이다. 여기서 문제가 생긴다. 수익력이 매우 취약하고 정부 의존만 높은 기업으로 사회적 기업이 점차 자리매김하며 생기는 문제다. 현재의 정황이 그렇다.

현재는 사회적 경제 자체의 지속 가능성에 대해 안심하기 어려운 상황이다. 정치권에서도 사회적 경제를 활성화하려고 하지만 최소한의 수익 능력을 갖게 하는 것이 중요하다. 사회적 기업도 기업으로서 기본적인 역할을 하고 난 후 사회적 목표를 이뤄야 한다. 사회에 주는 긍정적 영향만을 강조하다 보면 수익에 대해 무책임해질 수 있다.

사회적 경제 조직은 3가지 자금원에 의존한다. 첫째, 기업으로서 스스로 만들어내는 수익, 둘째, 정부 지원금, 셋째, 영구적 기부금이다. 사회적 경제의 가장 유용한 모습은 스스로 만들어내는 수익 모델을 가진 첫 번째 기업이 늘어나는 것이다. 앞서 사회적 경제는 돈이 펑펑 넘쳐나는 곳이 아니라고 말했다. 사회적 기업이 활동하는 시장 자체가 성장세가 높지 않기 때문에 그렇게 표현한 것이다. 스타트업이란 사회적 가치를 떠나서도 생존 확률이 낮은 존재인데 사회적 미션까지 주어진다면 상황은 더욱 어려워진다. 그래서 소셜벤처는 앞길이 험난할 수밖에 없다.

진정한 사회적 미션을 생각하는 스타트업이라면 수익을 얻는 방법을 고심할 것이다. 밤잠을 포기해서라도 자생적 능력을 갖추려고 혼신의 노력을 기울여야 한다. 때론 창의적으로 새로운 시장을 개척할 각오를 해야 할 수도 있다. 만약 정부 지원금이 경쟁적이 아니고 시혜적이라면 기업은 이익을 얻기 위해 최선의 노력을 다할 필요가 없다. 정부만 잘 상대하면 되기 때문이다. 이렇게 되면 기업가 정신이 없다는 문제를 초래한다. 한국 사회에는 놀랍게도 수익 모델을 심각하게 생각하지 않는 사회적 기업이 많다. 이들은 당장의 수익 모델에 대해 치열하게 고민하기는커녕 그저 '적당하게' 생각하는 선에 그치고 있다.

사회적 경제란 경제적 파이를 키우려는 목적을 갖고 있지 않다. 사회적 경제는 근본적으로 성장 속도가 낮은 시장을 공략하기 때문에 성장이 정체될 수밖에 없다. 이는 전 세계적으로 공통적인 현상이다. 미국의 유스인더스트리와 크리에이트파운데이션과 같은 레스토랑 업종의 사회적 경제 조직체도 어차피 시장 수요가 크게 증가하지 않는 곳에서 활동하고 있다. 그런데 한국에서 사회적 경제의 약세가 지속되는 것은 시장 속성보다는 취약 계층에 대한 인건비 보조 중심으로 운영된 탓이 더 크다. 즉, 인건비 형태의 정부 보조금 의존도가 높다 보니 사업 전략 부재와 취약한 수익 구조 문제 등이 사회적 경제의 성장을 저해하는 원인이 된 것이다. 사회적 경제의 건강한 발전을 위해서는 지금과는 다른 획기적인 발상의 전환이 필요하다.

그러면 과연 어떤 방향으로의 전환이 필요할까? 해답은 그리 먼 곳에 있지 않다. 근본으로 돌아가야 한다. 사회적 기업도 기업이기 때문에 수익 능력을 가져야 한다는 것, 바로 그 근본 말이다. 사회적 기업이란 복지기구 및 NGO와 달리 사회적 임무를 수행함과 동시에 수익을 내는 조직이라는 점을 분명히 하면 된다. 결국 사회적 임무뿐 아니라 수익을 내는 능력이 핵심이다.

미국 뉴욕에 있는 핫브레드키친이라는 사회적 기업의 예를 보자. 이 기업은 여성 이민자들을 고용해 전 세계의 다양한 빵을 만들게 하고, 이들이 제빵 기능을 연마해 요식업체에 취직하도록 돕는다. 그런데 이 기업은 사업 성장과 사회적 목표를 달성하기 위해, 기부금 및 보조금에 대한 의존도를 오히려 낮추고 상품 판매를 통해 수익을 창출하는 비중을 높였다. 수익 능력이 높아지면서 사회적 가치 달성 목표도 더욱 높아지는 선순환을 만든 사례다.

이 사례는 사회적 목적을 수행한다고 해도 기업의 기본적 수익 능력을 갖고 있어야 한다는 것을 잘 보여준다. 이것이 바로 다시 찾아야 할 기업의 근본이다. 그런데 우리는 사회적 기업이라고 하면 정부의 인증을 받고 인건비 보조를 받는 조직체로 받아들이고 있다. 이는 세계적 추세와도 다른 인식이다. 이런 상황을 인정하고 기존 정부 주도의 사회적 기업과 차별화한 이름을 '사회적 미션 + 수익 능력'을 동시에 가진 조직에 부여하고자 한다. 그 차별적 의미 때문에 소셜벤처라는 명칭을 사용했다.

소셜벤처 사례

미국 주나벤처라는 소셜벤처는 샌프란시스코에서 취약 계층 청소년들에게 대학 진학의 기회를 주는 회사다. 이들의 비즈니스는 청소년들에게 적절한 일자리를 제공하고 일자리를 통해 벌어들인 소득을 기부금과 매칭해서, 대학 진학 후 등록금으로 사용할 수 있도록 관리하는 것이다.

소셜벤처의 노력은 사회 변화의 원동력이 된다는 점에서 매우 고무적이다. 소셜벤처는 빈곤, 빈부 격차, 환경 오염, 기후 변화, 교육 등과 같은 엄청난 사회적 문제에 도전하고 해결책을 모색하고 있다. 그것도 당당히 재무적 수익을 올리면서 말이다. 기존 시각에서 보면 전혀 기대할 수 없었던 일을 작은 스타트업들이 해결하고 있으니 놀라울 따름이다. 이들은 사회적 가치와 재무적 수익을 모두 실현해야 하므로 매우 높은 수준의 창의적 아이디어가 요구된다. 오직 돈을 벌려는 목적을 가진 일반 스타트업들도 살아남기도 쉽지 않은데, 이들은 사회적으로 의미 있는 일을 실현한다는 과제까지 감당하고 있는 것이다. 실로 아름다운 도전이며 미래를 생각하는 노력이다.

과연 어떤 사회적 문제를 해결하는가

UN 보고서는 '지속 가능한 사회'가 되기 위해 필요한 사회적 과제들을 발표한다. 우선순위가 높은 과제에는 가난 해결, 빈부 격차 해소 등이 있으며, 기후 변화와 교육 문제 등이 그 뒤를 잇고 있다. 이런 문제에 스타트업들이 도전하고 있다는 사실을 기억하기 바란다. 이제부터 그들의 활약상을 소개하고자 한다. 그들이 도전하는 사회적 문제와 그 해결책, 또 사명감과 열정을 통찰하는 것이 관전 포인트다.

탐스슈즈는 기부형 비즈니스로 유명한 사례다. 1장에서 언급한 것처럼, 탐스슈즈는 블레이크 마이코스키라는 미국 청년이 신발 1켤레를 사면 다른 1켤레를 기부하는 비즈니스 모델을 고안해서 2006년 창업한 스타트업이다. 탐스슈즈는 작은 스타트업으로 출발했지만, '가난한 자에게 신발을 준다'라는 사회적 가치를 이룸과 동시에, '1 + 1'이라는 기부형 비즈니스를 개척한 모델로도 유명하다.

탐스슈즈 사례가 특히 고무적인 것은 지금까지 강조한 두 개의 가치, 즉 '사회적 가치 + 재무적 가치'를 동시에 달성한 좋은 선도 사례이기 때문이다. 탐스슈즈가 세상에 선보인 비즈니스 모델은 진정으로 의미가 크고 장기적으로 실현할 수 있는 방법이자 원형이었다. 이 모델을 응용하는 후배 스타트업들이 줄지어 등장할 정도로 파급력이 컸다.

한국 소셜벤처 스타트업들도 성공의 징후를 보이는 사례가 많다. '환경 보호'와 '나무 심기', 이 두 단어를 들으면 우선 정부나 NGO가 떠오를 것이다. 공공의 이슈이기 때문에 정부 혹은 NGO와 같은 공적 조직이 감당하는 일로 생각한다. 그런데 이를 한 스타트업이 해결하려고 나섰다. 바로 트리플래닛이다. 2010년 김형수와 정민철이라는 두 청년이 시작한 회사다. 이 회사가 현재 나무 심기를 통해 조성한 숲이 100개 이상이며 네팔, 중국 아시아 지역에서도 활발하게 숲 조성 사업을 진행하고 있다.

트리플래닛과 같은 착한 기업에 많은 사람이 호응하는 이유는 간단하다. '누군가 세상을 위해 이런 일을 해주었으면 좋겠다'라고 생각하는 과제를 맡아주었기 때문이다. 사람들은 환경 보호를 원하지만 정작 방도를 찾기는 어렵다. 그런데 스타트업인 트리플래닛이 나서서 대중의 참여적 후원 아래 나무 심기를 해주니 응원을 보낸 것이다. 대중과 같이 호흡하고 그들에게 성취감을 나눠준다는 매력이 비즈니스에 담겨 있다. 이 부분도 후발 스타트업들이 놓치지 않아야 할 포인트다.

트리플래닛도 수익을 확보하고 이를 지속적으로 만들어내는 것이 큰 골칫거리였다. 그런데 다행스럽게도 창업 초기부터 수익을 냈고, 창업 후 4년째인 2014년부터 매년 최소 10억 원이 넘는 매출 실적을 지속적으로 올리고 있다. 현재는 사회적 가치와 재무적 수익, 두 요인을 얻을 수 있다는 자신감이 강해졌다. 사회에 미친 영향은 결코 적지 않다. 매년 약 1만 6천 톤의 이산화탄소 상쇄 효과를 갖는데, 이는 45억 원 이상의 경제적 가치를 사회에 선물하는 것과 같다고 한다. 이런 수준의 환경 보호 가치를 스타트업이 만들어냈다.

한편 사회적 약자를 돕는 아이디어를 사업화하는 사례도 계속 늘고 있다. 특히 시각장애인들에게 만지는 시계를 제공하겠다는 야심찬 스타트업이 있다. 과거 시각장애인에 대한 지원과 도움은 아마도 복지단체의 몫으로 이해되었을 것이다. 그런데 이 역할을 한 스타트업이 맡고 나선 것이다. 창업가 이름은 김형수(트리플래닛의 김형수와는 동명이인)이며, 회사 이름은 이-원타임피스다. 이들은 시각장애인용 만지는 시계를 만들기 위해 스타트업을 창업했다. 이 회사가 잘되면 그야말로 더 많은 시각장애인이 시간이라는 개념을 손쉽게 얻을 수 있다. 야심도 만만치 않았다. 시각장애인 시장만 노리는 것이 아니고, 일반인도 관심을 가질 만한 패션 시계로까지 발전시키려 하고 있어 앞으로 확보할 시장 파이는 더 커질 것으로 예상된다.

교육 문제의 해결책에 도전하는 스타트업도 있다. 이수인 대표가 창업한 토도수학이라는 회사를 들어봤는가? 수학 교육을 획기적으로 발전시킬 아이디어를 모바일 환경에서 만들어낸 스타트업이다.

교육이 바뀌면 많은 것이 저절로 바뀐다. 인류의 사고 체계에 공통적 기반으로서, 수학은 기초 중에 기초다. 이런 중요성 때문에 각국 정부가 수학 교육의 혁신을 꾀하고 있다. 토도수학은 이 중에서도 가장 파급력이 큰 학습 모델로 알려졌다.

사회적 문제 해결은 기존 대기업의 혁신에도 큰 의미를 준다. 이것 역시 비즈니스의 개념이 크게 바뀌는 단초라 할 수 있다. 난민 대책과 비즈니스를 결합한 것도 그런 사례다. 보통 난민 대책이라 하면 국제기구, UN 등이 나서서 대처하는 것으로 알려졌다. 한 국가에 난민이 처음 생기면 그들에게 텐트를 주고 기본적인 음식을 제공하는 것으로 시작한다. 그동안은 UN과 같은 국제기구가 각국 정부 혹은 자선단체 등에서 모금한 지원금과 기부금을 난민들에게 전달했다. 그런데 이케아가 태양열 난방이 가능한 텐트 대용의 피난처 가구를 개발했다. 최소한의 가격으로 난민들에게 보다 효과적인 피난 공간을 제공하고, 기업도 최소한의 수익을 얻는(거의 무수익의 기부 성격이지만) 모델이 등장한 것이다. 물론 이런 것을 통해 큰 수익을 내기는 어렵다. 그렇지만 기업이 사회적 가치를 찾아 나서는 것 자체가 바람직한 일임은 분명하다.

나이키도 오랫동안 장애인에게 최적화된 신발 디자인을 찾아왔다. 그러는 과정에서 일반인에게도 더욱 편리하고 세련된 운동화 디자인을 찾을 수 있었다. 사회적 취약 계층에 대한 지원은 단순히 지원의 의미를 넘어 기업의 경제적 수익원을 개발하는 지름길이 되기도 한다.

이런 몇몇 사례들을 볼 때 많은 스타트업에 '사회적 가치와 수익의 균형'을 얻을 수 있는 기회는 여전히 존재한다. 이미 상당수의 성공 사례가 있어서 청년 창업자에게 큰 용기를 줄 것으로 기대된다. 선도 모델이 많아질수록 후배는 쉽게 그 길을 따라갈 수 있다. 이런 점에서 '사회적 가치와 수익'을 동시에 추구하려는 스타트업의 노력은 앞으로도 계속될 것이다. 또한 스타트업만이 아니라 기존 기업도 사회적 책무를 다하거나 새로운 수익 원천을 얻기 위해서라도 이런 형태의 모델이 확산될 것으로 보인다.

임팩트 투자와 자본의 새로운 역할

임팩트 투자(impact investment)란 사회적 영향이 높은 스타트업을 대상으로 투자해 수익을 내려는 목적을 가진 투자를 말한다. 투자란 본래 수익성이 최고의 기준이지만, 임팩트 투자는 여기에 한 가지 기준을 더 갖는다. 바로 '사회적으로 어떤 의미 있는 영향을 주는가'다. 즉, 수익성과 사회적 가치라는 두 가지 기준으로 투자를 결정하는 것이다. 이 분야는 미국을 비롯한 선진국이 앞서가고 있지만 이미 전 세계로 확산되고 있다.

임팩트 투자가 사회적 임무를 추구하는 기업에 투자하는 것은 맞지만, 투자자는 '기부'를 하는 것이 아니다. 투자자는 '거래'를 원한다. 이는 투자자가 투자 회수를 항상 염두에 두고 있다는 의미다. 회수 가능성이 떨어지는 기업에는 관심이 적다. 이렇게 투자 회수를 항상 고려한다는 점에서는 다른 투자 활동과 크게 다르지 않지만, 임팩트 투자를 하는 주체는 투자 이후 충분한 시간을 기다리는 것을 고려하고 있다는 점에서 다른 투자 활동과 다르다. 그래서 임팩트 투자를 '인내 자본(patient capital)'이라고도 한다. 사회적 미션이 달성될 때까지 10년이고 15년이고 기다려준다는 뜻이다.

세계적인 임팩트 투자자들은 이구동성으로 투자 결정을 '애인 고르기'라고 말한다. 한 소셜벤처가 추구하는 사회적 목적이 투자자의 마음에 닿으면 설령 비즈니스 모델이 약간 부실해 보여도 그 의미에 이끌려 투자할 수 있다. 이때는 사실 어떤 사회적 영향을 주는지에 대한 계량적 측정은 중요하지 않다고 한다. 애인을 계량적 평가로 고르지 않는 것처럼 말이다. 체계적이고 과학적으로 투자 결정을 하자면 스타트업이 가진 사회적 미션을 과학적으로 분석해야 하지만, 그것이 임팩트 투자 결정의 전부는 아니다. 소셜벤처의 창업자 혹은 예비 창업자들이 주목해야 할 부분이다.

임팩트 투자자는 각각 고유한 기준을 갖고 있다. 예를 들면, 미국의 스콜 재단은 소셜벤처 기업을 선정할 때 대규모의 혁신을 추구하거나 전체적인 시스템 전환이 일어날 만한 사회적 미션을 가진 기업을 선호한다고 알려졌다. 다른 임팩트 투자자에 비해 조건이 까다로운 편이다. 물론 외국 임팩트 투자자들이 모두 미국 스콜 재단과 같은 기준을 지닌 것은 아니다. 각자 고유한 기준을 적용한다는 것이 핵심이다.

투자를 받고자 한다면, 임팩트 투자의 초기 자금이 모아지는 방법에도 관심을 기울여야 한다. 한국에도 MYSC, D3쥬빌리 등 사회적 가치를 중시하는 투자자 그룹이 활동하고 있지만, 아직 미국 혹은 이스라엘 같은 선진국에 비할 수 없다. 그래서 한국의 임팩트 투자의 모델은 선도국의 좋은 선례를 원형으로 잘 활용할 수 있다.

예를 들자면 이스라엘의 투자 자금 모집 방법이 응용될 수 있다. 이들이 사용하는 방법은 실제로 아주 흥미롭고 유용하기까지 하다. 이들 국가에서 임팩트 투자 용도의 자금은 어느 수준의 수익을 얻더라도 '투자금 + 수익'은 모두 사회적 경제로 재투자하도록 권장된다. 소셜벤처에 투자했던 임팩트 투자의 초기 자금은 보통 회수 과정을 거쳐 액수가 늘어나게 된다. 그 늘어난 재원은 다시 후발 소셜벤처에 재투자되는 것이다. 결국 임팩트 투자에 유입된 자금은 눈덩이처럼 늘어나 사회적 경제를 지원하고, 그 투자에 의해 성장한 사회적 경제는 다시 임팩트 투자에 정당성을 높여주는 선순환을 조성하는 것이다.

그러면 소셜벤처의 투자 회수 통로는 과연 무엇일까? 일반적인 스타트업의 투자 회수는 기업 매각이나 기업 공개를 통해 이뤄진다. 물론 이 두 가지 방법이 소셜벤처에도 유효하다. 그런데 실질적으로는 너무도 넘기 어려운 높은 벽이다. 우선 한국에서 기업 공개라면 코스닥 상장을 의미하는데, 소셜벤처에는 불가능에 가깝다. 현재 한국에 인증된 사회적 기업 중 극히 소수만이 코스닥에 상장될 것으로 알려져 있다. 기업 매각 역시 인수 기업이 사회적 미션에 동의할지 따져야 한다는 변수가 추가된다. 아직까지 소셜벤처만의 특별한 투자 회수 통로가 확인되고 있지는 않지만, 다양한 소셜벤처가 등장하고 이들이 지속적으로 성장한다면 투자 회수에 관한 이슈도 중요한 쟁점으로 부가될 것이다.

소셜벤처의 잠재력은 매우 크다. 사업성도 좋아지고 사회적 미션에 대한 관심도 커지고 있기 때문이다. 투자자본이 몰리기 시작했다는 것이 이를 잘 설명한다. 소셜벤처가 한국 경제에서 차지하는 비중을 높이려면 어떻게 해야 할까. 이는 정부 지원이 아니라 소셜벤처 생태계 자체를 육성하는 방향으로 이뤄져야 한다. 여기서 '생태계를 육성하자'는 메시지는 사회적 경제 조직이 제대로 활동하도록 시스템을 갖추자는 말이다. 먼저 투자자, 지원기관, 액셀러레이터, 인큐베이터 등이 건강하게 활동할 수 있는 시스템을 만들어야 한다. 높은 수익을 내는 우수한 소셜벤처는 건강한 생태계를 성공적으로 조성한 선진국에서 탄생·성장하고 있다는 사실을 명심해야 한다.

3부

성장

전략, 응용

12

창업자라면 꼭 알아야 할 포인트

"당신의 사업계획서를 보내주셔서 감사합니다.
그러나 그것을 읽느라 시간을 낭비하지는 않겠습니다."
실리콘밸리 한 벤처캐피털리스트

비즈니스 모델이 승부처다

미국 남부 뉴올리언스에서는 매년 재즈 페스티벌이 성황리에 열린다. 2002년 25세의 무명 일렉트릭 뮤지션인 페리 첸은 새로 기획할 재즈 페스티벌에 호주 출신 디제이 듀오를 초청하고 싶었다. 그런데 디제이 듀오는 1만 5천 달러와 비즈니스석 비행기 표 5장을 요청했다. 돈이 없었던 페리 첸은 좌절했다. 준비된 자금도 없었고 당장 마련하기에도 벅찬 금액이었다. 페스티벌을 개최하려면 사전에 상당한 금액을 준비해야 한다는 것을 몰랐던 것이다. 당시의 페스티벌 기획 비즈니스는 도박과 같았다. 상당한 돈을 미리 투자해야만 하는데, 흥행 수익은 페스티벌이 끝난 후에나 알 수 있기 때문이다. 일종의 투자형 모델이었다.

페리 첸은 새로운 아이디어를 떠올렸다. 디제이 듀오에 열광하는 팬들에게 티켓을 미리 판매해보자고 생각했던 것이다. 사전 판매를 통해 자금과 관객을 미리 확보할 수 있는 좋은 방법이었다. 그는 곧바로 실행에 옮겼다. 한 온라인 사이트에 자신의 계획을 알리고 공모 금액을 받기 시작했다. 기존의 것과 완전히 다른 공모형 모델이었다.

최초의 크라우드 펀딩 중개 업체인 킥스타터의 탄생 이야기다. 이 스토리 속에는 흥미롭게도 비즈니스 모델의 전환이 담겨 있다. 과거 페스티벌 기획이 도박 게임과 같은 투자형 모델이었다면, 새로운 방식은 사전에 자금을 확보하는 공모형 모델이었던 것이다. 페리 첸은 새로운 비즈니스 모델을 개척한 셈인데, 수익을 얻는 과정과 원천이 전혀 달랐다.

비즈니스 모델이란 바로 기업이 수익을 내는 방법이다. 비즈니스 모델에는 고객에 전달되는 가치가 담겨 있어야 한다. 고객은 자신에게 유용한 가치가 전달되어야 지갑을 열고 돈을 쓴다.

스타트업이 내놓는 비즈니스 모델은 '아직 실험해본 적 없는 가설'이다. 검증되지 않았기에 불확실성이 많다. 이 비즈니스 모델이 검증되는 곳은 바로 시장이다. 스타트업 창업자의 신념은 검증 대상이 아니다. 오직 고객과 시장에서 인정받은 후에야 의미가 생긴다. 비즈니스 모델을 만들 때 시장 검증에 집중해야 할 이유다.

그러면 스타트업이 망하는 이유가 무엇일까? 놀랍게도 첫 번째 이유는 "고객을 모르거나 무시하는 것"이다. 고객을 모르고 사업을 시작하는 경우가 많다는 얘기다. 놀라운 결과지만 실제로 스타트업 상당수가 이 함정에 빠진다. 두 번째 이유 역시 놀랍다. 물론 첫 번째보다는 덜하지만. "시장의 니즈를 확보하지 못한 것"이다. 역시 고객을 모르고 있다는 얘기다.

스타트업은 도대체 왜 고객을 고려하지 않을까? 이유는 단순하다. 스타트업은 창업자의 관점으로 수익을 바라보기 때문이다. 물론 고객을 처음부터 생각하지 않는 것은 아니다. 그런데 수익을 내는 방법을 찾는 과정에서 어느 순간 고객과 멀어진다. 터무니없지만 이것이 현실적인 실패 이유다.

5가지 유형의 비즈니스 모델

스타트업은 어떤 비즈니스 모델을 가져야 할까? 유용한 비즈니스 모델이란 순풍에 돛 단 배 같아야 한다. 역풍에 배를 띄우면 에너지만 많이 쓸 뿐, 앞으로 나아가기 힘들다. 그래서 '흐르는 강물과 순풍에 배를 띄워라'라고 권장한다. 순리에 올라타는 것, 이것이 비즈니스 모델의 기본이다.

스탠퍼드 대학의 마크 앤드리슨 교수는 '제품-시장 궁합'이라는 표현을 쓴다. 시장에서 꼭 필요한 제품이 통하며, 이런 경우 사업이 순조롭게 진행된다고 말한다. 바로 시장과 궁합이 잘 맞기 때문이다. 여기에는 창업자의 시각만으로 비즈니스 모델을 보지 말라는 경고를 담았다. 반드시 고객의 눈높이에서 비즈니스 모델을 판단해야 한다. 그래야 제품-시장 궁합을 맞출 수 있다.

궁합이 잘 맞는다는 것은 고객 흡인력이 높다는 의미다. 고객 흡인력이 높은 비즈니스 모델에 대해 한국의 대표적 액셀러레이터인 프라이머의 권도균 대표 설명이 흥미롭다. 그는 고객 흡인력의 차이를 기준으로 비즈니스 모델을 5가지 유형으로 구분한다.

첫 번째는 '재미와 흥미'를 제공하는 유형이다. 이는 단기적으로는 높은 흡인력을 발휘하기 때문에 일시적으로 고객이 마구 달라붙는다. 그러나 재미와 흥미는 곧 줄어든다. 고객은 언제나 새로운 흥밋거리를 찾기 때문이다. 이 상황은 게임 혹은 엔터테인먼트 업체에서 주로 발생하는데, 새로운 콘텐츠가 계속 이어지지 않으면 고객을 유지하기 어렵다. 사업도 그만큼 어려워진다.

두 번째 유형은 '있으면 좋은 것'이다. 고객 흡인력이 아주 높은 것은 아니지만, 사용하면 편리하므로 어느 정도의 집착을 유지할 고객을 확보할 수 있다. 우버와 에어비앤비가 대표적이다. 이들이 존재하지 않았던 시기에도 사람들은 택시를 타고 호텔을 이용했기 때문이다. 이 유형의 흡인력은 다음 단계로 갈 수 있느냐에 의해 결정된다. 일단 한 번 이용하고 나서 다시 사용하고 싶다는 반응을 얻으면 '반드시 필요한' 흡인력을 갖게 된다. 우버와 에어비앤비는 본래 가진 몫보다 더 높은 흡인력을 만든 사례다.

세 번째 유형은 '반드시 필요한 것'이다. 이는 처음부터 높은 고객 흡인력을 보인다. 이렇게 필요한 것이 왜 전에는 없었는지 의문이 들 정도가 되어야 한다. '있으면 좋은 것'보다 필요성이 크기 때문에 고객을 확보하기 쉽다.

네 번째 유형은 '없으면 안 되는 것'이다. 앞의 '반드시 필요한 것'과의 차이는 '있다가 없어지면서 느끼는 불편'에 있다. 있다가 없어지면 너무도 불편해져서 충성 고객층이 형성된다. 이 충성 고객층이 많아지는 것이 바로 흡인력이 높다는 의미다.

다섯 번째 유형은 '없어서 고통스러운 것'이다. 인간은 고통을 줄이려는 본능을 갖고 있다. 따라서 고통을 줄일 수 있는 것이라면 반드시 얻고자 한다. 이 '없어서 고통스러운 것'은 앞서 언급한 '없으면 안 되는 것'보다 더 본능적으로 간절하게 존재하길 바라는 것이다. 새로운 혁신을 경험했거나 이전에 몰랐던 행복을 경험했기에, 그것이 없어지면 고통스럽다고 느끼는 상황을 말한다. 다섯 가지 유형 중 가장 높은 고객 흡인력을 가지므로, 스타트업의 비즈니스 모델이 이 부분을 건드린다면 고객들이 계속 충성스럽게 구매할 것이다.

투자자를 사로잡는 사업계획서

사업계획서는 스타트업이 자신의 개성, 매력, 장점 등을 전달하는 도구로, 투자를 받을 때 가장 많이 사용된다. 좋은 사업계획서는 투자자가 투자 의사결정을 빨리 할 수 있게 만든다. 하지만 사업계획서 대부분은 거절된다. 투자자는 눈이 높고 까다롭다. 투자자의 마음을 여는 것은 결코 쉬운 일이 아니다. 또한 투자자들은 사업계획서보다 사업 내용을 발표하는 짧은 '피칭(pitching)'을 선호하기도 한다. 피칭은 아주 짧은 시간에 핵심 내용을 구두로 전달하는 것이다. 전설적인 30초 엘리베이터 피칭이 대표적이다. 하지만 투자자가 아무리 피칭 같은 구두 발표를 선호하더라도 잘 쓴 사업계획서 하나는 반드시 준비해야 한다. 피칭 이후에 사업계획서를 요청하는 경우도 많기 때문이다. 투자자의 시각은 여과지와 같다. 투자자는 시간 낭비를 줄이기 위해 가능한 한 빨리 마음에 안 드는 것을 솎아내려 한다. 명확한 결점이 드러나면 투자자들은 더 이상 거들떠보지 않는다. 길고 장황하고 핵심이 나중에 나오는 사업계획서는 절대 금물이다. "나는 요령도 없지만 눈치까지 없어요"라고 말하는 것과 같다.

매력적인 사업계획서란 과연 어떤 것일까? 미국의 구글, 야후, 유튜브 등에 투자한 벤처캐피털 세쿼이어가 강조하는 8가지 요소를 살펴보자. 전쟁터에서 뛰고 있는 실전 투자자들의 경험에서 나온 비결이라 그 가치가 높다.

첫째, 가장 중요한 것, 바로 '요약'을 잘하는 것이다. 요약의 중요성은 아무리 강조해도 지나치지 않을 정도다. 투자자는 사업계획서의 요약 부분만 보는 경우가 대부분이기 때문이다. 정말 심혈을 기울여야 한다. 비즈니스의 본질을 간략하게 정리하는 것이지만, 매력과 감동이 있어야 유리하다. 하루에도 수없이 많은 사업계획서를 검토하는 벤처캐피털리스트들은 가급적 간결한 문장으로 정리된 요약을 선호한다. 요약에 본문의 모든 것을 담을 필요는 없다. 투자자의 흥미를 끌 요소들을 집약적으로 표현하는 것이 바람직하다. 요약은 사업계획서의 나머지 부분을 모두 완성한 뒤 가장 마지막에 작성하는 것이 좋다.

둘째, '충족되지 않은 욕구(unmet needs)'를 다룰수록 좋다. 투자자는 스타트업이 어떤 문제를 해결하려고 하는지에 관심을 보인다. 투자자가 가장 좋아하는 상황은 많은 사람들이 공감할 수 있는 문제를 발굴했는데 그것이 그동안 사용자의 욕구를 충족시키지 못한 경우다. 단순히 '고객이 좋아할 만한 것'이 아닌, '고객에게 없어서는 안 되는 것'을 다루는, 고객 흡인력이 높은 비즈니스 모델이어야 투자자의 마음을 얻을 수 있다. 또 그 문제를 혁신적으로 해결할 수 있다면 더 좋다. 고객의 편익을 어떻게 향상시키는지를 세련되게 제공한다면 금상첨화다.

셋째, 시장에 대한 확고한 전략과 비전이다. 투자자는 아무래도 시장 규모가 큰 것을 선호한다. 회수가 쉽기 때문이다. 투자 자금을 충분히 회수할 만큼 큰 시장을 공략한다는 증거를 보여줘야 한다. 투자자는 가급적 구체적인 숫자를 원한다는 점도 잊지 말자. 보통 시장 규모를 표현하는 데 3가지 개념이 사용된다. '총유효시장(Total Addressable Market)', 즉 접근할 수 있는 시장의 전체 규모를 말한다. 여기에는 물론 거품이 있을 수도 있어 투자자가 이를 전적으로 신뢰하지는 않는다. 두 번째로 '유효시장(Serviceable Available Market)'이다. 이는 해당 스타트업이 노리는 시장 규모다. 단번에 점령하기는 어렵겠지만 점진적으로 넓혀가야 하는 시장이다. 세 번째로는 '초기진입시장(Serviceable Obtainable Market)'이 있다. 이는 스타트업이 사업 초기에 점령하려는 시장이다. 세 가지 개념 중 투자자들이 가장 중요하게 보는 것은 '초기진입시장'이다. 초기진입시장을 신중하게 검토해 신뢰 가능한 숫자로 표현해야 한다.

미국 액셀러레이터 파운더스스페이스의 CEO 스티븐 호프만은 스타트업의 사업계획서에서 타깃 고객을 정확히 알고 있는지, 고객과 많은 시간을 보내는지, 고객의 재구매를 유도할 수 있는 아이템은 무엇인지 등만 찾아서 본다. 이런 투자 기준을 만족시키려면, 고객이 기꺼이 돈을 지불할 수 있도록 고객과의 공감 속에서 고객을 잘 분석하고 있다는 노력을 사업계획서에 보여줘야 한다.

넷째, 구체적이고 세밀한 마케팅 계획이 있어야 한다. 허황된 수치로 과대 포장하기보다는 다소 보수적인 수치를 제시하는 것이 오히려 좋다. 특히 첫 고객을 유치하는 구체적인 방법을 제시하는 것을 권장한다. 예를 들어 10만 명의 고객을 모집하겠다는 장황한 설명 이전에 첫 고객을 어떻게 유치할지를 치밀하게 보여줘야 한다.

다섯째, 창업팀에 대한 설명이다. 창업팀은 투자자 대부분이 중요하게 관찰하는 요소다. 창업팀을 보고 투자 여부를 결정한다고 말하는 투자자가 의외로 많다. 사업에 적합한 인력들이 모여 있는지, 서로 신뢰하고 사업을 끌어갈 만한 팀인지를 평가하려고 한다. 가능하다면 실제 창업 경험이 있는 팀원을 포함하는 것이 좋다. 또 어려움을 함께 이겨낼 협동력을 표현할 수 있다면 플러스 요인이 될 것이다.

그렇다면 창업팀은 몇 명이 적합할까? 여기에는 특별한 법칙이 없다. 미국에서는 3~4인 공동 창업이 많은 편이다. 페이스북과 유튜브 등이 3인 창업이었다. 구글도 3인이었다. 그렇다고 3인의 공동 창업팀으로 성급하게 결론 내서는 안 된다. 스타트업은 밀림에서 생존해야 하는 조직이다. 밀림에는 정해진 정답이 없음을 명심하자.

창업자 다수가 '팀 창업'의 장점을 말한다. 백지장도 맞들면 좋다는 원리일 수 있다. 혼자 하는 것보다 몇 사람이 역할을 나눠 맡는 것이 성공 확률이 높다는 생각이다. 미국의 최근 창업은 대부분 팀 창업이다. 하지만 실리콘밸리에서 수십 년 동안 창업자와 멘토로서 명성을 쌓은 가이 가와사키의 조언도 유용하다.

그는 "가까움에 기대어 공동 창업자를 찾지만 '가까움' 때문에 오히려 위험해진다. 당신은 공동 창업자를 CTO로 선임하게 된다. 1년 후 당신은 그가 CTO로서 한계가 있다는 걸 알게 되지만 이미 많은 지분이 할당되어 있고, 그를 쫓아낼 수 없는 교착 상태에 빠진다"라고 말한다. 그의 조언이 시사하는 바는 공동 창업을 하되 낭만적으로 공동 창업자를 선정하는 방식은 피해야 한다는 것이다. 한편으로 한국에서도 공동 창업의 기회가 열리고 있다는 점도 주목해야 한다. 한국 사회에서는 그동안 동업자에 대한 신뢰가 낮았다. 하지만 이제는 팀 창업 문화를 자연스럽게 받아들이고 있다.

어떻게 성장할 것인가

스타트업에 성장은 희망과 같다. 누구나 크게 자라서 꽃을 피우고 열매를 맺고 싶어 한다. 마크 저커버그에게 "페이스북이 왜 이렇게까지 성장했습니까?"라고 묻는다면 뭐라고 답할까? 아마 저커 버그는 "확장하지 않을 수 없었습니다"라고 답할 것이다. 이는 제국의 원리와도 같다. 한번 승리한 국가는 계속해서 영토를 확장하지 않을 수 없는 상황에 처해진다. "첫째는 두려움이, 다음에는 체면이, 끝으로 우리 자신의 이익이 그렇게 하도록 강요했다"라는 아테네 제국의 유언과 같다.

성장은 강요되기도 하지만, 성장의 과정은 언제나 만만치 않다. 뒤척이고 훌쩍이는 밤들이 모여 인생이 되듯, 공짜로 성장의 길에 올라탈 수는 없다. 굳은살이 박이고 물집이 잡히는 세월을 거쳐야 한다. 이 과정에서 얼마나 많은 선택과 갈림길을 만나게 될까? 잘 가다가도 조그만 착오로 인해 단번에 낭떠러지로 추락하기도 한다.

스타트업의 성장 패턴은 너무나 다양해, 어디서나 통하는 일반적인 조리법이 없다. 창업 후 5년 동안 지지부진하다가 어느 날 갑자기 성장하기 시작하는 경우도 있다. 또 창업 초기에는 한동안 반짝하다가 그대로 추락하는 기업도 많다. 정형화된 성장 패턴과 방정식이 없어서 사실상 이론화하기 어렵다.

최근 실리콘밸리에서는 특이한 성장 전략이 큰 관심을 받고 있다. 창업하자마자 전력을 다해 짧은 시간 내에 성장을 완성하라는 것이다. 초기부터 성장통을 느끼지 못할 정도로 빠른 속도의 성장을 권장하는 독특한 주장이다. 이 전략의 대표적인 주창자가 바로 링크드인 창업자인 리드 호프만이다. 스타트업의 성장은 급속하게 이뤄져야 한다는 것이다. 이 전략을 "블리츠스케일링(blitzscaling)"

이라 표현한다. 구글, 페이스북, 우버 등이 이 전략의 챔피언인데, 짧은 기간 동안 급성장해 시장을 평정했다. 이런 사례들이 존재하기에, 성장통을 인식하지 못할 속도로 가속하자는 주장은 하나의 가설로 받아들여지고 있다. 그러나 블리츠스케일링 전략이 모든 스타트업에 적합한지는 검증할 필요가 있다. 실리콘밸리의 스타트업에만 통하는 전략일 수도 있다. 한국 스타트업이 글로벌 시장을 최선두에서 이끄는 경우는 극히 드물기 때문이다. 실리콘밸리의 전략을 예의 주시하되, 우리의 리듬과 페이스에 맞는 전략을 가져야 한다. 또한 "중국이 달력을 보는 동안 한국은 시계를 본다"라는 말처럼 우리는 빠른 리듬에 익숙해 있기도 하다. 성장 리듬에 대해 너무 성급한 인식을 견제할 필요가 있다.

모든 성장에는 통증이 따른다. 사람과 마찬가지로 기업도 성장통을 피할 수 없다. 성장통은 창업 초기 실패의 위험을 넘긴 후부터 나타난다. 또한 성장의 매듭마다 저마다의 유형으로 성장통이 따른다. 성장통에 잘 대처하지 못하면 스타트업은 큰 시련에 봉착할 수 있다. 그렇다고 성장통이 부정적인 것만은 아니다. 아픈 만큼 성숙해지듯 성장통을 겪으면서 내공이 더욱 깊어진다. 그렇게 해서 자신만의 진정한 경쟁력을 갖게 된다. 이는 코스닥에 상장한 기업들도 마찬가지다. 코스닥 상장 후 2년째에 성장통을 겪는 경우가 많다. 매출과 이익률이 급격히 감소하는 징후를 보일 때다. 코스닥 기업이라고 해도 이런 징후를 무시하다간, 일시적 실패로 보였던 것이 코스닥 퇴출 정도의 문제로 발전하기도 한다. 2년 차 성장통을 겪은 코스닥 기업은 코스닥에서 5년 이내 퇴출될 확률이 무려 40%에 달한다는 뉴스가 그 심각성을 대변한다.

기업은 왜 이런 성장통을 겪을까? 대부분은 기업의 관리 역량이 성장 속도를 따라가지 못하기 때문이다. UCLA의 에릭 플램홀츠와 이본 랜들 교수는 이를 "기업 성장과 조직 발전의 불일치"라고 표현했다. 조직이 성장했는데 기존 인프라로는 그 성장을 감당할 수 없는 상황에서 성장통이 발생한다는 것이다. 이 경우 성장한 만큼 조직을 뒷받침해줄 시스템과 내부 구조를 새로 만들어야 성장통을 잘 극복할 수 있다.

스타트업은 대부분 창업 후 3년 혹은 5년 이내에 성장통을 겪는다. 성장통을 극복하기 위해서는 체계적인 준비가 필요하다. 성장과 조직, 이 두 가지가 조화를 이룰 수 있게 만들어야 한다.

13

기업 생태계를
전략적 시각에서 보라

저게 저절로 붉어질 리는 없다
저 안에 태풍 몇 개
저 안에 천둥 몇 개
저 안에 번개 몇 개
장석주, 시 〈대추 한 알〉에서

남미의 코스타리카는 평평하고 광활한 초원으로 유명하다. 광대한 들판에 영양 떼가 거닐고, 다른 쪽 나무 뒤에는 영양 떼를 공격하려는 치타가 기회를 엿보고 있다. 영양과 치타는 초원에서 수만 년 동안 대대로 생존하고 번식해왔다. 초원이라는 서식 공간에는 경쟁자, 포식자, 사냥감 등이 모두 모여 있어 생태계 모습을 완벽하게 보여준다.

생태계란 무엇인가. 한 생물이 서식하는 공간을 생태계라 부른다. 생태계에서 생명체는 종족을 번식하고 생존 경쟁을 한다. 생태계에서는 매일 엄청난 곡절이 담긴 드라마가 펼쳐진다. 「동물의 왕국」 같은 다큐멘터리에서 알 수 있듯, 생태계는 예견되지 않는 스토리로 가득하다. 이 스토리는 때론 감동을 주고 때론 엄숙함을 남긴다. 초원은 약육강식의 법칙이 적용된다. 영양이 살아남으려면 치타를 피해 빠르게 달려야 한다.

스타트업 생태계 역시 치열한 생존 경쟁이 벌어지는 공간이다. 이 생태계에서 스타트업들은 경쟁하고, 자금과 인력을 지원받고, 기술 거래를 하고, 투자 회수를 하고, 성장통을 겪고, 성장하고 도태되기도 한다. 생태계에서 온갖 풍상을 겪으며 살아가는 것은 피할 수 없는 숙명이다.

스타트업 생태계에는 스타트업, 투자자, 회수 시장이라는 세 가지 유형의 요소가 있다. 이들은 스타트업 생태계를 구성하는 데 빠질 수 없는 주연급 플레이어다.

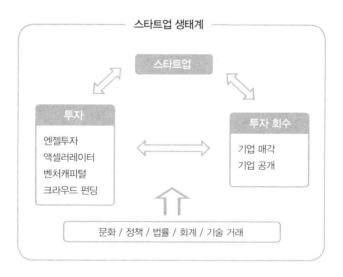

주연 배우인 스타트업

스타트업이 없는 스타트업 생태계는 존재할 수 없다. 스타트업은 아주 작은 임시 조직으로, 창업자가 내놓은 가설의 타당성에 의해 생존 여부가 결정된다. 이들이 가진 아이디어와 비즈니스 모델은 검증 테이블에 놓인 가설이다. 가설이 시장에서 통한다는 것을 인정받아야 제대로 된 기업의 모습을 갖출 수 있다. 시장에서 받아들여지지 않는 창업자의 가설은 도태될 수밖에 없다. 아무리 좋은 기술과 아이디어도 시장이 인정하지 않으면 소용없다. 스타트업 창업자는 이런 위험을 감수할 인내와 용기를 가져야 한다. 창업자의 숙명이다. 그 대신 높은 위험을 감당하는 대가로 큰 부를 얻거나, 자신의 뜻을 이루는 성취감을 갖게 된다.

투자자

자금이 풍족한 스타트업은 없다. 스타트업에 초기 투자는 중요한 마중물이 된다. 투자자 그룹에는 여러 유형이 있다. 벤처캐피털이 가장 대표적이며, 엔젤투자와 액셀러레이터도 투자 자금을 제공한다. 이 외에도 대중의 모금을 받는 유형인 크라우드 펀딩도 있다. 크라우드 펀딩에 대한 대중의 관심이 높아지면서 앞으로 더욱 확대될 것이다.

벤처캐피털은 스타트업과 벤처를 주 타깃으로 해 투자하며, 투자의 대가로 지분을 얻고 그 지분 가치의 상승에서 자본 이득을 얻는다. 스타트업에 대한 투자는 대체로 5년 이상 장기에 걸쳐 이뤄진다. 미국 벤처캐피털은 자금 투자에 그치지 않는다. 투자와 동시에 경영 지원을 통해 직접적인 협력 파트너가 된다. 이사회에 참여하거나 이사를 추천한다. 또한 정례적인 미팅을 통해 경영에 참여한다. 자신들이 해결할 수 없는 문제는 다양한 인맥 네트워크를 통해 해결되도록 노력한다. 이렇게 경영 지원에 적극적으로 나서는 이유는 딱 한 가지다. 그래야만 투자 회수를 더 빨리 할 수 있기 때문이다. 미국의 실리콘밸리를 만든 일등 공신으로 벤처캐피털을 꼽는 사람이 많은데, 이들은 투자 외에도 벤처캐피털의 경영 가이드가 중요한 역할을 한 것으로 평가한다.

벤처캐피털은 모험자본임에도 불구하고 위험이 큰 신생 스타트업에 투자하는 것을 꺼린다. 대규모 자금을 굴리면서 가급적 위험을 줄이려는 성향을 보이기 때문이다. 그래서 신생 스타트업에는 다른 유형의 투자자 그룹의 도움이 필요하다. 엔젤투자자가 바로 그 역할을 하는 주체다. 다른 투자자들이 꺼리는 지점에서 천사와 같은 좋은 역할을 하기에 엔젤이라고 한다. 스타트업에 엔젤투자는 가뭄의 단비와도 같다. 돈이 가장 필요한 창업 초기에 투자하는 그룹인 만큼, 이들의 활성화는 스타트업 생태계 조건에서 꼭 필요하다.

액셀러레이터는 초기 스타트업에 필요한 입주, 멘토링, 소액 투자를 지원하고 수익을 얻는 기획 창업 회사다. 보통 액셀러레이터는 적게는 5개, 많게는 수십 개의 스타트업을 선정해서 자신들의 창업 보육 공간에 입주시킨다. 수천만 원 수준의 자금을 투자해 5%

내외의 지분을 확보하는 것이 관행이며, 3개월 혹은 6개월의 스파르타식 교육과 멘토링을 거쳐 다음 단계의 투자 기회를 얻도록 지원한다. 보통 액셀러레이터의 승부처는 멘토십으로 알려졌다. 미국 와이컴비네이터와 테크스타 등의 유명 액셀러레이터는 스타트업 창업자 출신을 포함해 엄청난 수준의 멘토단을 구성하는 것으로 유명하다. 멘토십이 성패를 결정하는 요인으로 보기 때문이다. 스타트업은 액셀러레이터를 마음껏 선정할 위치가 아니지만, 가능하다면 자신에게 적합한 멘토링을 받을 수 있는 곳을 선정하는 것이 바람직하다.

액셀러레이터 자체도 시장의 틈새를 본 통찰의 결과다. 초기 스타트업은 입주, 멘토링, 소액 투자에 모두 배고픈 경우가 많다. 그들에게 필요한 것을 보완해주면서 지분을 얻고 다음 단계인 엔젤, 벤처캐피털 등이 관심을 가질 수준으로 만들어서 투자를 회수하는 것이다. 6개월 정도의 사이클로 회수를 노리는 것이니 단기적으로 기획 상품을 만드는 것과 유사한 비즈니스다. 이런 틈새를 최초로 발견한 주체는 2005년 창업한 미국의 와이컴비네이터다. 와이컴비네이터는 새로운 비즈니스를 개척하면서 유명한 드롭박스와 에어비앤비를 키운 실적으로 명성을 얻었고, 현재 세계적인 창업팀이 선망하는 업체로 성장했다. 와이컴비네이터의 성공에 힘입어, 미국에서만도 테크스타, 시드캠프, 스타트업부트캠프 등의 액셀러레이터가 유명세를 얻고 있다. 한국에서는 2010년에 이니시스 창업자였던 권도균 대표가 시작한 프라이머가 최초의 액셀러레이터로 꼽힌다. 그 후 빠르게 확산되어 이미 20개가 넘는 액셀러레이터가 있다.

크라우드 펀딩은 대중에게 공개 모집해 자금을 얻는 방법이다. 대중의 힘으로 스타트업 혹은 특정 프로젝트를 키우는 자금 통로다. 크라우드 펀딩은 자신이 원하는 제품에 참여하는 호응도를 보고 고객 수를 예측할 수 있게 하며, 필요한 자금을 확보하는 동시에 제품 주문도 받게 된다. 신생 스타트업에는 제품 수요가 있다는 확신을 주는 특징이 있어 매력적이다. 크라우드 펀딩을 중개하는 업체로는 미국의 킥스타터와 인디고고 등이 유명하다. 한국에서도 와디즈와 오픈트레이드 등 여러 크라우드 펀딩 사이트가 활발하게 움직이고 있다.

크라우드 펀딩에 의존하는 스타트업이 늘고 있다는 사실은 바로 크라우드 펀딩의 유용성을 말해주는 증거다. 크라우드 펀딩의 전설에는 스마트워치 이야기가 있다. 한 발명자가 내놓은 페블 스마트워치는 거대 기업 소니의 스마트워치를 누를 정도로 인기 상품이 되었다. 소니는 2012년 4월 스마트워치를 출시했지만, 페블은 이보다 앞서 크라우드 펀딩을 통해 스마트워치를 출시했다. 페블은 킥스타터에서 모금 목표액 10만 달러를 2시간 만에 달성하는 놀라운 실적을 보였고, 후원자들의 피드백과 제안에 따라 상품을 보다 정교하게 다듬었다. 2009년 미국의 킥스타터가 설립된 이래로 7년 동안 900만 명의 애호가가 8만 8천 건의 사업 계획 혹은 프로젝트에 자금을 지원했다. 현재 전 세계에 약 450개의 크라우드 펀딩 플랫폼이 존재한다. 크라우드 펀딩 사이트에서 사람들이 펀딩에 참여하려는 대상은 기업이 아니라 프로젝트라는 점도 주목해야 한다.

크라우드 펀딩에는 보통 4가지 유형이 있다. 기부형, 보상 제공형, 대출형, 지분 투자형이다. 기부형은 금전적 보상을 비롯해 어떤 보상을 전제로 하지 않는, 순수한 형태의 기부다. 미국 코네티컷의 초등학교 총기 사건 피해자를 위한 모금이 그 사례며, 기부형 펀딩을 주도하는 업체로는 기브포워드와 벌룬티어포에버 등이 유명하다. 보상 제공형은 혁신 아이디어를 가진 프로젝트에 후원하는 대가로 프로젝트의 제품을 제공한다. 앞서 언급했던 페블 워치가 바로 이 보상 제공형 펀딩의 예다. 크라우드 펀딩 업체의 대표 격인 킥스타터와 인디고고 모두 이 보상 제공형을 운영한다. 대출형은 개인 또는 개인 사업자에 대한 소액 대출 형태로 후원하는 방식이며, 차입자는 만기에 원금과 이자를 상환한다. 프로스퍼와 렌딩클럽이 대표적인 업체다. 지분 투자형은 혁신 프로젝트에 투자하고 투자자는 그 대가로 주식 또는 수익증권을 취득하는 방식이다. 지분 투자형은 투자금 공모의 의미로서 스타트업 육성에 큰 도움이 된다.

크라우드 펀딩 업체들이 목표 금액을 관리하는 방식도 두 가지로 나뉜다. 첫째, '올-오어-나싱(All-or-Nothing)' 펀딩이다. 설정한 기간 내에 성공적으로 펀딩을 유치하면 5% 내외의 수수료를 공제한 후 나머지 금액을 프로젝트에 사용하게 한다. 목표 금액에 도달하지 못하면 그 프로젝트는 취소되고, 미리 약속한 금액은 모두 본래 후원자들에게 돌려준다. 둘째, '킵인-올(Keep-in-All)' 펀딩이다. 이는 목표 금액에 도달하지 못했다 할지라도 그때까지 약속된 금액으로 프로젝트에 지원하는 방식이다.

회수 시장

창업자와 투자자에게 회수 통로는 절대적으로 중요한 요소다. 회수 시장이 있어야 창업자는 자신의 노력을 보상받을 수 있고, 투자자 또한 투자의 목적을 달성할 수 있기 때문이다. 회수 시장에는 두 가지 유형이 있다. 하나는 기업 공개(IPO)이고, 다른 하나는 기업 매각이다. 기업 공개는 한국의 코스닥 시장 혹은 미국의 나스닥 시장에 상장하는 것으로, 주식을 일반인에게 공개해 주식이 대중적으로 거래되게 하는 방식이다. 스타트업에 투자된 자금은 기업 공개 이후 시장 거래를 통해 회수할 수 있다. 상장 후에는 시장 가격이 형성되기 때문에 상장 전에 투자한 자금을 쉽게 회수할 수 있다.

기업 매각은 인수합병 시장에서 발생한다. 인수합병 시장에서 스타트업을 매각해서 투자 지분을 회수하는 것이다. 기업 매각이 중요한 것은 현실적으로 많은 스타트업이 코스닥 시장에 기업 공개를 하는 것이 불가능하기 때문이다. 예를 들어 한국 벤처 기업은 누적 5만 개를 상회하는데, 이들이 모두 코스닥에 상장되기란 불가능에 가깝다. 코스닥시장은 1천 100~1천 200개 기업이 등록되어 있을 뿐이며, 매년 상장되는 기업도 100여 개에 그친다. 이런 상황에서 무조건 기업 공개를 기대할 수는 없다. 많은 스타트업이 기업 공개에 앞서 매각하는 이유다. 실제로 미국 스타트업 중 기업 공개로 회수하는 비중은 15% 미만이며, 기업 매각을 통해 투자를 회수하는 비중이 무려 85%가 넘는다.

스타트업판 신데렐라

2010년 4월 28일 이른 아침, 애플 본사 건물의 1층 로비는 스티브 잡스의 미디어 회견으로 많은 사람들이 웅성거렸다. 잡스는 애플이 2억 달러를 지불하고 '시리'라는 음성 인식 소프트웨어 스타트업을 인수한다고 발표했다. 시리는 음성 인식 분야에서 혁신을 주도한 소프트웨어였기에, 이것이 아이폰에 접목된다는 뉴스에 대중은 환호했다. 또 잡스가 직접 회견장에 나섰다는 자체가 아주 중대한 사안임을 시사했기 때문에 사람들의 관심도 매우 높았다. 시리 입장에서도 창업한 지 몇 년 지나지 않은 상태에서 투자 회수를 하고, 그것도 2억 달러나 되는 높은 가치를 인정받았기에 흥분된 반응이 많았다. 대중은 그 사건에 '스타트업판 신데렐라'라는 이름을 붙였다.

스타트업을 신데렐라로 등극시키는 통로는 기업 매각이다. 기업 매각을 통해 창업자의 지분이 회수된다. 여기에는 '스타트업을 사려는 욕구'가 반드시 존재해야 한다. 이런 욕구가 없으면 기업 매각은 성립되지 않는다. 보통 대규모 자본이 그 역할을 한다. 미국에서도 신흥 강자로 성장한 구글, MS, 애플, 페이스북 등이 기업 매수의 역할을 맡고 있다.

구글은 2010년에 모바일 광고 회사인 애드몹을 7억 5천만 달러에 인수한 것을 포함해서 50개 이상의 벤처를 인수했을 정도이고,

지금도 여전히 기업 인수에 적극적인 입장을 취하고 있다. 이들의 인수는 스타트업이 자금을 회수하는 통로가 되어주며, 생태계의 완성도를 높이는 데 큰 도움이 된다. 페이스북이 2012년 4월 사진 공유 앱 개발 회사인 인스타그램을 10억 달러에 사들인 것도 같은 유형이다. 이로 인해 직원 10명에 불과했던 작은 스타트업인 인스타그램이 일약 스타트업판 신데렐라로 등극했다. 이뿐만이 아니다. 룩셈부르크에서 시작한 인터넷 전화 사업자 스카이프가 85억 달러의 규모로 마이크로소프트에 인수된 사례도 있다. 애플 역시 시리 외에도 많은 기업을 인수했다. 애플이라고 하면 천재 스티브 잡스가 떠오르지만, 내면을 보면 기술적 빈틈을 보완하기 위해 신생 기업을 적극적으로 인수하면서 성장해왔다. 아이폰4의 HDR 사진 자동 보정 기술은 영국의 신생 기업 임센스를 인수한 덕분이었고, 아이패드와 아이폰4의 핵심 부품인 A4 프로세서도 미국의 신생 기업인 인트린시티를 인수해 완성한 것이다. 이처럼 애플은 필요한 기술을 갖고 있는 기업이라면 과감하게 인수했다. 구글도 유사하다. 구글은 연구 개발에 투자하는 것 못지않게 신생 기업의 인수에도 많은 투자를 해왔다. 대표적으로 안드로이드 모바일 운영 체계(OS) 역시 신생 기업 안드로이드를 인수해서 완성한 것이다. 구글 출신의 벤처 기업을 다시 인수한 사례도 많다. 앱젯과 리메일 같은 기업은 구글 출신이 설립한 스타트업이었는데 구글이 다시 인수했다.

그런데 국내에서는 왜 이러한 '스타트업판 신데렐라' 스토리가 잘 나오지 않을까? 가장 큰 이유는 절대적 지위를 가진 대기업들이 정당한 값을 지불하고 신생 벤처 기업을 사려고 하지 않는다는 점이다. 대기업은 갑의 위치에서 납품 단가를 깎고 기술을 가로채는 데 익숙해져 있어, 이를 액면 그대로 해석하면 스타트업의 기술 출구가 실질적으로 막혔다고 말할 수 있다. 기술 출구가 막힌 상황에서 스타트업은 고전 끝에 도산하게 되고, 이렇게 사라지는 벤처를 보면서 청년들은 꿈을 접게 될 것이다.

그러면 왜 애플과 구글 같은 미국 대기업들은 왜 엄청난 금액을 주고 신생 스타트업을 인수할까? 이들의 관심은 기술이다. 신기술을 얻는 데 서슴없이 투자한다. 이런 전략은 역사적 뿌리가 깊다. 대표적으로 미국 바이오 신약 영역도 신기술 인수 전략에 의해 발전했다. 최초의 바이오 벤처인 제넨테크는 1985년 글로벌 제약 회사인 일라이릴리에 매각되면서 돌파구를 마련했다. 일개 실험실 창업이었던 제넨테크가 대규모 제약 회사에 팔리면서, 바이오 벤처는 투자 회수와 부를 얻고 제약 회사는 벤처가 시작한 비즈니스를 완성해서 수익을 올리는, 일종의 바이오 벤처 모델이 탄생했던 것이다.

미국의 신데렐라 스토리의 한복판에 기술 경쟁력이 있음을 정확히 통찰해야 한다. 대자본에 인수되는 스타트업은 주도적 기술 역량을 가지고 있다. 그 역량을 갖추지 못한 상태에서 인수를 기대할 수는 없다. 누구나 신데렐라 스토리를 쓸 수는 없다. 신데렐라가 되고 싶으면 실력을 갖추어야 한다.

14

엔젤투자자 사용법

"투자 포트폴리오는 나의 삶과 세상에 대한 생각을 반영한다."

이덕준

"대중과 뭔가 다르게 하지 않고 뛰어난 성과를 얻는 것은 불가능하다."

존 템플턴

우리는 지금까지 세상을 바꾸어가는 스타트업의 활약상을 살펴보았다. 파일 공유 서비스인 드롭박스, 비어 있는 방을 빌려주는 에어비앤비 등은 세상에 없었던 비즈니스 모델을 구현하면서 이제는 스타트업이라고 말할 수 없을 정도로 성장했다. 그런데 이들에게는 또 다른 공통점이 있다. 와이컴비네이터와 같은 투자자로부터 초기 투자를 유치하고 사업적인 멘토링을 받았다는 점이다.

지금은 유명해진 스타트업이라 할지라도, 처음부터 창업자가 경험과 자본, 네트워크를 갖고 시작한 경우는 매우 드물다. 그렇다고 매출도 수익도 없는 스타트업이 은행에서 대출받기는 더욱 불가능하다. 그래서 창업 생태계에서 엔젤투자자의 역할은 매우 중요하다. 반면 스타트업의 창업자들은 엔젤투자자가 어떤 사람들인지, 왜 스타트업에 투자하는지, 어디에서 만날 수 있는지, 기관투자자와 무엇이 다른지 잘 모른다. 이번 장에서는 엔젤투자자를 좀 더 깊이 있게 알아보고, 엔젤투자를 받기 위해 무엇을 준비해야 하는지 살펴보자.

엔젤투자자의 유래 및 특성

엔젤투자자의 유래를 콜럼버스의 항해를 후원했던 스페인의 이사벨 여왕으로 보기도 한다. 콜럼버스는 이사벨 여왕으로부터 선박 2척과 항해에 필요한 자금을 지원받는 대신 다음과 같은 계약을 맺었다.

'콜럼버스가 항해를 통해 발견하는 토지에 대해서는 콜럼버스의 후손에 이르기까지 제독의 신분으로 관리할 수 있도록 한다. 또 그 지역에서 난 산물의 10분의 1과 함께 새로운 지역에 투자할 경우 8분의 1까지 투자할 수 있는 권리를 부여한다. 그 외 나머지 모든 권리는 여왕에게 속한다.'

이 계약 내용은 오늘날 엔젤투자 계약 내용과 상당히 유사하다. 바다 멀리 항해하는 것은 무모하다고 여겼던 시기에 콜럼버스는 서쪽으로 항해해 인도에 도착할 것이라는 가설을 세운다. 콜럼버스는 처음 계획과는 달리 인도에 도착하지는 못했지만, 생각지도 못한 아메리카 대륙을 발견한다. 과학 기술의 발전 성과가 있었고 가설을 바탕으로 한 탐색이 있었다는 점, 처음의 가설이 정답이 아니었지만 시장을 탐색하는 과정에서 더 큰 사업 아이디어를 찾았다는 점, 인도를 찾아 나섰다가 아메리카를 발견했다는 점에서 콜럼버스와 스타트업 창업가의 유사성을 발견할 수 있다.

엔젤이라는 용어는 많은 오페라가 공연되었던 1920년대 미국 브로드웨이에서 유래했다. 좋은 작품성에도 불구하고 때로는 공연을 하지 못하는 경우가 생겼는데, 이때 유력한 후원자들이 재정적 후원을 해주어서 공연을 잘 마칠 수 있었다. 이때 공연에 참여한 연출자, 배우들이 고마운 마음을 담아, 이름을 밝히지 않은 후원자들을 천사(angel)로 부르기 시작했다. 현대적 의미의 엔젤이라는 산업 용어를 사용하기 시작한 것은 1960년대 미국 실리콘밸리로 알려졌다. 돈이 많은 개인이 우수한 기술을 바탕으로 한 창업 초기 기업을 대상으로 자금을 지원하면서 지금의 실리콘밸리를 만들어나가던 시기다. 지금은 우수한 기술을 바탕으로 한 스타트업 투자가 자연스러운 일이 되었지만, 1960년대만 하더라도 기술에 대한 투자가 1920년대 오페라 후원을 연상시킬 만큼 낯선 문화였다는 점을 알 수 있다.

한국은 1990년 말부터 벤처 기업들의 성공 사례가 나타나면서 엔젤투자 시장이 급격히 형성되었으나, 2000년 초반 미국에서 닷컴버블이 꺼지자 국내 엔젤투자 시장도 순식간에 사라졌다. 하지만 2010년 전후로 미국에서 모바일과 이커머스를 중심으로 창업 생태계가 활성화되면서, 국내에서도 엔젤투자 시장이 다시 활성화되기 시작했다. 2000년 전후와 달리 현재는 프라이머 권도균 대표 등 성공한 창업가 출신들이 국내 엔젤투자 시장을 이끌고 있다는 점은 다행스러운 일이다. 창업부터 기업 공개까지 기업 성장 과정을 모두 경험한 사람이 투자자로 다시 창업 생태계에 자금과 경험을 공급함으로써 후배 창업가들에게 큰 힘이 되고 있기 때문이다. 전문 엔젤투자자, 액셀러레이터, 개인투자조합, 엔젤매칭펀드 등 다양한 유형의 엔젤투자자를 창업 생태계로 유인하는 정책들이 도입, 보완되고 있어 향후 엔젤투자 시장은 질과 양 모든 면에서 크게 성장할 것으로 보인다.

회사 성장에 기여하는 엔젤투자자

만약 어떠한 이유로든 스타트업에 투자하게 되었다면, 엔젤투자자로서 첫걸음을 떼었다고 할 수 있다. '친구 사업 도와주려고 여윳돈 조금 투자한 건데 제가 엔젤투자자라고요? 저는 엔젤투자자라고 생각해본 적이 없습니다'라고 말한다면, 엄격한 의미에서 정확한 표현이다. 스타트업에 투자했다고 해서 모두 엔젤투자자라고 할 수는 없기 때문이다. 스타트업에 대한 이해 없이 인지상정으로 도와주려고 했다면 기부에 가까운 것이고, 수익이 목표였다면 투기에 가깝기 때문이다. 엄격한 의미의 엔젤투자자란 투자 이후 스타트업 성장에 기여하는 사람으로 정의할 수 있다.

높은 위험의 투자에 대해서 높은 수익을 보상받는 것(High risk, High return)은 자본주의의 중요한 원칙 가운데 하나다. 스타트업에 대한 초기 투자도 여기서 벗어나지는 않는다. 그렇다면 엔젤투자는 금융기관이 제공하는 고위험 상품에 가입하는 것과 무엇이 다를까? 예를 들어 고위험 고수익이 기대되는 원자재펀드가 있다고 가정해보자. 원자재펀드에 투자(가입)해서 회수(해지)할 때까지 원자재펀드의 가치 상승에 투자자가 기여할 부분은 거의 없다. 그러나 스타트업에 투자한다면 영업/마케팅이 가능한 거래처를 소개하고, 기술적인 문제에 대해 조언하고, 후속 투자를 위한 기관투자자 네트워크를 지원함으로써 투자자는 회사 성장에 직간접적으로 기여할 수 있다. 즉, 스타트업에 대한 투자는 회사 성장을 위해서 위험을 낮추고 수익률을 높이는 데 투자자의 적극적인 역할이 동반되어야 한다.

아무리 유망한 스타트업이고 창업자와 깊은 인연이 있더라도 회사 성장에 기여할 부분을 찾지 못하겠다면 투자하지 말아야 한다. 이러한 관점은 엔젤투자자 자신을 위해 아주 중요하다. 투자 목적이 고수익에만 있다면 엔젤투자에 쉽게 실망할 수 있다. 엔젤투자는 투자금을 회수하지 못하는 경우가 더 많기 때문이다. 하지만 회사 성장에 기여하는 엔젤투자자는 투자 회수 확률을 높일 뿐 아니라, 기업과 함께 자신도 성장한다. 그래서 실리콘밸리의 유명한 엔젤투자자들은 자신들의 투자를 '삶의 여정 혹은 여행'이라고 표현한다. 돈으로 환산할 수 없는 값진 경험에 가치를 느껴 투자를 반복하다 보면 창업자와 자신이 함께 성장함을 깨닫기도 하고, 비즈니스 모델을 보는 안목이 생겨 앞서 회수하지 못한 투자금을 만회할 수 있는 새로운 투자 기회를 발굴하기도 한다.

엔젤투자자와 기관투자자의 차이

창업자들에게는 엔젤투자 유치 과정은 매우 낯선 것이 당연하다. 엔젤투자를 흔하게 접할 기회도 없고, 관련 정보도 매우 제한적이기 때문이다. 그래서 창업자들은 엔젤투자자, 개인투자조합, 벤처캐피털, 한국벤처투자 등 개별 투자 주체의 특성을 구분하지 못하고 괜한 시간과 노력을 낭비하는 경우가 많다. 삼성전자의 주식을 사려면 은행이 아니라 증권사를 찾아가야 하듯, 초기 투자 유치를 위해서는 투자자 각각에 대한 이해가 필요하다. 넓은 의미에서 엔젤투자 시장에는 다양한 그룹이 참여하고 있고, 같은 그룹 안에서도 저마다의 특성이 있어 이들 전부를 소개하기도, 이해하기도 어렵다. 그래서 엔젤투자자와 기관투자자의 차이점을 이해하는 것으로 시작해보겠다.

엔젤투자자와 기관투자자의 차이점은 근본적으로 투자금의 성격에서 시작된다. 엔젤투자자는 보통 개인 투자자로서 자신의 돈을 스타트업에 투자한다. 자신의 돈으로 차를 사든, 스타트업에 투자하든 상관이 없듯이, 극단적으로 창업자가 친구여서 투자를 하든, 어제 만난 창업자의 비즈니스 모델이 마음에 들어서 투자를 하든 개인 엔젤투자자는 문제가 없다. 스타트업이 폐업하더라도 자신의 투자금 손실을 받아들이면 그뿐이다. 반면에 기관투자자는 다른 사람의 자산을 대신 운영하고 수수료를 받는다. 그래서 기관투자자는 투자 심사의 객관성과 시스템적인 절차를 중요하게 여긴다. 복잡하게 이야기했지만 사실은 아주 단순한 이야기다. 투자자가 자신의 돈을 잘 관리해달라고 맡겼는데 아무런 근거도 없이 투자 심사역의 친구 회사에 투자하고 회사가 망한다면 이런 상황을 투자자가 순순히 받아들이기는 어려울 것이다. 때문에 벤처캐피털 등의 기관투자자는 규정된 절차에 의해 회사의 가치와 위험을 객관적으로 평가하려고 노력한다. 결과적으로 투자한 기업이 잘못되어 투자 손실이 발생하더라도, 투자 의사결정 과정에서 문제가 없었다면 기관투자가가 법적으로 책임져야 할 부분은 없다.

스타트업의 첫 번째 투자자가 기관투자자가 아닌 엔젤투자자인 이유가 여기에 있다. 초기 기업은 매출 실적 등 객관적인 자료가 부족하거나 아예 없다. 창업자를 포함한 팀 구성원의 경력, 보유하고 있는 기술, 목표로 하는 시장에 대한 접근 방법 등 스타트업을 평가할 수 있는 것은 수익을 창출할 가능성뿐이다. 주관적인 가치 판단에 영향을 많이 받는 가능성만을 보고 대담하게 투자할 수 있는 사람은 엔젤투자자뿐이다. 자기 자신만 설득하면 되기 때문이다. 반면 벤처캐피털의 경우 담당 투자 심사역이 기업의 가능성을 아무리 좋게 보더라도 투자기관 내부의 다른 사람들을 설득할 수 있는 객관적인 자료가 없다면 투자가 이뤄지지 않는다.

엔젤투자자가 스타트업의 최초 투자자가 되어야 하는 또 다른 이유가 있다. 기관투자자는 투자 기업에 대한 후속 지원을 조직적으로 수행할 수 있는 강점이 있다. 기관투자자보다 먼저 움직이지 않으면, 동등한 조건에서 엔젤투자자가 유망한 스타트업의 선택을 받기는 쉽지 않다. 누가 순서를 정해준 것도 아닌데, 단계별 투자가 이뤄지는 이유다.

엔젤투자의 단계별 특징

만약 시드 투자, 시리즈A 투자, 시리즈B 투자 등과 같은 용어를 들어본 적이 있다면, 이미 엔젤투자 유치로 많은 고민을 한 사람일 것이다. 엔젤투자와 관련된 용어는 그만큼 낯설다. 통상적으로 스타트업이 투자받는 단계를 ① 3F 투자 ② 시드(seed) 투자 ③ 시리즈A ④ 시리즈B ⑤ 프리IPO(pre-IPO) ⑥ 시장 공개로 나눈다. 기업의 성장 단계에 따라 필요로 하는 자금의 규모와 투자자의 성격, 적용되는 법규가 다르기 때문에 만들어진 분류다.

이러한 분류는 국가, 시기, 산업마다 다른 것이 정상이다. 가령 한국에서 기업 가치를 100억 원으로 평가받고 10억 원의 투자금을 받았다고 하면, 일반적으로 시리즈A 투자 유치에 성공했다고 말한다. 반면 시장의 규모가 크고 엔젤투자 생태계가 활성화된 미국이나 중국에서는 시드 투자로 간주된다. 기업의 성장 단계가 같다고 하더라도, 파일럿 제품으로 테스트하는 시장의 규모가 국가마다 다르고, 그로 인해 기대하는 이익의 규모도 다르기 때문에 필요한 자금의 규모나 회사의 평가 가치도 다른 것이다. 또 모바일 앱으로 서비스하는 회사와 중후장대한 설비를 구축해야 하는 제조업은 필요 자금과 투자 단계를 다르게 접근해야만 한다.

그래서 투자 단계별로 투자받을 수 있는 금액을 명쾌하게 정의하기는 어렵다. 더구나 보통 투자자와 회사 간 투자 계약은 복잡하고, 공개되지 않으며, 중요한 경영 정보로 분류되기 때문에 투자 사례를 일반화하기도 어렵다. 이런 이유로 창업자들은 명쾌한 엔젤투자 강의를 듣기가 어렵다. 간혹 세미나 등에서 만난 경험 많은 엔젤투자자나 투자 심사역이 엔젤투자와 관련된 질문에 '사례별로 모두 다르다'라고 답변하는 것은 귀찮아서가 아니라 그것이 정답이기 때문이다. 이유야 무엇이든 당장 투자 유치를 해야 할 창업자는 답답할 노릇이다. 때문에 다음에 소개하는 분류와 내용 역시 절대적일 수 없다. 특히 회사의 평가 가치와 투자금 규모 등은 지극히 주관적인 사례임을 밝힌다.

스타트업 투자 단계[4]

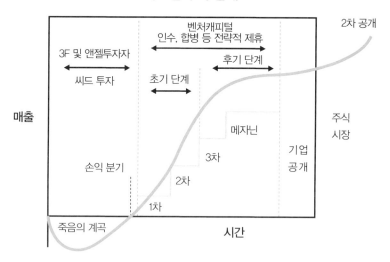

---

[4] 출처 : 위키미디어(https://commons.wikimedia.org/wiki/File:Startup_financing_cycle.svg)

최초의 투자 단계로 언급한 3F 투자는 일종의 블랙 유머다. 가족(Family), 친구(Friend)가 아니면 바보(Fool)나 하는 투자라고 할 정도로 혈연, 지연, 학연 등 인간관계에 의한 투자를 말한다. 아주 초기 투자금 또는 사실상 회사 설립을 위한 최초 자본금에 해당하고, 투자 규모는 백만 원부터 천만 원 전후에 해당한다. 앞서 '엔젤투자자는 회사 성장에 기여해야 한다'라고 강조한 바 있다. 3F 투자자는 인간관계에 의한 투자를 한 것이지, 본격적으로 엔젤투자 의지가 있는 사람이 아니다. 지인이 우연히 회사 성장을 위한 역량을 갖추고 있을 가능성이 없는 것은 아니지만, 3F 투자자로 참여할 확률도 낮다. 향후 투자 유치 계획을 고려한다면, 3F 투자자는 지분 참여보다는 창업자에게 투자금을 빌려주는 것이 더 바람직하다. 그래서 3F 투자자는 엄격한 의미에서 엔젤투자자라고 간주하기 어려우며, 실제로 3F 투자 유치 없이 시드 투자로 시작하는 스타트업도 많다.

만약 3F 투자를 받게 된다면, 창업자는 이러한 현실을 냉정하게 인식하고 투자받는 시점부터 3F 투자자에게 인간관계로 접근하는 것을 추천한다. '형이 투자해줘서 사업 시작하는 데 큰 힘이 되었어. 고마워. 회사가 빨리 성장하게 된다면, 형이 투자한 지분을 내가 다시 2배로 살 수 있게 해줘'라는 식이다. 비교적 투자 금액이 적고 인간관계로 투자한 사람이니, 창업자가 빨리 회사를 키워서 높은 가격으로 주식을 다시 사 가겠다는 의사에 3F 투자자 대부분은 기쁘게 동의할 것이다. 반면 '우리는 페이스북 같은 회사가 되어서 100배로 보답할게'라는 대화는 농담이라 할지라도 좋은 사례가 될 수 없다. 엔젤투자에 대한 이해가 낮은 3F 투자자가 수익성 관점으로만 스타트업을 바라보게 될 경우, 회사가 성장하는 과정에서 창업자와 투자자 모두에게 어려움을 줄 수 있기 때문이다.

시드 투자에서 엔젤투자자가 고려하는 요소

  3F 투자가 사업 아이디어 단계 또는 회사 설립 단계에서 이뤄진다면, 최소요건제품(MVP, Minimum Viable Product)을 활용한 시장 검증이 되어 사업화 가능성이 보일 때 시드 투자를 받을 준비를 시작하게 된다. 양산 제품 준비와 서비스의 확장을 위해 필요한 자금을 시드 투자로 조달하는 것이다. 즉, 시드 투자를 받기 위해서는 목표 고객이 기존에 없었던 새로운 가치의 제품과 서비스를 구매한다는 증거를 투자자에게 보여줄 수 있어야 한다. 시장에서 통한다는 실제 데이터를 바탕으로 양산 제품을 출시하고, 서비스 지역을 확장하기 위한 계획과 필요한 자금 내역과 규모를 제시할 수 있어야 한다. 한편 시드 투자를 받기 위해서는 개인 사업자가 아닌 법인으로 등록되어 있거나 전환할 준비가 필요하다. 개인 사업자가 투자를 못 받는 것은 아니지만, 소유와 경영을 분리한 법인 형태의 회사가 경영의 투명성을 보장하기 위한 제도적 정비가 되어 있기 때문에, 투자는 대부분 법인에 대한 투자를 전제로 하고 있다. 즉, 시드 단계에 참여하는 엔젤투자자는 회사 주주로서의 권리와 의무를 인식

한다는 점에서 3F 투자자와는 차이점을 보인다.

엔젤투자자는 개인인 경우가 많았으나 최근 엔젤투자 생태계가 확대됨에 따라 개인투자조합, 액셀러레이터와 같은 형태의 기관으로 진화하고 있으며, 그 비중이 커지고 있다. 투자 주체에 따라 규모가 다르지만, 기업당 투자할 수 있는 투자금은 보통 1천만 원부터 2~3억 원 정도이며 기업의 평가 가치는 5억 원에서 50억 원 정도다. 바이오 기업 등 특별한 경우가 아니라면, 많은 경우 10억 원 수준에서 회사 가치를 평가받는다. 여기서 먼저 창업자는 자본금과 회사 가치의 개념을 정확하게 이해할 필요가 있다. 가령 어떤 스타트업이 자본금 1천만 원의 법인으로 등록했다고 하면, 등록 시점에서 자본금과 회사 가치는 같다. 그러나 스타트업이 기업 활동을 통해 시장 검증 데이터를 만들고 사업화 가능성을 보이게 되면, 자본금은 1천만 원으로 그대로지만 회사 가치는 10억 원으로 평가받을 수 있다. 즉, 회사를 설립할 때 10%의 지분을 확보하려면 100만 원으로 가능하지만, 이제는 1억 원을 투자해야 한다. 처음 투자 사례를 접한다면 낯선 경험이겠지만, 이는 매우 상식적이고 당연한 결과다. 실제 사례로 삼성전자의 자본금은 1조 원이 되지 않지만, 30조 원에 달하는 영업이익과 향후 더 성장할 것이라는 전망으로 말미암아 공개시장에서 300조 원 수준의 회사 가치로 주식이 거래되고 있다는 점을 상기해본다면 이해가 빠를 것이다. 모든 회사의 가치는 미래 가치를 포함하고 있으며, 스타트업은 미래 가치의 비중이 안정된 기업의 미래 가치 비중보다 훨씬 더 커야만 한다. 그렇지 않다면 투자자는 굳이 안정적으로 성장하는 기존 회사가 아니라 스타트업에 투자할 이유가 없다.

미래 가치를 높게 평가받기 위해서는 어떻게 해야 할까? 기존의 커다란 시장에 기존 기업과 다른 방식으로 접근해야 한다. 예를 들어 에어비앤비는 호텔을 짓지 않고도 호텔 산업의 시장점유율을 빼앗아 올 수 있다는 점을, 샌프란시스코와 뉴욕의 몇몇 집을 가지고 숙박 고객의 이용률을 통해서 보여주었다. 렌딩클럽은 은행을 통하지 않고도 대출 이자를 낮추고 투자자의 수익을 높이는 것이 가능하다는 점을, 개인 간 대출 중개 프로젝트를 통해서 입증했다. 시드 투자를 유치하려는 창업자가 가장 어렵게 느끼는 부분이 최소요건 제품으로, 고객이 있다는 사실을 에어비앤비나 렌딩클럽처럼 데이터로 증명하는 것이다. 사실 이 부분은 시드 투자를 유치하기 위한 과정이 아니라, 사업화 아이디어를 행동으로 옮기는 최초 시점부터 고민해야 하는 스타트업의 본질이다.[5] 엔젤투자자는 갑자기 데이터를 만들어달라는 것이 아니라, 창업자가 사업 아이디어 시점부터 스마트한 시장 접근을 해왔는지 확인하고 싶은 것이다. 보통은 이러한 데이터마저도 본격적인 시장 진입을 위해서는 많은 가정과 주관적인 판단을 필요로 한다. 때문에 기관투자자가 아닌 엔젤투자자가 시드 단계의 투자자가 되는 것이다. 만약 사업 아이디어

---

5) 돈과 시간을 들이지 않고, 완성도가 낮은 제품으로 시장을 검증하는 방법은 '린 스타트업(Lean Startup)', '비즈니스 모델 캔버스(Business Model Canvas)' 같은 방법론을 참고하시기 바란다.

를 실행한 결과 데이터가 없다면 어떤 일이 벌어질까? 규모만 커진 스타트업에 뒤늦게 3F 투자자로 합류하고 싶은 엔젤투자자는 없을 것이다.

기관투자자로부터 시리즈A 투자를 받으려면

앞서 엔젤투자자와 기관투자자의 차이를 설명하면서 투자 자금의 성격이 다르다는 점을 밝혔다. 이로 인해 자기 자본으로 투자하는 엔젤투자자들은 보다 간편하게 투자를 결정할 수 있는 반면, 타인 자본으로 투자하는 벤처캐피털 같은 기관투자자들은 투자심의위원회를 통과해야 하며 객관화된 자료가 없는 초기 기업에 투자하기 어렵다는 점을 이해할 수 있었다. 그런데 벤처캐피털이 시드 단계의 초기 기업에 투자하기 어려운 이유가 한 가지 더 있다. 바로 투자 규모다.

투자 회사를 발굴하기 위해서는 적어도 5~10배 정도의 기업을 만나고 이들의 자료를 분석해야 한다. 회계나 법률상 위험을 점검하고, 적절한 계약 조건인지를 검토한 후 다른 투자 심사역이 동의해야만 투자가 이뤄진다. 투자 이후에도 각 회사가 성장하도록 기여할 수 있어야 하며, 투자자 보고를 위한 관리 업무도 필요하다. 회계 실사, 법무 실사, 투자 심사역의 심사 업무 등 이 모든 것이 벤처캐피털 회사의 입장에서는 지불해야 할 비용이다.

벤처캐피털이 300억 원 규모의 펀드를 운용하며 시드 투자를 한다고 가정해보자. 초기 기업을 30억 원의 '투자 전 회사 가치

(pre-value)'로 평가하고, 대략 9%의 지분을 확보하기 위해 3억 원을 투자한다. 펀드의 규모가 300억이니 대략 500~1,000개 회사를 검토하고, 100개 회사를 투자해야 한다. 앞서 언급한 투자 프로세스를 지키려면 벤처캐피털의 비용이 너무 커지게 된다. 비용을 줄이기 위해, 초기 기업에 대한 개별 투자 규모를 크게 하면 어떻게 될까? 이 경우에도 문제가 생긴다. 예를 들어서 30억 원의 '투자 전 회사 가치'에 10억 원을 투자한다면 25%의 지분을 확보하는데, 이 정도의 지분이라면 회사 경영에 상시 참여하면서 경영 책임을 부담해야 할 수준이 된다. 경영권 인수를 목표로 하는 M&A 투자가 아니라면, 벤처캐피털은 이러한 상황을 피하려 한다. 벤처캐피털의 본업은 경영을 맡는 것이 아니라, 가능성 있는 기업에 투자하며 기업이 성장한 이후 투자 회수를 통해 이익을 실현하는 것이다. 결과적으로 시리즈A 투자에 참여하는 벤처캐피털이 선호하는 투자 대상은 회사 가치를 100~200억 원으로 평가받으며, 10~20억 원의 투자 유치를 희망하는 기업이라고 볼 수 있다. 하지만 기업이 속한 산업의 특성, 자금 소요 계획에 따라 실제로는 회사 가치와 투자 규모는 각각의 사례로 다뤄야 한다는 점을 다시 한 번 밝힌다.

사업을 시작할 때 또는 3F 투자자의 관심 사항이 '이 사업 아이디어가 정말 시장에서 통할 수 있을까?'에 있다면, 시드 투자자의 관심 사항은 '소규모로 테스트한 성공 모델이 규모를 확대 또는 확장(Scale-up)해도 통할 수 있을까?'에 있다. 시리즈A 투자자에게는 '이 회사가 궁극적으로 기업 공개할 가능성이 높은가?'라는 점이 추가된다. 다른 사람의 자금을 운용하는 벤처캐피털은 펀드 자금을 정해진 기한 내에 정해진 방법으로 돌려주어야 하기 때문에 어떻게 회수할 수 있을지에 대한 고민이 더해지는 것이다. 가장 이상적인 경우는 코스피, 코스닥 같은 공개 시장에 기업을 공개할 정도로 성장하는 것이다. 기업이 공개되면 삼성전자나 현대차의 주식처럼 기업의 주식을 자유롭게 사고팔 수 있어, 벤처캐피털은 회사 성장에 따른 투자 수익률도 높아질 뿐 아니라 투자 회수도 쉽게 할 수 있다. 문제는 상장 조건을 충족하기 위해서는 시간이 오래 걸리고, 상장되는 기업도 소수라는 데 있다. 투자 기업의 성장 속도가 계획보다 늦어지면, 시리즈A 투자를 했던 벤처캐피털은 시리즈B 또는 프리IPO(pre-IPO) 단계의 투자기관에 주식을 팔아 투자금을 회수해야 한다. 따라서 시리즈A 단계 투자를 하는 벤처캐피털은 투자할 회사가 궁극적으로 기업 공개가 가능한 비즈니스 모델과 역량을 갖출 수 있을지를 고민한다. 기업 공개가 가능한 비즈니스 모델이라면 유사한 회사들이 어느 정도의 가치를 갖고 있는지 참조해, 현재 가치로 할인하여 투자할 회사의 가치 평가에 활용하기도 한다.

지금까지 시드 투자와 시리즈A 투자를 중심으로 창업자가 이해해야 할 투자 특성을 살펴보았다. 시리즈A 이후에도 성장에 따른 단계별 후속 투자가 이어질 수 있으나, 이 책에서는 언급하지 않겠다. 시리즈A 투자를 유치하고 시리즈B 이상의 투자 유치를 고민할 정도의 경험을 갖춘 창업자에게는 이 책에서 언급할 수 있는 일반적인 내용이 더 이상 도움이 되지 않기 때문이다.

사회적 가치를 꿈꾸는 엔젤투자자

지금까지 주로 창업자 관점에서 엔젤투자자를 바라보았다. 회사에 좋은 엔젤투자자는 어떤 사람인지, 투자 단계별로 엔젤투자자의 관심 사항은 무엇일지 말이다. 하지만 이런 접근 방식으로는 건강한 엔젤투자 생태계를 활성화하지 못한다. 엔젤투자자들이 엔젤투자를 하는 동기를 이해하고 공감해야 한다. 이에 동의하지 못하는 독자들도 있을 것이다. 세상에서 가장 불필요한 걱정이 연예인 걱정, 건물주 걱정이라는 말도 있으니, 굳이 돈 많은 엔젤투자자까지 걱정할 필요가 있을까 싶기도 하다. 자, 그러면 거꾸로 질문해보자. 편하게 투자할 수 있는 금융상품이 많은데, 엔젤투자자들은 왜 이렇게 어려운 투자를 하는 걸까? 그들의 투자 동기는 무엇일까?

중소벤처기업부에서 상당 규모의 투자 실적을 인정받은 전문 엔젤투자자를 비롯해 반복된 투자 실적을 갖춘 엔젤투자자의 면면은 다양하다. IPO 또는 M&A 등 성공적인 회수 경험을 한 창업자, 투자 금융 경험을 갖춘 전문가, 경영 및 기술 지원이 가능한 기업 임원 경력자, 부유한 집안의 자산가, 그 외에 변호사, 회계사, 의사 등 전문 직종 종사자들이 포함되어 있다. 이들이 엔젤투자를 시작한 것은 창업자와의 의리 때문에, 가장 극한의 고위험/고수익 상품이라 생각해서, 자본주의에서 가치를 만드는 곳은 기업이라는 생각으로, 전업 엔젤투자자도 가능하다는 것을 보여주고 싶어서, 심지어 가장 최신의 자산 포트폴리오 트렌드라고 생각해서 등 그들의 경력만큼이나 다양하다. 또 목표로 하는 투자 수익률과 회수 기간, 선호하는 비즈니스 모델도 각각 다르다.

그런데 엔젤투자를 반복적으로 지속하는 이유에는 분명히 공통점이 있다. 그것은 우리 사회를 조금 더 좋은 사회로 만드는 데 자본주의 방식으로 기여하고 싶다는 것이다. 이들은 혼자 잘나서 엔젤투자자로 활동하는 것이 아니라는 점을 잘 인식하고 있고, 우리 사회에 기여하고 싶은 동기도 강하다. 회사를 만들고 경영하는 것에 익숙한 경우가 많고, 일회성 기부로 끝나기보다는 성장에 참여하며 투자 회수가 가능한 엔젤투자자로서의 활동을 더 편하고 보람되게 느낀다. 이들은 자녀에게 자본주의를 어떻게 가르쳐야 할지 고민하고 있으며, 지속 가능한 자본주의에 관심을 갖고 있다.

대표적인 사례가 자산의 99%를 사회 기부형 유한책임회사에 출자한 페이스북의 창업자 마크 저커버그다. 국내에서도 다음의 창업자였던 이재웅이 만든 소셜벤처 액셀러레이터 '소풍', 성공적으로 투자 회수한 창업자 등이 참여하여 만든 임팩트 투자사 'D3쥬빌리 파트너스' 등이 있다. 엔젤투자자의 과정을 거쳐서 새로운 성격의 투자기관을 만든 이러한 설립자들뿐만 아니라, 현재도 다수의 엔젤투자자들이 활동하고 있다. 이들은 꿈을 잃고 취업에 내몰린 청년들에게 힘내라는 말보다 스타트업에 대한 투자가 현실적인 힘이 되리라고 믿는다. 쿠팡, 배달의 민족과 같은 기업 가치 1조 원 이상의 유니콘 기업이 많이 생겨야 우리 사회가 경제 성장을 이루고 청년들이 꿈이 생긴다는 믿음을 갖고 있다. 반복적이고 안정된 일상에서 벗어나, 종종 창업자와 스타트업의 문제를 함께 해결해가는 것도 엔젤투자자의 큰 보람 요소라고 말한다. 창업자의 열정에 동화되는 것도 엔젤투자의 큰 동인 중 하나지만, 투자 수익 이슈도 빼놓을 수 없다. 투자한 기업이 잘되었을 때뿐 아니라, 부정적으로 평가해 투자하지 않았던 기업이 좋은 실적과 높은 회사 가치를 평가받을 때도 스스로의 투자 판단을 다시 돌아보게 된다. 이 모든 과정이 투자자가 성장하는 과정이며, 엔젤투자를 반복하게 만드는 요인이다.

이와 관련해 2007년 록펠러 재단이 제안한 임팩트 투자는 중요한 의미를 갖는다. 지속 가능한 자본주의를 위해서 재무적 성과와 사회적 가치를 의도적으로 동시에 추구하는 투자 금융의 출현을 의미하기 때문이다. 기존의 사회책임투자(SRI)가 환경, 사회적 책임, 지배구조를 준수하는 기업에 투자하며 나쁜 기업을 배제하는 소극적인 방식이라고 한다면, 임팩트 투자는 수익을 창출하는 비즈니스 모델 자체가 취약 계층의 편익을 증가시키고 환경을 개선하는 기업에 투자하는 등 적극적으로 착한 기업을 발굴하는 방식이다. 이를 통해서 사회 공동체에 기여하는 자본주의를 만들고자 한다.

임팩트 투자는 선언으로 끝나지 않았다. 불과 10년 만에 블랙록, 골드만삭스, 베인캐피털 등 대형 펀드사들도 임팩트 투자에 합류하고 있으며, 글로벌 임팩트 투자기관 GIIN에서 발간한 〈2017년 임팩트 투자 연간보고서〉에 따르면, 글로벌 임팩트 투자 자산은 123조 원에 달하며, 2020년에는 400조 원까지 성장할 것으로 전망된다. 한국에서도 임팩트 투자를 표방하는 엔젤클럽, 액셀러레이터, 벤처캐피털이 등장하고 있으며 소셜벤처를 대상으로 시드 투자와 시리즈A 투자를 집행하고 있다. 사회의 여러 문제들을 모두 해결할 수도 없고, 해결하려 해서도 안 된다는 것을 인식하게 된 정부도 UN이 제시한 17개의 목표에 따라 소셜벤처와 임팩트 투자기관들을 육성하기 위해 적극적인 정책 지원에 나서고 있다. 지속 가능한 미래를 위해서, 수익만 추구하던 엔젤투자자와 벤처캐피털이 세상을 바꾸는 일에 참여하기 시작했다는 점은 주목해야 할 사실이다.

"세계에서 제일가는 기업가는
앞으로 올 것을 예상하는 사람이 아니라,
앞으로 올 것을 결정하는 사람이다."

– 케빈 플랭크(언더아머 창업자)

2030년 4월, 장미꽃이 만개한 공원의 작은 벤치에 한 중년 노인이 조용히 앉아 있습니다. 과연 그 시대의 노인은 공원 벤치에서 어떤 생각을 하고 있을까요? 아침 일찍 인공지능 음성 비서인 알렉사가 짜준 일정대로 무인점포에서 로션을 구입한 후 서둘러 공원에 온 것일까요? 미래를 예측하는 것은 본래 쉽지 않지만, 앞으로는 더 어려울 듯합니다. 그 시대가 되면 아마도 지금보다 한층 더 로봇과 인공지능이 일상 속으로 깊숙하게 파고들었겠지요. 전화기도 모양과 성능이 지금과는 완전히 다른 것을 쓰고 있을 듯합니다. 돌이켜보면 스마트폰이 일상에 들어온 것도 그리 오래되지 않았습니다. 2007년 1월 9일, 스티브 잡스가 샌프란시스코 발표장에 들고 나온 아이폰이 그 시작이었지요. 결코 먼 과거가 아닙니다. 그때부터 지금까지의 시간은 인류 진화의 역사로 보면 정말 미미한 시간에 불과할 것입니다.

이 기간 동안 놀라울 정도의 변화가 일어났습니다. 기업, 생산 현장, 학교, 문화, 가족, 오락 등 모든 면에서 변화가 촉발되었습니다. 현재를 사는 우리는 그 변화를 피부로 겪었기에 익숙하지만, 그 변화 이전인 2006년만 해도 상상 속의 세상이었습니다. 어느 시인의 표현처럼, 지금 아는 것을 그때는 알지 못해 상상만 했을 뿐입니다. 우리가 만약 아메리카 대륙 발견 전인 15세기로 돌아간다면 사람들에게 뭐라고 말했을까요? 이렇게 말했을 것입니다.

"우리 시대의 위대한 모험은 신대륙과 새로운 대양을 발견하는 것입니다. 주저하지 말고 목표를 향해 나아갑시다. 아메리카를 넘어 세계를 개척합시다. 우리의 땅이 진정 어디까지인지 확인해야 하지 않겠습니까?"

오늘의 지혜로 어제를 본다면 모든 것이 쉽습니다. 어디에 원석이 있는지, 또 그것을 어떻게 보석으로 만드는지 알기 때문입니다. 만약 오늘의 관점에서 과거를 본다면 보석을 손에 쥐고도 가치를 정확히 모르는 경우가 태반이었을 것입니다. 잘 알려지진 않았지만, 최초의 전기자동차는 1837년에 이미 개발되어 상용화됐습니다. 그러나 최초의 전기차 회사는 몇 년을 버티지 못하고 망하고 말았습니다. 당시 화석연료가 싸고 풍부했으며, 또 배터리 기술이 발달하지 않아서 한 번의 충전으로 갈 수 있는 거리가 짧았기 때문입니다. 그랬던 것이 200년 가까이 지나 마침내 일론 머스크에 의해 다시 세상의 전면에 나오게 됩니다. 일론 머스크라는 출중한 기업가의 혜안과 도전정신도 중요했지만, 그동안 나름대로 전기차가 성공할 조건들이 무르익고 있었기에 가능했던 것입니다. 특히 배터리 기술이 발전했고 화석연료가 고갈 위기에 처하면서, 전기자동차 상용화라는 퍼즐에 빠져 있던 그 조각이 완성된 것입니다. 이것이 바로 전기자동차를 상용화하게 한 여건의 성숙이며, 그 여건의 성숙을 누구보다 먼저 일론 머스크가 발견해서 꽃피운 것입니다. 위대한 기업가는 과거의 아이디어를 귀환시켜 상상을 현실로 만들어버립니다.

우리는 지난 10년간의 과거에서 한 가지 지혜를 얻었습니다. 그것은 바로 상상이 현실화되는 속도가 빠르다는 것입니다. 앞으로 다가설 4차 산업혁명의 성숙은 초지능화와 초연결화의 속도를 더욱 가속하고, 많은 스타트업이 그 상상의 현실화에서 잠재된 사업 기회를 계속 찾아나갈 것입니다. 기업가정신이 충만한 창업자들은 그 도전을 즐기며 새로운 시대가 주는 기회에 가치를 부여할 것입니다. 물론 우리의 앞날은 여전히 알 수 없는 블랙박스이고 미래를 예견하기는 여전히 어렵지만, 상상을 이루려는 '꿈꾸는 바보들'의 열정에 의해 미래가 결정되는 현실이 된 것입니다. 그러니 앞날을 예상하는 기업가보다 앞날을 결정하는 기업가가 승리할 것이라고 말하는 것이지요. 스타트업의 기업가정신은 이렇듯 미래를 결정한다는 테마를 축으로 움직일 것입니다.

앞날을 결정하기 위해서는 무엇이 중요할까요? 필자들의 생각으론 상상력이 핵심입니다. 상상이 현실이 되는 세상이 오면, '상상력의 힘'이 지배하는 미래가 될지도 모릅니다. 그러면 상상력이란 무엇일까요? 이에 대해 다양한 답이 있겠습니다만, 천재 수학자 에이다 바이런의 표현이 압권입니다. 영국의 시인 바이런과 수학자 어머니 사이의 딸인 에이다는 그 질문에 이렇게 답했습니다.

"상상력이란 결합하는 방식이에요. 사물, 사실, 관념, 개념을 새롭게 독창적으로 끝없이 바꿔가면서 결합하는 것입니다. 이러면서 우리를 둘러싼, 보이지 않는 세계 속으로 뚫고 들어가게 됩니다."

이 말을 보면 상상력은 결코 멀리 있지도 않고 또 타고난 기질만도 아닌가 봅니다. 핵심은 호기심을 가진 보통 사람들이 후회 없이 꿈꾸도록 돕고 지원하는 여건을 만드는 것이 관건입니다. 아무쪼록 한국이 이러한 여건 조성 경쟁에서 절대 뒤지지 않기를 바라는 마음 간절합니다.

'깊은 우물 하나 파고 싶다'는 심정으로 이 책을 쓰기 시작했습니다. 스타트업을 말할 때 자칫하면 겉껍질만 남는 말의 성찬이 되지 않을까 염려했고, 시류에 흔들리면서 일시적인 풍문에 따르는 가벼움을 피하고자 했습니다. 그 대신 스타트업의 생로병사를 지배하는 원리와 구조를 놓치지 않으려 고민했습니다. 이 책 부제에 '이야기'라는 단어를 넣은 것도 잘 짜인 서사로 스타트업의 활약상을 묘사하려던 이유에서였습니다. 저희 나름의 방식대로 좋은 논증과 예리한 통찰에 기초해 깊은 속살을 건드리는 흥미로운 스토리를 담고자 했던 것이지요. 그런데 언제나 글을 마치자면 피할 수 없는 감정입니다만, 저 진실의 깊은 심연에 도달하기에는 역시 모자란다는 초라한 감정이 다시 온몸을 휘감습니다. 재주가 부족해서 서투른 작품이 되었지만 초심과 애정만은 혜량해주시기 바랍니다.

글을 쓰면서 한국의 스타트업이 더 많아져야 하겠다는 생각을 했습니다. 우리가 보통 기업가를 인용할 때 일론 머스크, 마윈, 마크 저커버그, 제프 베조스 등을 먼저 떠올리게 됩니다. 모두 외국인이지요. 스타트업 전쟁판에서 분전하며 성공한 한국인 롤모델이 부족한 현실의 반영입니다. 또 첨단 전투에서 한국 스타트업들이 선두에 선 분야가 많지 않은 현실의 반영이기도 합니다. 첨단 분야를 말하자면 냉철하게 세계적 선두 기업을 소개할 수밖에 없었지만, 점차 치열해지는 전쟁판에서 한국의 경쟁력을 염려하지 않을 수 없었음을 고백합니다.

특히 인공지능과 빅데이터, 사물인터넷과 같은 몇 가지 분야에서는 표준 경쟁에서 한국이 선도하기 어려운 상황입니다. 물론 앞으로 얼마든지 역전승이 가능하지만 그렇더라도 쉽지 않은 역경이 남은 것은 분명합니다. 한 산업의 패러다임을 창조적으로 재설계하는 게임 체인저(game changer)가 될 수 있다면 선두권으로 치고 나갈 수 있을 것입니다. 이 책에서 4차 산업혁명 분야의 스타트업의 활약을 말하면서, 게임의 법칙을 바꾸는 능력이 판세를 결정한다는 생각이 깊어졌습니다. 새로운 판도를 개척하는 역량을 달리 말하면 '개념 설계' 능력으로 표현할 수 있습니다. 새로운 패러다임을 스스로 개척하고 해결책도 스스로 마련하는 능력을 말하는데, 서울대 공대 교수들의 저서인 《축적의 시대》라는 책에서 지목한 용어와 같은 맥락의 단어입니다. 다시 강조하지만, 개념 설계자 혹은 게임 체인저로서의 반열에 한국 스타트업들이 더 많은 위상을 점하기 바라는 마음 간절합니다. 물론 한국에도 산업화 시절의 영웅들이 있었습니다. 정주영, 이병철, 구인회 등이 그들입니다. 현재의 스타트업 판도에서 그들과 같은 인물이 있다면 큰 도움이 되겠다는 생각이 절실합니다. "앞선 영웅들의 어깨 위에서 세상을 봐서 큰 도움이 되었다"라는 대과학자 뉴턴의 표현대로, 위대한 롤모델이 많아진다면 더 많은 성공 스토리가 탄생할 것이 분명합니다.

스타트업 기업가를 얘기하다 보면 뜨거운 감정이 같이 따라오곤 합니다. 특히 원대한 아이디어를 잉태하고 사회 혁신을 주도하면서 다른 사람들에게 영감을 주는 기업가를 만나면 감동을 받을 때도 있습니다. 세상을 바꾼다는 것이 어디 쉬운 일인가요. 그들의 삶에도 엄청난 역경과 곡절의 파노라마가 담겨 있게 마련입니다. 그런데 우리가 접한 일류 기업가들은 놀랍게도 일등이 되려고 아등바등하지 않았습니다. 그 대신 '세상에서 꼭 필요한' 사람이 되려는 욕구가 누구보다 강하더군요. 세상의 필요를 발굴하고, 그 필요의 충족을 위해 자신의 혼을 헌신하는 정서를 가진 사람이 대부분이었습니다. 그들의 일상은 상처의 연속이지만 승리할 수 있다는 확신도 강했습니다. 진주조개가 자신의 속살을 상처 내는 모래를 에워싸면서 마침내 진주를 잉태하는 상황과 같다고 느꼈습니다. 그들이 시련을 이겨내며 세상을 바꾸는 이야기는 앞으로도 지속될 것이며 더욱 많아질 것입니다. 그들의 앞날에, 또 아직 검증이 남은 가설을 손에 쥔 예비 창업자의 미래에, 이 글이 작은 디딤돌이 되기를 희망하면서 마칩니다. 이제 독자 여러분의 가르침을 기다립니다.

가독성을 위해 본문에 표기하지 않고 별도 목록을 작성했음.

.

가이 가와사키 Guy Kawasaki

개릿 캠프 Garret Camp

게레온 프랄링 Gereon Frahling

고고로 Gogoro

고담그린 Gotham Greens

고든 무어 Gordon Moore

고스테이션 GoStation

고투닷컴 GoTo.com

골드만삭스 Goldman Sachs

구글 Google

구글벤처스 Google Ventures

구글익스프레스 Google Express

군녀 칼슨 Gunnar Carlsson

그램 Gram

그린버드 Greenbird

글로벌임팩트투자기관 GIIN

기브포워드 GiveForward

길드 Gild

나브디 Navdy

미항공우주국 NASA

나우 Now

나이키 Nike

너드블록 Nerd Block

네스트 프로텍트 Nest Protect

네스트랩 Nest Lab

네오펙트 Neofect

넥슨 Nexon

넷플릭스 Netflix

노바리스 Novauris

노션 Notion

노키아 Nokia

논리 이론가 Logic Theorist

누구 Nugu

뉴모션 New Motion

니오 NIO

니콜라스 존슨 Nicholas L. Johnson

닛산 Nissan

다음 Daum

다임러 Daimler

다즈 DAZ, Digital Art Zone

다즈3D스튜디오 Daz3D Studio

다크리 Daqri

대시 Dash

더블클릭 DoubleClick

덤앤더머스 Dumb&Dummerce

데비안아트 DeviantArt

데이비드 라날로 David Ranalo

데이비드 프리드버그 David Friedberg

델파이 Delphi

도어봇 Doorbot

두낫페이 DoNotPay

드라이브닷에이아이 Drive.ai

드랍캠 Dropcam

드래건시스템 Dragon Systems R&D

드롭박스 Dropbox

드류 휴스턴 Drew Houston

디뮤직네트워크 Dmusic Network

디지털리서치 Digital Research

딕닷컴 Digg.com

딕슨 데스포미어 Dickson Despommier

딜라이트 Delight

딥마인드 Deep Minds

라운드메트릭스 GroundMetrics

라이코스 Lycos

라이프엑스 LIFX

라인 Line

라파엘로 안드레아 Raffaello D'Andrea

래리 페이지 Larry Page

래티스 Lattice

레디안6 Radian 6

레이 커즈와일 Ray Kurzweil

레티나임플란트 Retina Implant

렉스머시나 Lex Machina

렉스프레딕트 LexPredict

렌딧 Lendit

렌딩클럽 Lending Club

렌트더런웨이 Rent the Runway

로널드 코스 Ronald Coase

로버트 모리스 Robert Morris

로빈 체이스 Robin Chase

로사랩 Rosa Lab

로스 Ross

로열더치쉘 Royal Dutch Shell

로커스로보틱스 Locus Robotics

로컬라인 Local line

로키드 Rokid

록펠러 John Rockefeller

록펠러재단

록히드마틴 Lockheed Martin

롭 라인하르트 Rob Rhinehart

루닛 Lunit

루시드모터 Lucid Motors

루즈큐브스 Loosecubes

룩시드랩스 Looxidlabs

룰루 Lulu

룰루닷컴 Lulu.com

르노 Renault

리드 호프만 Reid Hoffman

리막오토모빌 Rimac Automobile

리먼브라더스 Lehman Brothers Holdings

리메일 reMail

리버티 Liberty

리빙내추럴리 Living Naturally

리셋 reSET

리오 Leeo

리처드 서스킨드 Richard Susskind

리테일넥스트 RetailNext

리틀러멘델슨 Littler Mendelson

리틀빗 littleBits

릴레이라이즈 RelayRides

릴레이푸드 Relay Food

링 Ring

링귀 Linguee

링크드인 LinkedIn

링클레이터 Linklaters

마빈 민스키 Marvin Minsky

마션 The Martian

마음의 탄생 How to create a mind

마이빈리 MyVinli

마이크 크리거 Mike Krieger

마이크로소프트 Microsoft

마윈 馬雲

마진매트릭스 MarginMatrix

마켓컬리 Market Kurly

마켓플레이스 Marketplace

마크 렘리 Mark Lemley

마크 앤드리슨 Mark Andressen

마크 와이저 Mark Weiser

마크 저커버그 Mark Zuckerberg

말테 스피츠 Malte Spitz

매사추세츠 공과대학 MIT

매트록스 Matrox

맷 로저스 Matt Rogers

머시너리 링크 Machinery Link

머씨 Mercy

메리어트 Marriott

모빌아이 MobilEye

모지오 Mojio

모트 mote

몬샌토 Monsanto

미국 고속도로안전보험협회 IIHS

미국 보건부 NIH

미국 식품의약국 FDA

미케니컬 터크 Mechanical Turk

바스토포센 Basto Fosen

바이두 Baidu

바이튼 Byton

바이헤닷컴 Baihe.com

벌룬티어포에버 Volunteer Forever

배리 슈위츠 Barry Schwartz

버라이즌 Verizon

버터플라이네트워크 Butterfly Networks

베리파이 Verifi

베스트바이 Best Buy

베어스턴스 The Bear Stearns Companies

베이커앤호스테틀러 Baker & Hostetler

베인캐피털 Bain Capital

베터플레이스 Better Place

보쉬 Bosch

보스턴다이내믹스 Boston Dynamics

보컬아이큐 VacalIQ

볼보 Volvo

볼타 Volta

볼트 Bolt

뷰 View

뷰노 Vuno

브라이언 체스키 Brian Chesky

브리태니커 Britannica

브이노믹스 Vnomics

블랙 미러 Black Mirror

블랙록 BlackRock

블레이크 마이코스키 Blake Mycoskie

블로코 Blocko

블록체인 block chain

블링크차징 BlinkCharging

비바리퍼블리카 Viva Republica

비브랩스 VIV Labs

비야디 BYD

비저블테크놀로지 Visible Technologies

비트코인 Bitcoin

빅스비 Bixby

빅토르 위고 Victor Hugo

빈리 Vinli

빌 그로스 Bill Gross

빌 올렛 Bill Aulet

사운드클라우드 SoundCloud

사토시 나카모토 Satoshi Nakamoto

서들 Shuddle

선마이크로시스템즈 Sum Microsystems

선택의 역설 The paradox of choice

세르게이 브린 Sergey Brin

세마커넥트 SemaConnect

세서미크레디트 Sesame Credit

세일즈포스 Salesforce

세컨드 사이트 Second Sight

세콰이어 Sequoia Capital

센소리아 Sensoria

소니 Sony

소일 아이큐 Soil IQ

소일런트 Soylent

스냅챗 Snapchat

스위프트키 SwiftKey

스카이프 Skype

스코프에이알 Scope AR

스콜 재단 Skoll

스타트업부트캠프 Startup Boot Camp

스트롱암테크놀로지 StrongArm Technologies

스티브 잡스 Steve Jobs

스티븐 호프만 Steven Hoffman

스티치픽스 Stitch fix

스파크박스 Spartkbox

스포티파이 Spotify

스프링크스 Sprinks

시그팍스 SigFox

시드캠프 Seed Camp

시라지 칼리크 Siraj Khaliq

시리 Siri

시소모스 Sysomos

시스코 Cisco

시스템리서치앤드디벨로프먼트 System Research And Development

시아펑모터스 Xiapeng Motors

아다스워크 AdasWorks

아두이노 Arduino

아룬 순다라라잔 Arun Sundararajan

아르고닷에이아이 Argo.ai

아르구스 Argus Cyber Security

아르파넷 Arpanet

아마존 Amazon

아마존 웹서비스 Amazon Web Service

아마존 프레시 Amazon Fresh

아메리카 온라인 AoL

아야즈디 Ayasdi

아우디 Audi

아이디어랩 IdeaLab

아이리버 Iriver

아이작 뉴턴 Isaac Newton

아조티 Azoti

아푸르바 메타 Apoorva Mehta

안드로이드 Android

안젤리나 졸리 Angelina Jolie

안트 파이낸셜서비스그룹 Ant Financial
Services Group

알레스카라이프 Alesca Life

알렉사 Alexa

알리바바 Alibaba

알케미 Alchemy

알타비스타 AltaVista

알토 Alto

알파고 AlphaGo

암호화폐 crypto currency

압토마 Aptomar

앙코어 Encore

애드몹 AdMob

애드센스 AdSense

애플 Apple

애플뮤직 Apple Music

액티브엑스 Active X

앤 워짓스키 Anne Wojcicki

앤드류 응 Andrew Ng

앤디 루빈 Andy Rubin

앨 고어 Al Gore

앨런 튜링 Alan Turing

앨린앤오버리 Allen & Overy

앱젯 AppJet

앳홈 @Home

야후 Yahoo

얀 레쿤 Yann Lecun

어도비 Adobe

어디어 Atheer

어시스턴트 Assistant

어친 Urchin

어펙티바 Affectiva

어플라이드 시맨틱스 Applied Semantics

어필테크놀로지 Apeel Technologies

언더아머 Under Armour

언바벨 Unbabel

업스트림 시큐리티 Upstream Security

에딘 Edyn

에르고스켈레톤 ErgoSkeleton

에릭 미히코프스키 Eric Migicovsky

에릭 플램홀츠 Eric Flamhlotz

에스티모트 Estimote

에어로모빌 Aeromobil

에어로팜 AeroFarms

에어비앤비 Airbnb

에어비퀴터 Airbiquity

에이다 바이런 Ada Byron

에이비스 Avis

에이피아이닷에이아이 API.ai

에코 Echo

에코탈리티 Ecotality

에프라임 도모라츠키 Ephraim Domoratzki

엑스픽 xPick

엔비디아 Nvidia

엔젤닷에이아이 Angel.ai

엔지 Engie

엔텔로 Entelo

엠파티카 Empatica

옐로모바일 Yellow Mobile

오버추어 Overture

오토노모 Otonomo

오토마일 Automile

오토마티카 Ottomatika

오토톡 Autotalks

오픈트레이드 Open Trade

옥션 Auction

온 디맨드 on-demand

온콜로지클라우드 Oncology Cloud

와디즈 Wadiz

와이컴비네이터 Y Combinator

왓슨 Watson

왓챠 Watcha

왓츠앱 Whats App

요나스 싱어 Jonas Singer

우버 Uber

우사인 볼트 Usain Bolt

운전자 보조 시스템 ADAS, Advanced
Driver Assistance System

원파인스테이 OneFineStay

월드와이드웹 World-wide Web

웨더빌 WeatherBill

웹밴 Webvan

웹크롤러 WebCrawler

위워크 WeWork

위챗 WeChat

위챗페이 WeChat Pay

위키미디어 wikimedia

위키피디아 Wikipedia

윈드라이버 Windriver

윈텔 Wintel

윗닷에이아이 Wit.ai

유니온키친 Union Kitchen

유니온페이 Union Pay

유니티 Uniti

유비맥스 Ubimax

유스인더스트리 Youth Industry

유클리드애널리틱스 Euclid Analytics

유튜브 YouTube

이그나이트 로직 Ignite Logic

이니시스 Inicis

이더넷 Ethernet

이모션트 Emotient

이베이 eBay

이본 랜들 Yvonne Randle

이볼보 E-Volvo

이비고 EVgo

이비박스 EV-Box

이사벨 Isabel

이상 금융 거래 탐지 시스템 FDS, Fraud

Detection System

이-원타임피스 E-One Timepiece

이케아 IKEA

이항 Ehang

익사이트 Excite

익스피디아 Expedia

인디고고 Indiegogo

인성테크 Insung Technology

인스타그램 Instagram

인스타카트 Instacart

인텔 Intel

인트린시티 Intrinsity

인포시크 InfoSeek

인포테인먼트 infortainment

일라이 릴리 Elli Lilly

일론 머스크 Elon Musk

일루미나 Illumina

임센스 Imsense

임파서블푸드 Impossible food

재규어 Jaguar

전자의무기록 EMR, Electronic medical

records

제넨테크 Genentech

제노플랜 Genoplan

제록스 Xerox

제임스 박 James Park

제임스 시미노프 James Siminoff

제프 베조스 Jeffrey Bezos

제프 요나스 Jeff Jonas

제프리 힌튼 Geoffrey Hinton

젠드라이브 Zendrive

조 게비아 Joe Gebbia

조너선 루스버그 Jonathan Rothberg

조슈아 브라우더 Joshua Browder

조지 바이런 George Byron

존 매카시 John McCarthy

존 설 John Searle

존 템플턴 John Templeton

존 혹스워스 John Hawksworth

주나벤처 Juna Venture

주비 Zubie

주비키 Zubie Key

줄리아 차일드 Julia Child

지고테 미디어그룹 Zygote Media Group

지니 Geni

지로그 Zilog

지샵 G-shop

집카 ZipCar

차지포인트 ChargePoint

최소요건제품 MVP, Minimum Viable
Product

카나리 Canary

카람바 Karamba

카바이 CarVi

카스트엔지니어링 KAST Engineering

카우치서핑 CouchSurfing

카우프만 Kauffman 재단

캘틱스 Kaltix

커 화이트 Kerr White

컴팩 Compaq

케빈 시스트롬 Kevin Systrom

케빈 플랭크 Kevin Plank

케이뱅크 K Bank

코스닥 KOSDAQ

코스트코 Costco

코타나 Cortana

콘보이 Convoy

콘티넨탈 AG Continental AG

콰이어트로지스틱스 Quiet Logistics

쿨리 Cooley

쿼너지 Quanergy

크라우드 소싱 crowd sourcing

크레비스파트너스 Crevisse Partners

크리스토퍼 콜럼버스 Christopher
Columbus

크리에이트파운데이션 Create Foundation

클라우드카 CloudCar

클라이밋코퍼레이션 The Climate Corporation

클래식팩토리 Classic Factory

클로드 섀넌 Claude Shannon

키바 Kiva

키바시스템 Kiva systems

킥스타터 Kickstarter

타깃 Target

타라푸지아 Tarrafugia

탐스슈즈 Tom's Shoes

테라비온 TerrAvion

테레사 수녀 Mother Teresa

테슬라 Tesla

테크숍 Techshop

테크스타 Techstars

텐센트 Tencent

텔레그램 Telegram

토니 파델리 Tony Fadeli

토도수학 ToDo Math

토스 Toss

툴킷 toolkit

트래비스 칼라닉 Travis Kalanick

트래픽스2.0 Traffics 2.0

트리플래닛 Tree Planet

트립어드바이저 Tripadvisor

트위터 Twitter

티엔디엔 TNDN

팀 버너스 리 Tim Berners Lee

파머스비즈니스네트워크 FBN, Farmers Business Networks

파운더스스페이스 Founders' Space

판도라 Pandora

팔로알토연구소 Palo Alto Research Center

팔브이 Pal-V

팜투도어 Farm to door

팟캐스트 PodCast

패러데이퓨처 Faraday Future

펀다 FUNDA

페리 첸 Perry Chen

페블 Pebble

페스카로 Fescaro

페이션츠라이크미 Patients Like Me

페이스북 Facebook

페이지랭크 PageRank

페이팔 PayPal

펠로톤 Peloton

포드 Ford

폭스콘 Foxconn

폴 그레이엄 Paul Graham

폴리앤라드너 Foley & Lardner

표도르 도스토옙스키 Fyodor Mikhailovich
Dostoevskii

푸드 플라이 Food fly

프라이스워터하우스쿠퍼스 PwC

프라이트팜 Freight Farms

프랑스 음식을 즐기는 요리 비법 The Art of
Mastering French Foods

프로그램스 Frograms

프로스퍼 Prosper

프롬더파머 From the farmer

프리모니션 Premonition Analytics

플래티론 헬스 Flatiron Health

플리토 Flitto

피어테라퓨틱스 Pear Therapeutics

피터 틸 Peter Thiel

피플퍼아워 PeoplePerHour

피플펀드 Peoplefund

픽시움비전 Pixium Vision

필립스 Philips

핏빗 Fitbit

핑안그룹 Ping An Group

하만 Harman

하비스트닷에이아이 Harvest.ai

하얏트 Hyatt

핫브레드키친 Hot Bread Kitchen

허버트 사이먼 Herbert Simon

헨리 포드 Henry Ford

헬로네이처 Hello Nature

홀푸드 Whole Foods

홈어웨이 HomeAway

휩카 WhipCar

히어 Here

히타치 Hitachi

힐튼 Hilton

23앤미 23andMe

4차 산업혁명 시대, 전문직의 미래 The Future
of the Professions

BMW스타트업개리지 BMW Startup Garage

C3에너지 C3 Energy

CB 인사이트 CB Insight

D3쥬빌리파트너스 D3jubileePartners

DNN리서치 DNNresearch

I-페이스 I-Pace

K4커넥트 K4Connect

MIT스타트업 바이블 Disciplined
Entrepreneurship

MOS테크놀로지 MOS Technology

스타트업 레볼루션 세상을 바꾸는 스타트업 이야기

지은이 손동원, 허원창, 임성훈

이 책의 교정 교열은 양은희, 출력과 인쇄는 꽃피는청춘의 임형준, 제본은 은정문화사의 양현식, 종이 공급은 대현지류의 이병로가 진행해주셨습니다. 이 책의 성공적인 발행을 위해 애써주신 다른 모든 분들께도 감사드립니다. 틔움출판의 발행인은 장인형입니다.

초판 1쇄 인쇄 2018년 10월 17일
초판 1쇄 발행 2018년 10월 31일

펴낸 곳 틔움출판
출판등록 제313-2010-141호
주소 서울특별시 마포구 월드컵북로4길 77, 353
전화 02-6409-9585
팩스 0505-508-0248
홈페이지 www.tiumbooks.com

ISBN 978-89-98171-72-8 03320

잘못된 책은 구입한 곳에서 바꾸실 수 있습니다.

틔움은 책을 사랑하는 독자, 콘텐츠 창조자, 제작과 유통에 참여하고 있는 모든 파트너들과 함께 성장합니다.

* 이 도서는 한국출판문화산업진흥원 2018년 우수출판콘텐츠 제작 지원 사업 선정작입니다.